信託法からみた 民事信託の実務と信託契約書例

ひまわり信託研究会
弁護士 伊庭 潔 編著

日本加除出版株式会社

推 薦 の 辞

　本書は，ひまわり信託研究会の弁護士が執筆した信託契約書式集である。本書には３つの特徴がある。

　第１に，単に信託契約書式を寄せ集めただけではなく，信託法に基づいて体系的に書式を配列している。信託契約書式から信託制度を理解しようとする創意と工夫がこらされているのである。

　第２に，従来あまり活用されることのなかった民事信託の契約書作成事例を具体的に叙述している。民事信託の活用事例の重要なもののほとんどが網羅されているのである。

　第３に，弁護士自らが信託関係人に選任されることを前提とした信託契約書式が一書にまとめられている。弁護士が信託業務を実践しようとする気魄がこもった書物となっているのである。

　本書を中心となって執筆した伊庭潔弁護士，伊東大祐弁護士は私が主宰する民事信託研究会のメンバーであり，信託業務への弁護士の参入が必須であることを折に触れて主張される様子を拝見してきた。お２人の思いはひまわり信託研究会の設立として具体化され，それはさらに本書として結実したのである。本書は，執筆者の信託業務への強い意欲がほとばしるまさに筆力雄勁の書となっている。

　伊庭弁護士は私がいずこかで行った信託制度に関する講演を聞き，さらにもっと深く信託法の勉強をしたいと私に申し出てきた篤学の士であり，中央大学の学部・大学院の学生に交って私の講筵に列した受

講生である。信託法を真剣に学ぼうとする彼の姿勢は鮮烈であり，きわめて印象深いものであった。私の拙い授業が本書刊行に至る過程の出発点であったとすれば，望外の幸いである。

　弁護士が信託業務に取り組む際の好個の素材を提供する書物として，そして民事信託に関心を抱く多くの人々に信託契約のひな型を提示する書物として本書を江湖に推薦する次第である。

2017年2月4日　立春の日に

中央大学法学部教授・大学院法学研究科委員長

新　井　　誠

は し が き

平成18年に，信託法が全面的に改正された。信託法が新しくなり，信託が国民の身近なものになると期待されたが，十年を経た今でも，未だに信託が普及したとは言えない状況である。

そこで，民事信託の普及を目指し，実務家，特に弁護士が民事信託に関心を持った際に手に取ってもらいたいと考え，本書は企画された。そのため，民事信託に関し，我々弁護士が知りたい内容だけを選び出し1冊にまとめている。民事信託を業務の一つとしたいと考えている方々には，是非，この本のエッセンスを身に付けてほしい。

本書は，東京弁護士会の遺言信託研究部に所属する弁護士有志で結成された「ひまわり信託研究会」のメンバー8名で執筆している。「ひまわり信託研究会」は，伊東大祐弁護士を中心に，信託の研究だけでは飽き足らず，さらに実践を行いたいとの意気込みがある弁護士が集まった研究会である。本書は，「ひまわり信託研究会」の各メンバーの経験や知識を持ち寄り，議論を重ねたうえで，一定の成果をまとめたものであり，民事信託の実務に精通している「ひまわり信託研究会」のメンバーならではの内容になったのではないかと自負している。

ところで，伊東大祐弁護士とは，平成25年に神戸で開催された日本弁護士連合会第18回業務改革シンポジウムにおいて「民事信託」をテーマとして取り上げた際に，知り合った。お互いに信託に強い関心があったこと，高齢の柴犬を飼っていたことから意気投合し，それ以来，親しくさせていただいている。仮に，伊東大祐弁護士のまめちゃ

んと我が家のマイルがいなかったら，本書は刊行されなかったと言っても過言ではない。しかし，そのまめちゃんとマイルは，本書の企画が始まったころ相次いで空に還っていった。

本書の特徴として，紹介した信託契約書例の汎用性が高いところが挙げられる。本書では，信託契約書例のあるべき幹を示しており，あとは具体的に事案に応じて，各実務家が枝葉を付ければ，ほとんどの事例に対応することができるはずである。

本書が，民事信託の普及・発展に少しでも役に立てるのであれば，我々にとって望外の喜びである。

最後に，私を信託の道に導いてくださった新井誠教授，本書の企画を実現し，出版に至るまで多くの配慮を示してくださった日本加除出版株式会社及び同社編集第一部の野口健さん，渡邊宏美さんに，心より感謝を申し上げたい。

2017年3月　まめちゃんとマイルを偲んで

　　　　　ひまわり信託研究会　弁護士　伊　庭　　　潔

目 次　v

目　　次

序　章

1 本書の紹介 ……………………………………………………………………1

2 本書の特色 ……………………………………………………………………1

3 本書の使い方 ………………………………………………………………2

第**1**章

民事信託の基礎 ——————————————————————3

1 はじめに ………………………………………………………………………3

2 信託の基本的な仕組み …………………………………………………3

　(1) 主体—三当事者　3

　(2) 客体—信託財産　6

　(3) 法律行為—信託行為　7

　(4) 法律目的—信託目的　7

3 信託の法的構造 ……………………………………………………………8

　(1) はじめに　8

　(2) 債権説　8

4 信託制度の概要 ……………………………………………………………9

　(1) はじめに　9

　(2) 財産管理制度　9

　(3) 財産承継制度　10

5 信託特有の考え方や特徴 ……………………………………………12

　(1) はじめに　12

　(2) 委託者と受託者との間及び受託者と受益者との間の信認関係　12

　(3) 委託者が死亡しても信託は終了するとは限らないこと　12

　(4) 形式的権利帰属者と実質的利益享受者が分かれていること　13

　(5) 信託財産は，受託者の一般債権者に対する責任財産とはならない
　　こと（信託財産の独立性）　13

vi　目　次

(6)　委託者は，受益権の発生，変更，消滅及び帰属等を自由に定められること（信託の柔軟性）　*13*

6　信託でなければできないこと（信託の独自的機能）　14
(1)　信託の転換機能　*14*
(2)　信託財産の独立性　*16*
(3)　信託の柔軟性　*16*

7　信託法の概要　17
(1)　はじめに―新しい信託法の制定　*17*
(2)　新しい信託法の特徴　*17*
(3)　新しい信託法の構成　*18*
(4)　信託法の6つの基本構成要素　*18*

第2章

民事信託の実務　19

1　弁護士の役割　19
(1)　信託契約書（遺言書）の作成　*19*
(2)　コーディネーターとしての役割　*20*
(3)　信託監督人への就任　*22*

2　民事信託を利用する際の注意点　23
(1)　委託者の意思の確認　*23*
(2)　受託者規制　*23*
(3)　信託税制　*24*
(4)　遺留分への配慮　*25*
(5)　信託期間は長期間になること　*25*
(6)　任意規定の活用　*26*
(7)　実効性ある監督の必要性　*26*
(8)　信託終了時の財産の帰属　*27*

目　次　xiii

⑸　委託者　　168

⑹　受託者　　168

⑺　受益者　　171

⑻　その他の検討が必要な条項―信託関係人　　172

⑼　その他の検討が必要な条項―信託の計算　　173

⑽　その他の検討が必要な条項―信託の変更　　173

⑾　その他の検討が必要な条項―信託の終了　　173

5　自己信託設定公正証書例────────────174

コラム　税務調書────────────────180

【事例7】受託者に一般社団法人を活用するケース────182

1　事　例─────────────────────182

2　検　討─────────────────────182

⑴　受託者としての一般社団法人の利用　　182

⑵　一般社団法人を用いる場合の注意点　　183

⑶　一般社団法人の設立手続　　184

⑷　信託制度の活用　　184

⑸　課税関係　　184

3　基本的事項及びスキーム図───────────185

⑴　信託目的　　185

⑵　信託行為　　185

⑶　信託財産　　185

⑷　当事者　　185

⑸　信託期間　　185

⑹　スキーム図　　185

4　信託条項の検討─────────────────185

⑴　本事例のポイント　　185

⑵　信託目的　　186

⑶　信託行為　　186

⑷　信託財産　　186

⑸　委託者　　186

⑹　受託者　　186

⑺　受益者　　187

⑻　その他の検討が必要な条項―信託関係人　　187

⑼　その他の検討が必要な条項―信託の計算　　188

xiv　目　次

⑽　その他の検討が必要な条項—信託の変更　188

⑾　その他の検討が必要な条項—信託の終了　188

5　信託契約書例 ··· 188

6　一般社団法人の定款 ··· 192

⑴　総　論　192

⑵　注意点　193

⑶　一般社団法人定款例　193

7　社員間契約 ··· 197

⑴　総　論　197

⑵　社員間契約例　198

コラム　収益不動産を信託財産とする場合の実務上の注意点 ──── 200

【事例8】死後事務委任のための信託 ───────── 202

1　事　例 ··· 202

2　検　討 ··· 202

⑴　死後事務の委任　202

⑵　事務処理に必要な費用の支払を確実にするための信託の活用　203

⑶　受託者及び受益者の選定　203

⑷　第二次受益者が死亡した場合　204

⑸　課税関係　204

3　基本的事項及びスキーム図 ··· 204

⑴　信託目的　204

⑵　信託行為　204

⑶　信託財産　204

⑷　当事者等　204

⑸　信託期間　205

⑹　スキーム図　205

4　信託条項の検討 ··· 205

⑴　本事例のポイント　205

⑵　信託目的　206

⑶　信託行為　206

⑷　信託財産　206

⑸　委託者　206

⑹　受託者　206

目　次　vii

第3章

信託契約書の基本事例解説 ─────────── 29

【基本事例】高齢者の財産保護 ──────────── 29

1 事　例 ──────────────────── 29

2 検　討 ──────────────────── 30

(1) 後見制度の利用の可否　30

(2) ランニングコストの問題　30

(3) 従前の生活の維持　31

(4) 信託制度における財産の長期的管理機能の活用　31

(5) 課税関係　31

3 基本的事項及びスキーム図 ──────────── 32

(1) 信託目的　32

(2) 信託行為　32

(3) 信託財産　32

(4) 当事者等　32

(5) 信託期間・信託の終了事由　32

(6) スキーム図　32

4 信託条項の検討 ──────────────── 33

(1) 信託目的　33

(2) 信託行為　38

(3) 信託財産　39

(4) 委託者　45

(5) 受託者　50

(6) 受益者　65

(7) その他の検討が必要な条項─信託関係人　71

(8) その他の検討が必要な条項─信託の計算　77

(9) その他の検討が必要な条項─信託の変更　80

(10) その他の検討が必要な条項─信託の終了　82

5 信託契約書例 ───────────────── 86

コラム　信託財産に関する盲点 ───────────── 91

viii　目　次

第4章

信託契約書の作成事例 ———————————————— 93

【事例1】親亡き後の問題 ———————————————— 93

1 事　例 ———————————————————————— 93

2 検　討 ———————————————————————— 93

(1) 法定後見制度の利用　93

(2) 任意後見制度の利用　94

(3) 信託制度の利用　94

(4) 特定贈与信託　95

3 基本的事項及びスキーム図 ——————————————— 95

(1) 信託目的　95

(2) 信託行為　95

(3) 信託財産　95

(4) 当事者等　95

(5) 信託期間・信託の終了事由　96

(6) スキーム図　96

4 信託条項の検討 ——————————————————— 96

(1) 本事例のポイント　96

(2) 信託目的　96

(3) 信託行為　97

(4) 信託財産　97

(5) 委託者　97

(6) 受託者　97

(7) 受益者　99

(8) その他の検討が必要な条項—信託関係人　100

(9) その他の検討が必要な条項—信託の計算　101

(10) その他の検討が必要な条項—信託の変更　101

(11) その他の検討が必要な条項—信託の終了　102

5 信託契約書例 ———————————————————— 102

コラム　信託制度と後見制度の比較 ———————————————— 108

目　次　ix

【事例2】 後妻と実子との間の利益調整
――後継ぎ遺贈型の受益者連続信託の活用1 ―――――― 110

1 事　例 ··· 110

2 検　討 ··· 110

(1) 民法だけで考えると　110

(2) 信託法を活用すると　111

(3) 課税関係　111

3 基本的事項及びスキーム図 ··· 112

(1) 信託目的　112

(2) 信託行為　112

(3) 信託財産　112

(4) 当事者等　112

(5) 信託期間　112

(6) スキーム図　113

4 信託条項の検討 ··· 113

(1) 本事例のポイント　113

(2) 信託目的　113

(3) 信託行為　114

(4) 信託財産　114

(5) 委託者　114

(6) 受託者　114

(7) 受益者　115

(8) その他の検討が必要な条項―信託関係人　117

(9) その他の検討が必要な条項―信託の計算　117

(10) その他の検討が必要な条項―信託の変更　117

(11) その他の検討が必要な条項―信託の終了　117

5 信託契約書例 ··· 117

【事例3】 子どもがいない夫婦間の相続
――後継ぎ遺贈型の受益者連続信託の活用2 ―――――― 122

1 事　例 ··· 122

2 検　討 ··· 122

(1) 財産の承継に関する希望　122

(2) 民法による対応　123

x　目　次

（3）信託制度の利用　124

（4）課税関係　124

3　基本的事項及びスキーム図 ────────────── 124

（1）信託目的　124

（2）信託行為　124

（3）信託財産　124

（4）当事者等　124

（5）信託期間　125

（6）スキーム図　125

4　信託条項の検討 ──────────────────── 126

（1）本事例のポイント　126

（2）信託目的　126

（3）信託行為　127

（4）信託財産　127

（5）委託者　127

（6）受託者　127

（7）受益者　127

（8）その他の検討が必要な条項─信託関係人　128

（9）その他の検討が必要な条項─信託の計算　128

⑽　その他の検討が必要な条項─信託の変更　128

⑾　その他の検討が必要な条項─信託の終了　128

5　信託契約書例（信託契約1のみを示す。） ──────── 128

【事例4】財産管理に不安のある元配偶者への離婚給付 ─── 133

1　事　例 ──────────────────────── 133

2　検　討 ──────────────────────── 134

（1）問題の所在　134

（2）信託の転換機能　134

（3）信託財産の独立性　134

（4）課税関係　135

3　基本的事項及びスキーム図 ────────────── 136

（1）信託目的　136

（2）信託行為　136

（3）信託財産　136

目　次　xi

　　(4)　当事者　136
　　(5)　信託期間　136
　　(6)　スキーム図　137

4　信託条項の検討─────────────────────────────137
　　(1)　本事例のポイント　137
　　(2)　信託目的　137
　　(3)　信託行為　138
　　(4)　信託財産　138
　　(5)　委託者　138
　　(6)　受託者　138
　　(7)　受益者　139
　　(8)　その他の検討が必要な条項─信託関係人　139
　　(9)　その他の検討が必要な条項─信託の計算　139
　　⑽　その他の検討が必要な条項─信託の変更　139
　　⑾　その他の検討が必要な条項─信託の終了　139

5　信託契約書例─────────────────────────────140

コラム　弁護士が受託者となることについて─────────────145

【事例5】子どものための財産の保全─自己信託の活用1─────147

1　事　例─────────────────────────────────147

2　検　討─────────────────────────────────147
　　(1)　問題の所在（経営する会社が破綻した場合のリスク）　147
　　(2)　信託の倒産隔離機能　148
　　(3)　自己信託の活用　148
　　(4)　課税関係　149

3　基本的事項及びスキーム図─────────────────────150
　　(1)　信託目的　150
　　(2)　信託行為　150
　　(3)　信託財産　150
　　(4)　当事者　150
　　(5)　信託期間　150
　　(6)　スキーム図　150

4　信託条項の検討─────────────────────────────151
　　(1)　本事例のポイント　151

xii　目　次

- (2)　信託目的　151
- (3)　信託行為　151
- (4)　信託財産　153
- (5)　委託者　154
- (6)　受託者　154
- (7)　受益者　154
- (8)　その他の検討が必要な条項—信託関係人　154
- (9)　その他の検討が必要な条項—信託の計算　154
- (10)　その他の検討が必要な条項—信託の変更　154
- (11)　その他の検討が必要な条項—信託の終了　155

5　自己信託設定公正証書例 ⋯⋯⋯⋯⋯⋯⋯⋯⋯⋯⋯⋯⋯⋯⋯⋯⋯ 156

コラム　受託者の死亡等の場合の留意点 ─────────── 160

【事例6】親族の生活の安定を目的とする信託 —自己信託の活用2 ───────────────── 163

1　事　例 ⋯⋯⋯⋯⋯⋯⋯⋯⋯⋯⋯⋯⋯⋯⋯⋯⋯⋯⋯⋯⋯⋯⋯⋯⋯ 163

2　検　討 ⋯⋯⋯⋯⋯⋯⋯⋯⋯⋯⋯⋯⋯⋯⋯⋯⋯⋯⋯⋯⋯⋯⋯⋯⋯ 164

- (1)　特定贈与信託　164
- (2)　受益者複数の民事信託における税務　164
- (3)　委託者兼受託者兼受益者の自己信託（受益者複数）における受益者 の利益保護　164
- (4)　信託制度の利用　165

3　基本的事項及びスキーム図 ⋯⋯⋯⋯⋯⋯⋯⋯⋯⋯⋯⋯⋯⋯⋯⋯ 165

- (1)　信託目的　165
- (2)　信託行為　165
- (3)　信託財産　165
- (4)　当事者等　165
- (5)　信託期間　165
- (6)　スキーム図　166

4　信託条項の検討 ⋯⋯⋯⋯⋯⋯⋯⋯⋯⋯⋯⋯⋯⋯⋯⋯⋯⋯⋯⋯⋯ 166

- (1)　本事例のポイント　166
- (2)　信託目的　166
- (3)　信託行為　167
- (4)　信託財産　167

目　次　xv

(7) 受益者　206

(8) その他の検討が必要な条項―信託関係人　206

(9) その他の検討が必要な条項―信託の計算　207

(10) その他の検討が必要な条項―信託の変更　207

(11) その他の検討が必要な条項―信託の終了　207

5 信託契約書例　208

6 死後事務委任契約書例　212

【事例9】ペットのための信託　214

1 事　例　214

2 検　討　214

(1) 目的信託は利用しない　214

(2) 受益者の構成と課税問題　215

(3) 受益者の権限　216

(4) 受託者の選択　216

(5) 信頼できる里親の確保　216

3 基本的事項及びスキーム図　217

(1) 信託目的　217

(2) 信託行為　217

(3) 信託財産　217

(4) 当事者等　217

(5) 信託期間　217

(6) スキーム図　217

4 信託条項の検討　218

(1) 本事例のポイント　218

(2) 信託目的　218

(3) 信託行為　219

(4) 信託財産　219

(5) 委託者　219

(6) 受託者　220

(7) 受益者　221

(8) その他の検討が必要な条項―信託関係人　223

(9) その他の検討が必要な条項―信託の計算　223

(10) その他の検討が必要な条項―信託の変更　223

(11) その他の検討が必要な条項―信託の終了　224

xvi 目 次

5 信託契約書例 ··· 225

【事例10】信託を利用した不動産の活用と相続税対策──────── 229

1 事 例 ·· 229

2 検 討 ·· 229

  (1) 信託による土地の活用 229

  (2) 相続税対策 230

  (3) 後見制度との関係 231

3 基本的事項及びスキーム図 ··· 231

  (1) 信託目的 231

  (2) 信託行為 231

  (3) 信託財産 231

  (4) 当事者等 231

  (5) 信託期間・信託の終了事由 232

  (6) スキーム図 232

4 信託条項の検討 ·· 232

  (1) 本事例のポイント 232

  (2) 信託目的 232

  (3) 信託行為 233

  (4) 信託財産 233

  (5) 委託者 234

  (6) 受託者 234

  (7) 受益者 234

  (8) その他の検討が必要な条項─信託関係人 234

  (9) その他の検討が必要な条項─信託の計算 234

  (10) その他の検討が必要な条項─信託の変更 234

  (11) その他の検討が必要な条項─信託の終了 235

5 信託契約書例 ··· 235

コラム 信託と相続税の「節税」──────────────── 241

【事例11】委託者の債務を受託者が借り換えるケース────── 245

1 事 例 ·· 245

2 検 討 ·· 246

目　次　xvii

⑴　受託者に対する融資　246
⑵　債務の借換えのメリット　246
⑶　一般社団法人に対する融資　246
⑷　信託制度の利用　246
⑸　課税関係　246

3　基本的事項及びスキーム図　247

⑴　信託目的　247
⑵　信託行為　247
⑶　信託財産　247
⑷　当事者　247
⑸　信託期間　247
⑹　スキーム図　248

4　信託条項の検討　248

⑴　本事例のポイント　248
⑵　信託目的　248
⑶　信託行為　249
⑷　信託財産　249
⑸　委託者　251
⑹　受託者　251
⑺　受益者　253
⑻　その他の検討が必要な条項—信託関係人　253
⑼　その他の検討が必要な条項—信託の計算　253
⑽　その他の検討が必要な条項—信託の変更　253
⑾　その他の検討が必要な条項—信託の終了　253

5　信託契約書例　253

コラム　抵当権の被担保債権に係る債務と信託財産責任負担債務　261

【事例12】事業承継—後継者の育成　263

1　事　例　263

2　検　討　263

⑴　中小企業における自社株の承継の問題　263
⑵　解決策としての信託の利用　264
⑶　税制上の注意点　264

3　基本的事項及びスキーム図　265

xviii 目　次

- (1) 信託目的　265
- (2) 信託行為　265
- (3) 信託財産　265
- (4) 当事者等　265
- (5) 信託期間　265
- (6) スキーム図　265

4 信託条項の検討 ·· 266

- (1) 本事例のポイント　266
- (2) 信託目的　266
- (3) 信託行為　266
- (4) 信託財産　266
- (5) 委託者　268
- (6) 受託者　268
- (7) 受益者　269
- (8) その他の検討が必要な条項—信託関係人　269
- (9) その他の検討が必要な条項—信託の計算　270
- ⑽ その他の検討が必要な条項—信託の変更　270
- ⑾ その他の検討が必要な条項—信託の終了　270

5 信託契約書例 ·· 270

コラム 指図権者に関する問題点及び実務上の注意点 ─────── 274

【事例13】事業承継—遺留分への配慮 ──────────── 276

1 事　例 ··· 276

2 検　討 ··· 276

- (1) 世代交代に伴うY社の経営の安定確保　276
- (2) 信託制度の利用　277
- (3) 長女Bの遺留分について　277
- (4) 課税関係　278

3 基本的事項及びスキーム図 ·· 278

- (1) 信託目的　278
- (2) 信託行為　278
- (3) 信託財産　278
- (4) 当事者等　278
- (5) 信託期間　279
- (6) スキーム図　279

4 信託条項の検討 279

- (1) 本事例のポイント　279
- (2) 信託目的　280
- (3) 信託行為　280
- (4) 信託財産　280
- (5) 委託者　280
- (6) 受託者　280
- (7) 受益者　281
- (8) その他の検討が必要な条項―信託関係人　283
- (9) その他の検討が必要な条項―信託の計算　283
- (10) その他の検討が必要な条項―信託の変更　283
- (11) その他の検討が必要な条項―信託の終了　283

5 信託契約書例 284

コラム　信託行為と遺留分 288

【事例14】事業承継―自社株生前贈与の活用 291

1 事　例 291

2 検　討 291

- (1) 相続税対策としての生前贈与　291
- (2) 贈与後に相談者Xによる会社経営を継続するための信託　292
- (3) 課税関係　292
- (4) 敢えて贈与税の課税とすることのメリット　292
- (5) 信託制度の利用　293

3 基本的事項及びスキーム図 293

- (1) 信託目的　293
- (2) 信託行為　293
- (3) 信託財産　293
- (4) 当事者　293
- (5) 信託期間　293
- (6) スキーム図　294

4 信託条項の検討 294

- (1) 本事例のポイント　294
- (2) 信託目的　294
- (3) 信託行為　295

⑷　信託財産　*295*

⑸　委託者　*296*

⑹　受託者　*296*

⑺　受益者　*297*

⑻　その他の検討が必要な条項―信託関係人　*297*

⑼　その他の検討が必要な条項―信託の計算　*297*

⑽　その他の検討が必要な条項―信託の変更　*297*

⑾　その他の検討が必要な条項―信託の終了　*298*

5　信託契約書例 299

【事例15】撤回不能遺言と同じ効果を実現する信託 303

1　事　例 303

2　検　討 304

⑴　相続と遺言　*304*

⑵　信託制度の利用　*304*

⑶　課税関係　*305*

3　基本的事項及びスキーム図 305

⑴　信託目的　*305*

⑵　信託行為　*305*

⑶　信託財産　*305*

⑷　当事者等　*305*

⑸　信託期間　*305*

⑹　スキーム図　*306*

4　信託条項の検討 306

⑴　本事例のポイント　*306*

⑵　信託目的　*306*

⑶　信託行為　*307*

⑷　信託財産　*307*

⑸　委託者　*307*

⑹　受託者　*307*

⑺　受益者　*308*

⑻　その他の検討が必要な条項―信託関係人　*308*

⑼　その他の検討が必要な条項―信託の計算　*308*

⑽　その他の検討が必要な条項―信託の変更　*309*

⑾　その他の検討が必要な条項―信託の終了　*310*

目　次　xxi

5　信託契約書例 ────────────────────────── 312

【事例16】遺言による信託 ───────────────────── 317

1　事　例 ──────────────────────────── 317

2　検　討 ──────────────────────────── 318

(1)　遺言による信託　318

(2)　遺言による信託を利用する場合に留意すべき点　318

(3)　課税関係　320

3　基本的事項及びスキーム図 ──────────────────── 320

(1)　信託目的　320

(2)　信託行為　320

(3)　信託財産　320

(4)　当事者等　320

(5)　信託期間　321

(6)　スキーム図　321

4　信託条項の検討 ──────────────────────── 321

(1)　本事例のポイント　321

(2)　信託目的　321

(3)　信託行為　321

(4)　信託財産　321

(5)　委託者　322

(6)　受託者　322

(7)　受益者　324

(8)　その他の検討が必要な条項─信託関係人　324

(9)　その他の検討が必要な条項─信託の計算　325

(10)　その他の検討が必要な条項─信託の変更　325

(11)　その他の検討が必要な条項─信託の終了　325

5　遺言信託文例 ───────────────────────── 326

巻末資料

信託法 (抄) ──────────────────────── 331

序　章

1　本書の紹介

　本書は，これから，民事信託を業務の一つとしたいと考えている弁護士向けに書かれた本です。本書を利用し，実際に，多くの弁護士が民事信託の契約書の作成等に携わるようになってもらいたいと考えています。

　学術的な議論を確認したい場合には，新井誠著『信託法』（有斐閣，第4版，2014），神田秀樹・折原誠著『信託法講義』（弘文堂，2014），能見善久・道垣内弘人編『信託法セミナー1～4』（有斐閣，2013～2016）等の学術書・研究書を参照してください。

2　本書の特色

　本書の特色は，第1に，信託の基本的な構成要素に沿って，体系的に信託条項を検討しているところにあります。今まで公刊されている信託契約書のひな形は，様々な信託条項の寄せ集めであり，どのような理由から各信託条項が作成されたのか分からないものばかりでした。本書では，全ての信託条項を体系的に並べており，どのような理由から各信託条項を入れているのか理解できるように配慮しています。本書の信託契約書例を読むことにより，民事信託を設定した際のストーリーを読み取ることができるかと思います。

　本書の第2の特色は，信託法の条文を基に各信託条項を検討している点です。従前の信託契約書のひな形は，必ずしも，信託法の条文を意識して作成されていたものとはいえませんでした。悪く言えば，思い付きで作られた趣旨の理解できない信託条項が多かったといえます。しかし，民事信託を発展させるためには，論理的な信託契約書が普及しなければなりません。法律家

が見たときに，どういう理由から作られたのかが理解できる信託契約書でなければ，類似事案に応用することができないからです。本書では，信託法の条文を大切にして，信託法の規定に基づいた信託条項を作成することを意識しています。そのため，本書の信託契約書例を丁寧に見ていけば，信託法の基礎が理解できるようになっています。

3 本書の使い方

　まず，第1章の「民事信託の基礎」を最後まで読んでください。「民事信託の基礎」では，信託法その他の条文を引用していますが，まずは，条文に当たらず，最後まで一気に本文だけを読んでいただきたいと思います。そして，民事信託のイメージを掴んでください。

　次に，第2章の「民事信託の実務」を読み，弁護士として，どのような業務を行えばよいか，民事信託の分野を業務とする場合には，どのようなことに留意し，注意しなければならないかを確認してください。

　さらに，民事信託に関する弁護士業務の中で一番取り組みにくい信託契約書の作成方法を，第3章以下で確認してください。

　信託契約書の作成方法については，まず，第3章の【基本事例】（高齢者の財産保護）に関する解説を読み，信託法の基本的な条文，信託法の体系，信託契約書の条項例を確認してください。

　その後，実際に，信託契約書を作成しようとしている事案に近いものを，第4章の各事例から選び出し，その信託契約書例を参考にして，信託契約書の作成に取り掛かってみてください。

　ただ，ここで紹介した【基本事例】と【事例1】から【事例16】までの信託契約書は，あくまでも例にすぎません。実際に，信託契約書を作成する場合には，これらの信託契約書例を参考に，具体的な事案に合わせてアレンジして利用してください。

第1章

民事信託の基礎

1 はじめに

　我々にとって，「信託」は分かりにくい仕組みである。そこで，「信託」という制度を理解してもらうため，はじめに，信託の基本的な仕組み，法的構造，特徴などを簡単に説明したい。

　なお，本章においては，信託法等の条文を引用している箇所もあるが，敢えて，条文を確認することなく本章を最後まで一気に読み，「信託」とはどういう仕組みかというイメージを掴んでもらいたい。

2 信託の基本的な仕組み

(1) 主体─三当事者

ア　はじめに

　我々が民法を学ぶ際には，基本的に，権利者と義務者という二当事者を前提にしていた。そのため，我々が法律を考えるときには，基本的に，二当事者を前提に法律関係を組み立ててきた。

　ところが，信託では，初めから三当事者を前提としている。三当事者が登場する点が，信託の理解を難しくしている。

　信託におけるこの三当事者は，①委託者，②受託者，③受益者と呼ばれている。

イ　委託者

　信託をする主体を委託者という。[1] 委託者は，信託によって実現しようと

1）信託法2条4項

4　第1章　民事信託の基礎

する目的（信託目的）のために，自らの財産（信託財産）を受託者に預ける
のである。

委託者は，自らの意思どおりに信託財産が管理または処分などされるよう
にするため，各種の監督権限を有している。

ウ　受託者

委託者から預けられた財産（信託財産）を管理または処分などする義務を
負う者を受託者という。[2]　受託者は，委託者が定めた方針（信託行為）にし
たがって，預かった財産の管理または処分などを行う。

受託者は，自己の名義で財産を管理または処分などを行うため，その権限
の濫用または逸脱が懸念される。そこで，信託法では，この受託者の権限の
濫用または逸脱をどのようにコントロールするかが一番重要な課題となり，
受託者には善管注意義務や忠実義務など多くの法的義務が課せられてい
る。[3]

エ　受益者

受益者とは，受託者から信託財産に係る給付を受ける権利などを有する者
をいう。[4]　信託は，この受益者に利益を与えることを目的として設定される。

受益者は，自らの利益を守るため，受託者を監視，監督する役割を担って
いる。権限の濫用または逸脱をしやすい受託者を監視，監督する第一次的な
地位にあるのは受益者である。

オ　信託当事者の組み合わせ―信託の類型

これらの委託者，受託者及び受益者の三者の組み合わせによって，いくつ
かの信託の類型が考えられる。

（ア）他益信託

信託の基本類型は，この信託の三当事者が全く別の人格である場合である。
委託者，受託者及び受益者がそれぞれ別人格である場合を**他益信託**という。

2）信託法2条5項
3）信託法29条から37条
4）信託法2条6項

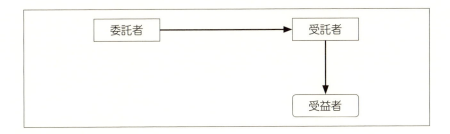

　(イ) 自益信託

　信託の三当事者を同一人が兼ねることもできる。同一人が委託者及び受益者を兼ねている場合を**自益信託**という。

　民事信託を設定する場合，税制上の理由などから，まず信託契約による自益信託を設定することが一般的である。

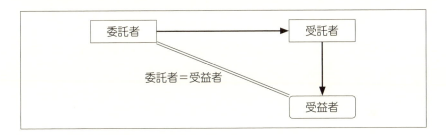

　(ウ) 自己信託（信託宣言）

　委託者と受託者を同一人が兼ねている場合を**自己信託**（信託宣言）という。自己信託は，委託者が自分自身に対し信託を行うことであるが，同一の法人格の間で法律行為を行うことはできないため，書面による意思表示という形式を取ることによって効力が認められる。

　自己信託（信託宣言）は，財産の隠匿などに悪用される危険性があるため，書面による意思表示は，公正証書または公証人の認証を受けた書面もしくは電磁的記録によって行わなければならないなどの厳格な要件が定められている。[5]

---

5) 信託法3条3号

```
┌─────────────────────────────────────────┐
│   委託者 ──────────────→ 受託者          │
│        委託者＝受託者         │          │
│                              ↓          │
│                           受益者         │
└─────────────────────────────────────────┘
```

（エ）受託者と受益者の兼任

信託法では，受託者と受益者を同一人が兼ねることも許容されている。しかし，前述のとおり，受益者が受託者を監視，監督することが信託法の基本的な考え方であるため，受託者が受益者のために信託財産を管理または処分などするという信託の構造が認められないことから，受託者と受益者を同一人が兼ねることには１年間という期間の制限がある。[6]

ただ，この期間制限内であれば，受託者と受益者を同一人が兼ねることが認められるため，委託者，受託者及び受益者が同一人という信託の類型も認められないわけではない。

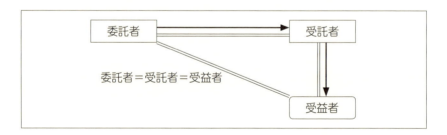

(2) **客体——信託財産**

信託は，委託者が有していた財産を受託者に預け，受託者が受益者のためにその財産を管理または処分などすることを本質とする。この受託者に預けられる財産を信託財産という。[7]

信託財産の種類には，原則として制限はない。金銭的な価値があり，委託

---

6) 信託法163条2号
7) 信託法2条3項

者から移転することが可能な財産であれば，信託財産になり得る。具体的には，金銭，動産，不動産，株式などを信託財産とすることが多い。[8]

　信託財産について1つ注意しなければならないのが，信託財産となり得るものは積極財産だけということである。消極財産は信託することができない。委託者が負担している債務を受託者へ引き継がせたい場合には，信託契約とは別に，債務引受契約をしなければならない。

(3) 法律行為―信託行為

　信託を設定するための法律行為を信託行為という。

　信託行為には，①信託契約，②遺言による信託と③自己信託（信託宣言）の3種類がある。

　信託契約[9]は，委託者と受託者の合意によって成立する。

　遺言による信託[10]は，委託者の単独行為であり，民法の遺贈に関する規定が類推適用される。

　自己信託（信託宣言）[11]は，前述のとおり，委託者と受託者を同一人が兼ねる信託の類型である。自己信託（信託宣言）も，委託者の単独行為であるが，財産の隠匿などの弊害を予防するため，公正証書その他の書面または電磁的記録によって意思表示を行わなければならないという要式性が求められている。

(4) 法律目的―信託目的

　信託行為を行う場合には，信託目的を定めなければならない。信託目的とは，委託者が信託を設定することによって達成しようと目指している基本的な目的をいう。

　一般の法律行為を行うには，目的を定めることが要件とはなっていないが，法人を設立する際には設立目的を定めることが要求されている。[12]　この点で，信託という仕組みを作るということは，法人の設立に近い法律行為だと

8）本書91頁コラム「信託財産に関する盲点」参照
9）信託法2条2項1号・3条1号
10）信託法2条2項2号・3条2号
11）信託法2条2項3号・3条3号
12）一般社団法人及び一般財団法人に関する法律11条1項1号，公益社団法人及び公益財団法人の認定等に関する法律5条1号，会社法27条1号

いうことができる。

信託目的は多種多様なものが考えられるが，専ら受託者の利益を図る目的である場合には信託の設定は認められない。[13] 受託者は，あくまでも受益者のために信託財産を管理または処分などを行う者であるため，受託者の利益だけを実現するための信託は，もはや信託とはいえないからである。

3 信託の法的構造

(1) はじめに

法的な思考に慣れている我々にとって，信託の基本的な法的構造を明らかにすることが信託という制度を理解するためには役に立つ。

(2) 債権説

信託の法的構造については，従来からいくつかの説が主張されていたが，通説は，信託によって受託者が信託財産の完全な所有権を取得する一方で，受益者は，受託者に対し，信託の目的に従った信託財産の管理・処分を行うことについて債権的な請求権を取得するという考え方を採用している。これを債権説という。

すなわち，信託とは，①財産権の移転（その他の処分）という信託行為の**「物権的効力」**と②一定の目的に従う信託財産の管理処分という信託行為の**「債権的効力」**との結合と考えることになる。

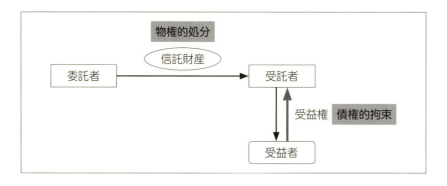

---

13) 信託法2条1項

このように，委託者と受託者との間で信託財産が物権的に移転すること，受託者と受益者との間で受益権という債権債務が存在することが信託の特徴であり，この基本的な構造を頭に入れておくと，信託を理解しやすくなる。

つまり，信託は，委託者が受託者に対し信託財産を物権的に処分し，その処分された信託財産を引き当てにして，受益者が受託者に対し債権を有することにするという仕組みである。例えば，不動産を信託財産にした場合であれば，その不動産に居住すること（使用）を受益権の内容にすることも，その不動産を第三者に賃貸することによって得た賃料の給付を受けること（収益）を受益権の内容とすることも，その不動産が処分されたときの対価の給付を受けること（処分）を受益権の内容とすることも，いずれも可能なのである。

4 信託制度の概要

(1) はじめに

信託はどのような制度であるかを一言でいえば，財産管理及び財産承継のための制度である。

委託者が受託者に財産権を移転することにより，受託者が委託者に代わり財産を管理することになる（財産管理）。

また，当初の受益者の受益権が消滅するとともに，次順位の受益者が受益権を取得することによって，財産権の承継が行われる（財産承継）。

(2) 財産管理制度

財産管理制度としては後見制度がある。信託と後見制度の主な違いは以下のとおりである。[14]

ア 本人の意思能力

法定後見は本人の意思能力が不十分になった場合に適用されるのに対し，信託制度は本人（委託者）の意思能力が十分なときに設定されるものである。

14）信託制度と後見制度の相違については，詳しくは，本書108頁のコラム「信託制度と後見制度の比較」参照

10 　第1章　民事信託の基礎

イ　身上監護

　法定後見及び任意後見は，財産管理に加え，身上監護も対象となっているが，信託はあくまで財産管理の制度である。本人（委託者）の身上監護が必要になった場合には，信託だけでは十分に対処することはできず，後見制度を併用しなければならない。

ウ　対象となる財産

　法定後見は本人の全財産が後見の財産管理の対象となるが，信託は本人（委託者）が選択した財産のみを受託者に預けることができる。

エ　監督方法

　法定後見及び任意後見は裁判所の監督に服するが，信託は裁判所の監督に服することなく，どのような監督方法を取るかについても，本人（委託者）の意思に基づき決定することができる。

(3)　財産承継制度

　財産承継の方法としては遺言がある。遺言と信託行為の主な異同は，以下のとおりである。

ア　効力の発生時点

　遺言による信託は，遺言によって信託の設定を行うものであり，委託者の死亡により効力が生じる点については，遺言との違いはない。[15]

　他方，信託契約や自己信託（信託宣言）は，委託者と受託者の合意または委託者の書面による意思表示によって効力が認められている。信託契約や自己信託（信託宣言）においても，受益者の死亡により，次順位の受益者が受益権を取得するという定めをした場合には，遺言と同様に効果を得ることができる。これを「遺言代用信託」という。

---

15)　信託法4条2項

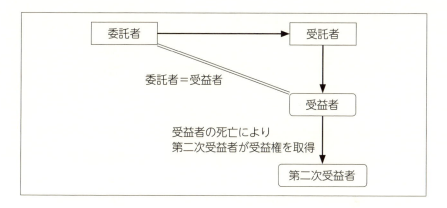

イ 財産承継のタイミング

遺言は，本人が死亡したときの財産の承継方法を定めるものである。

他方，信託契約や自己信託（信託宣言）による場合には，その信託行為の定めによって，本人の死亡時ばかりではなく，本人の生前[16]や死後の財産の承継方法も定めることができる。

例えば，自宅不動産につき，本人の死後には後妻に当該自宅不動産の使用を認めた後，その後妻の死後には，後妻と血縁関係がない先妻との間の実子に当該自宅不動産を取得させることも可能となる（【事例2】（後妻と実子との間の利益調整—後継ぎ遺贈型の受益者連続信託の活用1）110頁参照）。

ウ 財産の承継方法

遺言では，被相続人の死亡時に，相続人は遺言で定めた財産を一括して承継する。

他方，信託契約や自己信託（信託宣言）を利用する場合には，信託行為に定めることによって，信託財産を受益者へ一括で承継することも，分割して承継することもできる。

---

[16] 信託を利用し，本人の生前に財産の承継を行う場合は，贈与に類似することになる。

5 信託特有の考え方や特徴

(1) はじめに

信託には特有の考え方や特徴がある。民法を前提として考えると，信託には分かりにくい点が多々ある。しかし，信託とは，このような特有の考え方や特徴を持つ制度であると，そのまま理解して欲しい。

以下，信託特有の考え方や特徴を列挙する。

(2) 委託者と受託者との間及び受託者と受益者との間の信認関係

信託とは信じて託すことである。信託制度が認められる根本には，委託者と受託者及び受託者と受益者との間に，信認関係があることが前提となっている。当事者間の信認関係を前提としている点は，他の法律行為とは異なっている特徴である。[17]

(3) 委託者が死亡しても信託は終了するとは限らないこと

信託では委託者と受託者の間に高度の信頼関係があることを前提としている。そのため，信託を設定した当事者である委託者が死亡した場合に信託契約は終了するのではないかと考えられるかもしれない。例えば，委任においては，委任者または受任者の死亡により，委任は終了する（民法653条1号）。

しかし，信託では，信託契約により，委託者の死亡により信託を終了させることとしていない場合には，委託者が死亡したとしても，信託契約は終了しない。委託者は死亡したが委託者の地位が相続されることなく，[18] 委託者の地位に立つ者が存在しなくなったとしても，信託自体は存続することになる。この場合には，受託者及び受益者だけで信託の主体は構成されることになり，受託者は，受益者に対し，善管注意義務や忠実義務などの各種義務を負うことになる。

当初の信託行為の主体である委託者が死亡し，委託者が存在しなくなった

---

17) 賃貸借契約における賃貸人と賃借人との間にも信頼関係が必要とされているが，信託が前提としている信認関係とは，このような信頼関係よりも高度なものと考えられる。

18) 信託法147条の反対解釈から，信託契約において，委託者が死亡した場合には，原則として，委託者の地位は相続されることになるが，信託条項において，委託者の死亡によりその権利は消滅し，委託者の地位は相続されないと定めることが多い。

としても，信託の仕組み自体が終了するとは限らない。二当事者対立構造を前提として考えると，一見，分かりにくい法的状況ではあるが，信託とはこのような仕組みであると理解して欲しい。

(4) 形式的権利帰属者と実質的利益享受者が分かれていること

信託において，受託者は委託者から信託財産を取得する。受託者は，受益者のために，委託者から取得した信託財産を管理または処分等を行う者である。その意味で，受託者はあくまでも形式的な権利の帰属主体であり，他方，受益者は実質的利益の享受主体である。

このように，信託では，形式的な権利帰属者（受託者）と実質的利益享受者（受益者）が分かれているところに特徴がある。また，この形式的権利帰属者（受託者）と実質的利益享受者（受益者）が分化していることが信託を分かりにくくしている要因でもある。

(5) 信託財産は，受託者の一般債権者に対する責任財産とはならないこと（信託財産の独立性）

信託では，受託者を財産の管理者としての役割を全うさせるために，仮に，受託者の経済状況が悪化しても，受託者が管理している信託財産は影響を受けないような仕組みになっている。[19]

同じ受託者に帰属する財産であっても，信託財産と受託者の固有財産とは全く別のものとして扱われるのである。これを**信託財産の独立性**と呼ぶ。

しかし，この信託財産の独立性を悪用することによって，信託の仕組みを利用し，財産の隠匿など不正行為が行われることもある。信託が適正に利用されるようにすることも，信託の組成に関わる弁護士として，十分に注意をしなければならないところである。

(6) 委託者は，受益権の発生，変更，消滅及び帰属等を自由に定められること（信託の柔軟性）

信託では，委託者が受託者との間の合意（信託契約）または遺言することによって，自らが希望したとおりに，受益権を発生させることも，その受益権の内容を変更することも，受益権を消滅させることもできる。

---

19) 信託法23条，25条

14 第1章 民事信託の基礎

　また，委託者は，受益権の帰属も決めることができ，特定の受益者が死亡した際に，当該受益権をその者の相続人に取得させることも，また，相続人以外の者に取得させることもできる。

　このように，信託においては，委託者は受益権の帰趨を自由に決めることができるのである。

　これらの特徴は，信託に柔軟性があることを表している。

6 信託でなければできないこと（信託の独自的機能）[20]

(1) 信託の転換機能

　先ほど，信託は形式的な権利帰属者と実質的利益享受者が分かれているところに特徴があると述べた。信託はこのような特徴を持っていることから，次のような独自の転換機能があると分析されている。

ア　権利者の属性の転換

　財産管理能力が減退してきた高齢者は，財産を十分に管理することができないばかりか，財産を管理することが苦痛になってくる。そのような場合に，信託を利用することにより，高齢者に代わって，財産管理を十分に行うことができる親族に財産を管理させることができる。

　これは，信託の利用により，高齢者から財産管理能力がある親族に，権利者の属性が転換されたものである。

　後述の【基本事例】（高齢者の財産保護）は，主に，この信託において権利者の属性が変わることを活かしたスキームである。また，【事例4】（財産管理に不安のある元配偶者への離婚給付），【事例6】（親族の生活の安定を目的とする信託―自己信託の活用2），【事例7】（受託者に一般社団法人を活用する

20）四宮教授は，信託独自の機能を転換機能と呼び，①権利者の属性の転換機能，②権利者の数の転換機能，③財産権享受の時間的転換機能，④財産権の性状の転換機能の4つに分類した（四宮和夫『信託法［新版］』14頁以下（有斐閣，1989））。さらに，新井教授は，四宮教授の分類に加え，別の角度から，信託独自の機能を①財産の長期的管理機能，②財産の集団的管理機能，③私益財産から公益財産への転換機能，④倒産隔離機能という4つのカテゴリーに分類している（新井誠『信託法』85頁以下（有斐閣，第4版，2014））。

6　信託でなければできないこと（信託の独自的機能）　　15

ケース），【事例9】（ペットのための信託），【事例10】（信託を利用した不動産
の活用と相続税対策），【事例11】（委託者の債務を受託者が借り換えるケース），
【事例14】（事業承継―自社株生前贈与の活用），【事例16】（遺言による信託）も，
主に，この信託の特徴を活かしたスキームである。

イ　権利者の数の転換

　ある権利者が一人で財産を管理することが困難になった場合には，信託を
利用することにより，複数の受託者に財産を管理させることができる。

　これは，信託の利用により，権利者が一人から複数へ，権利者の数が転換
されたものである。

　後述の【基本事例】（高齢者の財産保護）における（受託者複数の信託）に関
する条項例は，主に，この信託において権利者の数が転換されることを活か
した事例に対応するものである。

　なお，信託を利用することによって，上記（受託者複数の信託）とは逆に，
多数の権利者を一人の権利者にまとめることもできる。

ウ　利益享受の時間的な転換

　権利者に対し，一度に財産を与えることが不適当な場合や権利者が死亡し
た後にも特定の者に利益を享受させたいと考えた場合，信託を利用すること
により，利益享受者の利益享受を先延ばしさせるなど，時間的にコントロー
ルさせることができる。

　これは，信託の利用により，利益享受者の利益享受が時間的に転換された
ものである。

　後述の【事例1】（親亡き後の問題）は，主に，この信託における利益享受
の時間的な変更を活かしたスキームである。また，【事例8】（死後事務委任
のための信託），【事例15】（撤回不能遺言と同じ効果を実現する信託）も，主に，
この信託の特徴を活かしたスキームである。

エ　権利の性状の転換

　信託の基本的な法的構造上，権利者の有する権利は所有権や株主権などで
あっても，受益者が有する権利は，受託者に対する債権となる。事業承継に
際し，信託を利用することにより，株主権の自益権と共益権を区別し，後継
者および非後継者ともに自益権に相当する受益権を与えることにより非後継

16　第1章　民事信託の基礎

者の遺留分に配慮しながら，後継者には共益権に相当する議決権行使の指図権を保持させることにより，後継者が安定的に会社経営を行うことを可能とする。

後述の【事例13】（事業承継―遺留分への配慮）は，主に，この信託における権利の性状が変わることを活かしたスキームである。また，【事例12】（事業承継―後継者の育成）も，主に，この信託の特徴を活かしたスキームである。

(2)　信託財産の独立性

また，信託の特徴として，信託財産は受託者の固有財産とは別個独立のものとして扱われるということは前述した（信託財産の独立性）。

この信託の特徴から，信託を利用することにより，「財産の安全地帯」[21]を作ることができるといわれている。仮に，受託者が破産したとしても，信託財産は破産財団を構成することにはならない（信託法25条）。これを信託の倒産隔離機能と呼ぶ。[22]

将来，自己の経済状態が悪化する可能性があることを心配して，予め，委託者が財産を信託し，倒産隔離を行うことができる。

後述の【事例5】（子どものための財産の保全―自己信託の活用1）は，主に，この信託における倒産隔離機能を活かしたスキームである。

(3)　信託の柔軟性

信託では，前述したとおり，委託者が受益権の発生，変更，消滅及び帰属を自由に定めることができる（信託の柔軟性）。

信託を利用することにより，委託者が自分の財産を後妻へ与え，後妻の死後には，後妻とは血縁関係がない委託者と先妻との間の実子に財産を与えることができる。民法では，後継ぎ遺贈は無効との見解が有力であるが，信託法では，受益者を連続して指定することによって後継ぎ遺贈と同じ効果を実現することができる。[23]

---

21)　四宮・前掲注20）同頁
22)　新井・前掲注20）103頁
23)　信託法91条は，後継ぎ遺贈型受益者連続信託が有効であることを前提に，その存続期間を制限している。

後述の事例【事例2】（後妻と実子との間の利益調整―後継ぎ遺贈型の受益者連続信託の活用1），【事例3】（子どもがいない夫婦間の相続―後継ぎ遺贈型の受益者連続信託の活用2）は，この信託において委託者が自由に受益権の内容を定めることができるという特徴を活かしたスキームである。

7 信託法の概要

(1) はじめに―新しい信託法の制定

我が国最初の信託法は大正11年に制定された（以下「旧信託法」という。）。しかし，資産の流動化目的の信託や高齢者や障害者等のために財産管理や生活支援を目的とする民事信託など，現代の様々な類型の信託に適切に対応することが困難となっていた。[24]

そこで，信託法は平成18年に全面的に改正された。

(2) 新しい信託法の特徴

平成18年に全面的に改正された信託法の大きな特徴としては，以下の3点を挙げることができる。[25]

ア 受託者の義務の任意法規化

旧信託法では，悪質な業者を取り締まる目的から受託者の義務は強行規定が多くなっていたが，実務的には，硬直的で使いにくくなっていた。

そこで，新しい信託法では，私的自治を尊重し，受託者の義務を任意法規化した。

イ 受益者の権利の強化

受託者の義務が任意法規化されたことから，受託者の権限濫用により，受益者の利益が損なわれる危険性が高まった。

そこで，受益者の権利を強化するための規律が整備されることになった。

ウ 新しい信託類型の創設

新しい信託法は，現代の様々なニーズに応えるため，後継ぎ遺贈型受益者連続信託，自己信託，目的信託など新たな信託の利用方法に関する規律を設

---

24) 寺本昌広『逐条解説 新しい信託法』4頁（商事法務，補訂版，2008）

25) 新井・前掲注20) 33頁，田中和明『詳解 信託法務』5頁（清文社，2010）

けた。

(3) 新しい信託法の構成

新しい信託法は全部で271条の条文数となっている。旧信託法の全75条から大幅に増えている。

新しい信託法の章立ては，以下のようになっている。

第1章　総　則
第2章　信託財産等
第3章　受託者等
第4章　受益者等
第5章　委託者
第6章　信託の変更，併合及び分割
第7章　信託の終了及び清算
第8章　受益証券発行信託の特例
第9章　限定責任信託の特例
第10章　受益証券発行限定責任信託の特例
第11章　受益者の定めのない信託の特例
第12章　雑　則
第13章　罰　則

このうち，民事信託を活用するために理解しておくべきは，信託法の基本部分を規定している第7章「信託の終了及び清算」まで，全184条ということになる（本書・巻末資料・信託法（抄）331頁以下参照）。

(4) 信託法の6つの基本構成要素

民事信託を理解するためには，まず，信託法の体系を頭に入れることが重要である。

信託法の基本的構成要素として，①信託目的，②信託行為，③信託財産，④委託者，⑤受託者，⑥受益者の6つの要素を挙げることができる。

本書第3章以下においては，この信託法の6つの基本構成要素に沿って，各信託条項例を検討している。

第2章

民事信託の実務

1 弁護士の役割

(1) 信託契約書（遺言書）の作成

ア 信託法を理解する重要性

　民事信託を組成するに際し，弁護士が行う中心的な業務は信託契約書（遺言書）の作成である。民事信託が普及するに伴って，信託契約書例を掲載している書籍が多く出版されているが，その多くの信託契約書例は信託法を理解して作成されたとはいい難い。法律の専門家である弁護士であれば，信託法を理解したうえで，信託契約書（遺言書）を作成しなければならない。

イ 相談者からの丁寧なヒアリング

　既に指摘したとおり，信託には柔軟性がある。信託を活用することによって，多くの依頼者の希望を叶えることが可能となる。そこで，重要になるのが，相談者がどのような希望を有しているか，丁寧にヒアリングを行うことである。既存の信託契約書例に相談者の希望を当てはめて理解するのではなく，相談者の希望に合わせて，信託契約書（遺言書）を作成するという姿勢を崩してはならない。

　民事信託の最大のメリットは，相談者の希望に合わせて，オーダーメイドで信託契約書（遺言書）を作成できる点にある。このメリットを活かすためにも，相談者の真の希望を確認することが重要である。

ウ 信託契約書（遺言書）の作成方法

　信託法は難しい法律であり，信託契約書（遺言書）の作成は難しく，どこから手を付けて良いか分からないという意見をよく聞く。確かに，信託法には未解明な論点が多々あり，理解が難しいことは確かである。

　そのため，多くの信託契約書例が信託法を十分に理解されずに作成されて

20　第2章　民事信託の実務

いる。そのような信託契約書例の構成は信託法の体系を無視しているだけではなく，条項も誤解に基づいたものや法的に意味のないものもある。そのような信託契約書例を読んでも，どのような趣旨に基づいて設けられたものなのか理解できない条項が多く，信託契約書を作成することは難しいとの誤解を生んでいると思われる。

　しかし，信託法の基本を理解していれば，信託契約書（遺言書）の作成はそれほど難しいものではない。信託法の体系に沿い，かつ，信託法の規定に基づいて検討すれば，それほど悩むことなく，信託条項を作成することはできる。

　信託契約書（遺言書）の作成方法について，詳しくは，第3章以下を参照して欲しい。

(2)　コーディネーターとしての役割

ア　はじめに

　次に，民事信託に関して弁護士が行う業務としては，各関係機関との間の調整を行うことが挙げられる。今のところ，民事信託の普及が進んでいないため，信託契約の作成に関わる弁護士が行わなければならない調整作業は多い。

イ　銀行との交渉—信託口座の問題

　受託者の分別管理義務を全うするためには，受託者の固有財産に属する財産を預け入れる口座と信託財産に属する財産を預け入れる口座（以下「信託口座」という。）は分ける必要がある。[1]

　しかし，一部の金融機関を除き，信託口座の開設を申し込んでも断られることが多い。これは民事信託が普及しておらず，金融機関の側でも，信託口座の持つ意味合いや必要性が分からないことが原因と考えられる。そこで，信託の設定に関わっている弁護士としては，金融機関に信託口座を開設する必要性やその意味合いを丁寧に説明し，信託口座の開設に応じてもらえるよ

1）信託法34条1項2号ロによれば，預金債権は「その計算を明らかにする方法」つまり，帳簿上で固有財産と信託財産を区別できていれば足りるとされている。しかし，受託者の不正を予防するため，民事信託においては，預金債権についても，固有財産に属する財産を預け入れる口座と信託財産に属する財産を預け入れる口座は分けるべきである。

うに説得すべきである。それでも，その金融機関が信託口座の開設に応じない場合には，他の金融機関に相談をすることを検討する。

なお，信託口座の名義は，「委託者○○○○受託者△△△△」「信託口△△△△」とされることが多い。[2]

ウ　公証役場の対応

民事信託において，信託契約書を公正証書にする必要があるかという問題がある。信託口座の開設に応じる金融機関でも，信託契約書が公正証書になっていることは要求されていない。したがって，民事信託においては，自己信託（信託宣言）の場合を除き，信託契約書を公正証書とすることは必須ではない。[3] そこで，信託契約書を公正証書とすべきかについては，費用の点も含めて，[4] 依頼者の意向を確認したうえで判断すれば良いであろう。

なお，現状では，信託契約書を公正証書にする場合には，作成に関与した弁護士が完成した信託契約書を公証役場に持ち込む必要がある。公証人は信託契約書に詳しいわけではないので，遺言の場合と異なり，公証人による信託契約書のチェックは期待することができないと考えておいた方が無難である。

エ　司法書士への依頼

信託財産に不動産が含まれている場合には，信託を原因とする所有権の移転登記及び信託の登記をする必要がある（不動産登記法60条，97条以下）。そのため，これらの登記の申請は司法書士に依頼することになる。

信託の登記には，信託の目的，委託者，受託者及び受益者の氏名または名称及び住所，財産の管理方法，信託の終了事由等を記載することになっている（不動産登記法97条1項）。この信託の登記の申請は，意外に手間が掛かるといわれている。

2）ただし，これらの信託口座は，あくまでも「受託者△△△△」の肩書付き口座として扱われることがほとんどである。したがって，預金保険との関係で預金の名寄せを行う場合にも，「受託者△△△△」の預金として扱われる。

3）自己信託の意思表示は，公正証書その他の書面または電磁的記録で行うことが必要とされている（信託法3条3号）。

4）公証人の手数料は，遺言の作成手数料と同じ算定方法で計算されることが多い。

22   第2章　民事信託の実務

オ　税理士との相談

後述の民事信託を利用する際の注意点や信託条項の作成方法の箇所でも触れるが，民事信託においては，税金に注意しなければならない。受益者に相続税が課税されることを想定して信託契約書を作成したが，実際には，受益者に贈与税が課税されることになっては弁護過誤の問題になってしまう。簡単な信託契約であれば問題ないであろうが，少し複雑になっている信託契約では，税理士による税務チェックが必須である。

なお，税理士の中にも信託に詳しい者とそうでない者がいる。税務チェックは，信託税制に詳しい税理士に依頼すべきである。

(3) 信託監督人への就任

ア　監督機関の設置の要否

民事信託において，信託監督人または受益者代理人の監督機関を設置することは必須かという問題がある。

意見の分かれるところであるが，例えば，後見制度においては，後見人による横領など不正行為が社会問題になっている現状では，民事信託でも受託者による不正行為には十分に注意しなければならない。そのため，価値判断の問題として，家族が受託者となる民事信託では，原則として，信託監督人または受益者代理人の監督機関を設置するものと考えるべきであろう。[5]

イ　受託者に対する監督方法

民事信託において，受託者に対する監督方法は確立されていない。そこで，後見制度における後見人等に対する監督方法を参考にすべきである。

例えば，財産目録及び収支計算書の作成並びに信託口座に係る通帳の確認などの方法により，監督を行うことが考えられる。

ウ　受託者に対する監督の程度

また，民事信託における受託者は，あくまでも代理人である後見人とは異なり，受託者自身が信託財産の名義人になるため，不正行為への誘惑が大きい。そのため，後見制度における後見人等に対する監督よりも厳しい方法を採用すべきである。

5）信託監督人と受益者代理人の異同及びそれらの選択については，後述の第3章【基本事例】（高齢者の財産保護）71頁参照

例えば，財産目録及び収支計算書の作成については，後見人等は年に1度で良いのに対し，受託者の場合は年2回以上にすることなどが考えられる。

2 民事信託を利用する際の注意点

⑴ 委託者の意思の確認

信託の大きな特徴は，信託の持つ柔軟性にある。信託の設定は自由度が高く，スキームを組成する者の創造力が試される。そのため，委託者の希望に合致した信託を設定するためには，事前に，弁護士が委託者から慎重にヒアリングを行っておくことが重要となる。

委託者の真の意思を実現しようとすることなく，安易に，既存のスキームをそのまま適用しようとしてはならない。

⑵ 受託者規制

信託業法上，信託業は，内閣総理大臣の免許または登録を受けた者でなければ営むことができないという受託者規制がある（信託業法3条，7条1項）。[6] そのため，一般的には，弁護士であっても民事信託の受託者にはなれないとされている。[7]

そこで，民事信託を設定しようとする際には，委託者や受益者の親族または信託会社を受託者とすることが行われている。しかし，信託における受託者に相応しい親族が得られない場合がある。また，信託会社を利用するには信託報酬を負担しなければならない。そのため，受託者の適任者を見いだせないこともあり，信託の設定に二の足を踏んでしまう。適切な受託者が見つからないという問題は，民事信託を普及させるうえで大きな障害となってい

6）信託業法3条は「信託業は，内閣総理大臣の免許を受けた者でなければ，営むことができない。」，同法7条1項は「第3条の規定にかかわらず，内閣総理大臣の登録を受けた者は，管理型信託業を営むことができる。」と規定されている。

7）信託業法によって規制されているのは，営業として信託の引受けを行うことである。そこで，例えば，弁護士が無償で信託の引受けをすることは，直ちに信託業法に違反するわけではない。しかし，弁護士が受託者報酬としてではなく，他の名目で（例えば，顧問料）で報酬を得ていたとしても，その報酬と受託者の信託事務との間に対価性が認められる場合には，営業として信託の引受けを行ったと評価されることになる。

24 第2章 民事信託の実務

る。

　この受託者規制があることから，受託者に一般社団法人を活用するスキームも提案されている。一般社団法人を受託者にすることにより，長期間にわたり民事信託を継続した場合でも，受託者変更の手続を取る必要がないなどのメリットがあり，その有用性は否定できない。ただ，単に，信託業法の受託者規制を逃れるためだけに一般社団法人を利用するという考え方には賛成できない。一般社団法人を利用する場合には，慎重な検討が必要である。

(3) 信託税制

　前述のとおり，信託には柔軟性があり，工夫次第で多様なスキームを組むことが可能である。しかし，実際に，民事信託を設定しようとするとき，信託税制による足枷は想像以上に大きい。

　相続税法は，「信託（省略）の効力が生じた場合において，適正な対価を負担せずに当該信託の受益者等（省略）となる者があるときは，当該信託の効力が生じた時において，当該信託の受益者等となる者は，当該信託に関する権利を当該信託の委託者から贈与（当該委託者の死亡に基因して当該信託の効力が生じた場合には，遺贈）により取得したものとみなす。」（同法9条の2 I）と規定し，信託の効力発生時に課税する旨を定めている（信託行為時課税）。

　そのため，例えば，委託者の生前，受益者に適切な対価を負担させずに金銭や不動産から生じた収益を取得させるスキームを採用すると，受益者には贈与税が課せられることになる。そこで，現実的には，受益者の税負担が重くならないように，委託者の死亡に基因して信託の効力を生じさせ，受益者には相続税が課税されるようなスキームを組まざるを得ない。

　また，後継ぎ遺贈型の受益者連続信託（当初，自益信託）において，第二次受益者が受益権を取得する時点及び第三次受益者が受益権を取得する時点の二度にわたって相続税が課税されることになり，負担付贈与を利用したスキームに比べ，[8] 税負担が過大になってしまうという問題などもある。[9]

8）負担付遺贈があった場合の課税価格の計算については，負担がないものとした場合における当該財産の価額から当該負担額（当該遺贈のあった時において確実と認められる金額に限る。）を控除した価額によるとされている（相続税法基本通達11の2-7）。

9）日本弁護士連合会「税制改正提言─福祉分野における信託活用のための信託税制の在

結局，信託の持つ創造性，柔軟性が，信託税制により足枷を嵌められている状況である。それゆえ，弁護士が信託契約書を作成する場合には，単に，法的に可能な仕組みであるから良いと考えるのではなく，さらに，信託税制との関係でも，適切な仕組みであるかについて十分に注意しなければならない。そのため，前述のとおり，複雑な信託を組むときには，信託税制に詳しい税理士による税務チェックは必須であるといえよう。

(4) 遺留分への配慮

信託行為にも，民法の遺留分の規定（民法1028条以下）は当然に適用される。[10]

遺留分減殺請求権の相手方，遺留分減殺請求権の対象，受益権の評価の問題など，いくつもの論点が存在する。[11] しかし，これらの論点に関し，今のところ裁判例はなく，現時点では，どのような結論になるのか予想できない。

そのため，信託を設定する際には，紛争を起こさないようにするため，相続人の遺留分を侵害しないように配慮しなければならない。

(5) 信託期間は長期間になること

信託は，その終了まで長期にわたることが想定されている。例えば，後継ぎ遺贈型の受益者連続信託の場合，信託期間が50年以上になることも考えられる。[12]

信託期間内に，当初の想定に反し，信託当事者が亡くなることもある。そこで，あらゆる信託当事者が亡くなることを想定した柔軟なスキームを考えておかなければならない。

り方―」

　http://www.nichibenren.or.jp/activity/document/opinion/year/2012/120119_2.html

10) 四宮和夫『信託法［新版］』140頁（有斐閣，1989），寺本昌広『逐条解説　新しい信託法』259頁（商事法務，補訂版，2008），道垣内弘人「展開講座　さみしがりやの信託法(8) 誰が殺したクックロビン」法学教室339号82頁（2008）など

11) 本書288頁コラム「信託行為と遺留分」参照

12) 信託法91条で，後継ぎ遺贈型の受益者連続信託において，信託の設定時から30年の時点以降において現存する者であれば受益権を取得できる旨を定めたのは，信託全体の有効期間を100年程度にすることを想定したものである（寺本・前掲注10）262頁）。

26　第2章　民事信託の実務

　また，信託期間中に何らかの問題が生じた場合には，信託設定時の事情に詳しい弁護士が，まず，その解決に取り組むべきである。しかし，信託の設定に関与した弁護士が信託期間中に亡くなることもあり得る。そのため，信託の設定に関与した弁護士は，信託期間中に自分が死んだときに備えて，記録の保存・引継ぎの準備をしておくべきである。

(6)　任意規定の活用

　新しい信託法になり，私的自治の尊重の観点から，受託者の義務等及び受益者の権利行使の意思決定に関する多くの規定が任意規定化された。

　例えば，信託法29条2項は受託者の善管注意義務を規定しているが，ただし書において，「ただし，信託行為に別段の定めがあるときは，その定めるところによる注意をもって，これをするものとする。」と信託行為による「別段の定め」を認めている。信託法は，受託者の善管注意義務であっても，その義務を軽減することを許容しているのである。家族を受託者とした民事信託においては，家族受託者の義務が過重にならないように，その注意義務の程度を「自己の財産に対するのと同一の注意」（民法659条）まで軽減することが考えられる。

　信託の持つ柔軟性を発揮させるには，各事案に応じた信託を組成するために，信託法で許容しているこれらの「別段の定め」を活用することが必要である。

(7)　実効性ある監督の必要性

　日本における信託の歴史を見ても，信託に名を借りた不健全な会社が横行したり，悪徳業者が信託を悪用した事例には事欠かなかった。また，近時，後見制度における後見人の不祥事が大きな社会問題になっている。信託は，財産の名義が全て受託者に移される制度であり，後見制度に比べても，受託者の不祥事を誘発しやすい仕組みになっている。

　そのため，親族を受託者にして信託を設定するには，受託者による信託財産の使い込み等の不祥事を起こさないようにするための実効性ある監督システムを構築することが必要である。そこで，前述のとおり，家族が受託者になる場合には，原則として，弁護士が信託関係人として関わるべきである。

　民事信託を健全に発展させるためには，民事信託を巡り，何よりも不祥事

を起こさないことが重要である。

(8) 信託終了時の財産の帰属

信託は，所有権などの財産権を受託者が受託し，それを受益者の受託者に対する債権という形に転換する仕組みである。信託の終了時には，債権に転換された権利が，元の財産権に戻されることになる。その際に，その元に戻された財産権を誰が受け取るのかについても，予め，信託契約の中で設計しておく必要がある。この点を疎かにすると，信託終了時に，意外な者が残余財産を取得するという結果になることがある。[13]

信託終了時の残余財産の帰属をどうするかも重要な問題であり，信託行為に明確に定めておかなければならない。

---

13) 信託法182条は，1項において，残余財産は信託行為によって残余財産受益者または帰属権利者と指定された者に帰属するとし，2項では，信託行為に残余財産受益者または帰属権利者の定めがない場合などは，信託行為に委託者またはその相続人その他の一般承継人を帰属権利者とする定めがあったものとみなすとしている。それでも，残余財産の帰属が決まらないときには，残余財産は清算受託者に帰属するとされている（同条3項）。

第3章

信託契約書の基本事例解説

【基本事例】高齢者の財産保護

1 事 例

> 相談者X（80）は独り暮らしの高齢者であり，多額の資産を有している。配偶者は亡くなっており，長男A（55）及び次男B（53）は既に独立している。
> 相談者Xは，最近，突然押し掛けてきた業者に必要のないリフォーム契約を押し付けられそうになるなど，判断能力が少し落ちてきた様子である。相談者X自身，ニュースなどでよく見る特殊詐欺の被害に遭わないか非常に心配している。
> 相談者Xは，今の生活を変えないで，信頼できる長男Aに財産の管理をして欲しいとの希望を持っている。

親族関係図

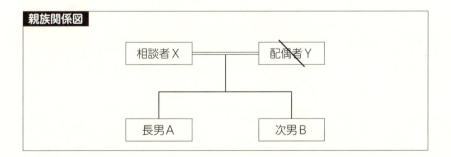

30 第3章 信託契約書の基本事例解説

2 検 討

(1) 後見制度の利用の可否

高齢者の財産を保護する制度としては，法定後見制度，任意後見制度が考えられる。

法定後見制度のうち，後見は「事理を弁識する能力を欠く常況にある者」（民法7条），保佐は「事理を弁識する能力が著しく不十分である者」（民法11条），補助は「事理を弁識する能力が不十分である者」（民法15条）が対象となる。相談者Xは，判断能力が少し落ち始めている程度であり，このうち補助の利用が考えられる。しかし，補助では，補助人に代理権を付与することはできるが（民法876条の9），本人に財産管理の権限は残されており，本人が詐欺等の被害に遭う危険性はなくならず，相談者Xの希望を叶えることはできない。

また，任意後見制度は，本人が「精神上の障害により事理を弁識する能力が不十分な状況」（任意後見4条1項）にある場合に利用できるので，相談者Xの場合もその利用を検討することになる。しかし，任意後見制度では，受任者に財産管理に関する代理権を与えるだけであり，本人に財産管理の権限は残存している点は補助と同様である。そのため，本人が不当な契約を締結してしまう余地は残されており，相談者Xの希望を叶えることはできない。

(2) ランニングコストの問題

法定後見制度を利用した場合，後見人，保佐人または補助人に親族が選任されるならば，それらの者から報酬を請求されることは少ない。しかし，後見人等に親族が選任されることは確実でなく，裁判所の判断によって専門家の第三者が選任される可能性がある。[1] 専門家が後見人等に選任された場合，その者から報酬を請求されることになる。その額は，本人の保有資産額にもよるが，月額3万円から5万円ということもあり得る。

1）平成27年1月から12月までの成年後見関係事件の概況によれば，親族が後見人等に選任される割合は約29.9パーセントになっている（最高裁判所事務総局家庭局「成年後見関係事件の概況」（平成27年1月から12月まで）。

　　http://www.courts.go.jp/vcms_lf/20160427koukengaikyou_h27.pdf

任意後見制度の場合，任意後見人は親族が就任することが多いが，任意後見監督人には専門家の第三者が選任されることが一般的である。そうすると，親族である任意後見人には報酬を支払わずに済ますこともできるが，専門家が選任された任意後見監督人からは報酬を請求されることになる。その額は，本人の保有資産額にもよるが月額1万円から3万円といわれている。

仮に，本人があと20年は生存することを想定すると，そのランニングコストは大きな負担になる。

(3) 従前の生活の維持

後見制度の利用をしない場合でも，従前の本人の生活を変えずに，なおかつ，本人の財産を保護するために，民事信託の利用が考えられる。

民事信託を利用し，信頼できる子どもに受託者になってもらうことによって，本人は財産の管理の手間から解放され，また，受託者への報酬を無償または低額に設定することが可能となる。

なお，民事信託においては，裁判所の一般的な監督は受けることはないため，本人が希望する者を受託者として指定することができる。

(4) 信託制度における財産の長期的管理機能の活用

信託は財産管理制度であるが，民法の他の財産管理制度（代理，委任，寄託等）にはない独自の機能がある。[2] そのうち，本スキームでは，財産の権利者を高齢者から高齢者以外の者に転換することにより，財産の長期的管理を実現するものである。

(5) 課税関係

信託においては，受益者等課税（パススルー課税）が採用されている。そのため，所得税は受託者ではなく受益者に課税されることになる（所得税法13条）。

本スキームでは，委託者と受益者が同一人となっている自益信託を採用しているので，信託の存続期間中には，受益者に対し贈与税等の課税はない。

ただし，信託終了時には，信託財産が法定相続人に承継されるため，法定相続人には相続税が課税されることになる（相続税法9条の2第4項）。

2）第1章14頁前掲注20参照

3 基本的事項及びスキーム図

(1) 信託目的

相談者Xの財産管理の負担をなくすこと，相談者Xが安全かつ安心な生活を送れるようにすることなど。

(2) 信託行為

相談者Xと子Aとの間の信託契約

(3) 信託財産

不動産，金銭

(4) 当事者等

 ア　委託者　　　相談者X
 イ　受託者　　　相談者Xの長男A
 ウ　受益者　　　相談者X（自益信託）
 エ　信託監督人　弁護士C

(5) 信託期間・信託の終了事由

相談者Xが死亡するまで。

(6) スキーム図

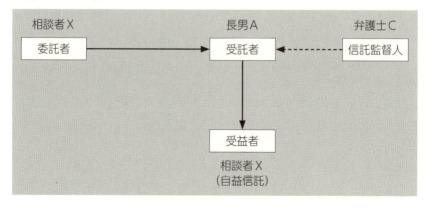

4 信託条項の検討

(1) 信託目的

ア 意義

信託目的とは，委託者の立場からすると，信託の設定によって達成しようとする基本的な目的であり，また，受託者の立場からすると，信託財産を管理または処分等を行う際の判断基準となる。

イ 信託法の規定

（ア）はじめに

信託法において，「信託目的」は，信託の定義規定（信託法2条1項），受託者の権限の範囲を定めた規定（信託法26条），信託法の終了事由（信託法163条1号）などに規定されている。

（イ）定義規定

信託の定義規定（信託法2条1項）には，信託とは，①信託契約，②遺言による信託または③自己信託（信託宣言）のいずれかの方法によって，特定の者（＝受託者）が一定の目的（＝信託目的）に従って信託財産を管理または処分及びその他の当該目的（＝信託目的）の達成のために必要な行為を行うものであると定義されている。

（定義）

信託法2条1項 この法律において「信託」とは，次条各号に掲げる方法のいずれかにより，特定の者が一定の目的（専らその者の利益を図る目的を除く。同条において同じ。）に従い財産の管理又は処分及びその他の当該目的の達成のために必要な行為をすべきものとすることをいう。

（信託の方法）

信託法3条 信託は，次に掲げる方法のいずれかによってする。

　一　特定の者との間で，当該特定の者に対し財産の譲渡，担保権の設定その他の財産の処分をする旨並びに当該特定の者が一定の目的に従い財産の管理又は処分及びその他の当該目的の達成のために必要な行為をすべき旨の契約（以下「信託契約」という。）を締結する方法

　二　特定の者に対し財産の譲渡，担保権の設定その他の財産の処分をする旨

並びに当該特定の者が一定の目的に従い財産の管理又は処分及びその他の当該目的の達成のために必要な行為をすべき旨の遺言をする方法

三　特定の者が一定の目的に従い自己の有する一定の財産の管理又は処分及びその他の当該目的の達成のために必要な行為を自らすべき旨の意思表示を公正証書その他の書面又は電磁的記録（電子的方式，磁気的方式その他人の知覚によっては認識することができない方式で作られる記録であって，電子計算機による情報処理の用に供されるものとして法務省令で定めるものをいう。以下同じ。）で当該目的，当該財産の特定に必要な事項その他の法務省令で定める事項を記載し又は記録したものによってする方法

（ウ）受託者の権限

信託法26条では，受託者の権限が信託目的の達成のために必要な行為に限定される旨が規定されている。

受託者の権限の主なものとしては，①管理行為，②処分行為，③権利取得行為，債務負担行為，④訴訟行為などが挙げられる。

（受託者の権限の範囲）

信託法26条　受託者は，信託財産に属する財産の管理又は処分及びその他の信託の目的の達成のために必要な行為をする権限を有する。ただし，信託行為によりその権限に制限を加えることを妨げない。

受託者がその権限に属しない行為を行ったときには，原則として，受託者の固有財産に効果が帰属することになる。

しかし，受託者の行為がその権限の範囲内にあると信用した相手方を保護する必要がある。そこで，相手方が受託者の行為が信託財産のためにした行為であることを知っていた場合には，受託者の権限外の行為であったとしても，その行為の効果が信託財産に帰属することになる。

ただし，相手方が，受託者の行為がその権限に属しないことを知っていた場合または知らなかったことに重過失があった場合には，相手方の保護を考える必要はないため，受益者が受託者の行為を取り消すことができるとした（信託法27条1項）。

【基本事例】 4 信託条項の検討 35

（受託者の権限違反行為の取消し）
信託法27条 受託者が信託財産のためにした行為がその権限に属しない場合に
おいて，次のいずれにも該当するときは，受益者は，当該行為を取り消すこ
とができる。
一 当該行為の相手方が，当該行為の当時，当該行為が信託財産のためにさ
れたものであることを知っていたこと。
二 当該行為の相手方が，当該行為の当時，当該行為が受託者の権限に属し
ないことを知っていたこと又は知らなかったことにつき重大な過失があっ
たこと。
2 前項の規定にかかわらず，受託者が信託財産に属する財産（第14条の信託
の登記又は登録をすることができるものに限る。）について権利を設定し又
は移転した行為がその権限に属しない場合には，次のいずれにも該当すると
きに限り，受益者は，当該行為を取り消すことができる。
一 当該行為の当時，当該信託財産に属する財産について第14条の信託の登
記又は登録がされていたこと。
二 当該行為の相手方が，当該行為の当時，当該行為が受託者の権限に属し
ないことを知っていたこと又は知らなかったことにつき重大な過失があっ
たこと。

（エ）信託の終了事由

　信託法は，信託目的を達成したときまたは信託目的の達成が不能になった
ときには，信託は終了すると規定している（信託法163条1号）。

（信託の終了事由）
信託法163条 信託は，次条の規定によるほか，次に掲げる場合に終了する。
一 信託の目的を達成したとき，又は信託の目的を達成することができなく
なったとき。
二 以下省略

（オ）受託者の変更

　また，信託法上，受託者の変更は，受託者の任務終了（信託法56条）と新
受託者の選任（信託法62条）という形で実現されることになっている。

36　第3章　信託契約書の基本事例解説

　新たに選任された受託者は，信託目的をもとに，信託財産の管理または処分等を行う際の基準を判断することになる。

（受託者の任務の終了事由）

信託法56条　受託者の任務は，信託の清算が結了した場合のほか，次に掲げる事由によって終了する。ただし，第3号に掲げる事由による場合にあっては，信託行為に別段の定めがあるときは，その定めるところによる。

　一　受託者である個人の死亡

　二　受託者である個人が後見開始又は保佐開始の審判を受けたこと。

　三　受託者（破産手続開始の決定により解散するものを除く。）が破産手続開始の決定を受けたこと。

　四　受託者である法人が合併以外の理由により解散したこと。

　五　次条の規定による受託者の辞任

　六　第58条の規定による受託者の解任

　七　信託行為において定めた事由

（新受託者の選任）

信託法62条　第56条第1項各号に掲げる事由により受託者の任務が終了した場合において，信託行為に新たな受託者（以下「新受託者」という。）に関する定めがないとき，又は信託行為の定めにより新受託者となるべき者として指定された者が信託の引受けをせず，若しくはこれをすることができないときは，委託者及び受益者は，その合意により，新受託者を選任することができる。

2，3　省略

4　第1項の場合において，同項の合意に係る協議の状況その他の事情に照らして必要があると認めるときは，裁判所は，利害関係人の申立てにより，新受託者を選任することができる。

5〜7　省略

8　委託者が現に存しない場合における前各項の規定の適用については，第1項中「委託者及び受益者は，その合意により」とあるのは「受益者は」と，第3項中「委託者及び受益者」とあるのは「受益者」と，第4項中「同項の合意に係る協議の状況」とあるのは「受益者の状況」とする。

【基本事例】 4 信託条項の検討 37

　ウ　検　討
　　（ア）具体例
　一般的な信託法の概説書には，信託目的の具体例が挙げられていることは少ない。
　「自分の配偶者を扶養する目的」，「特定の障害者を扶養する目的」，「特定の土地の上にビルを建設してこれを管理する目的」，「地震による被災地の高齢者の生活を支援する目的」の例が示されている程度である。[3]
　　（イ）「信託目的」が持つ意味合い
　先に見た信託法の規定からすると，「信託目的」は以下の2つの意味を持っていると考えられる。
　　　a　受託者が信託事務を行う際の指針（主観面）
　信託目的の1番目の意味としては，信託目的は受託者が信託事務を行う際の指針となる。新受託者が選任された場合には，その新受託者がどのような方針に従って信託財産の管理を行えば良いかを判断するために，信託目的が重要となってくる。
　　　b　受託者の権限内の行為かどうかの判断基準（客観面）
　次に，受託者の権限は信託目的に基づいて定まることから（信託法26条），信託目的は，ある受託者の行為が受託者の権限の範囲内かを判断する際の判断基準となる。
　　（ウ）考え方
　そこで，受託者が任務を行う際の指針になる程度（主観面），また，受託者の行為がその権限の範囲内かどうかを判断できる程度（客観面）に，「信託目的」は明確かつ具体的である必要がある。

3）能見善久『現代信託法』21頁（有斐閣，2004）

38　第3章　信託契約書の基本事例解説

エ　条項例

（信託目的）

第1条　本信託の信託目的は，以下のとおりである。

　　　委託者の主な財産を受託者が管理または処分等することにより

⑴　委託者の財産管理の負担を低減すること。

⑵　委託者が詐欺等の被害に遭うことを予防し，委託者が安全かつ安心な生活を送れるようにすること。

⑶　委託者が，従前と変わらぬ生活を続けることにより，快適な生活を送れるようにすること。

⑵　信託行為

ア　意　義

信託行為とは，信託を設定するための法律行為をいう。

　信託行為には，①信託契約，②遺言による信託，③自己信託（信託宣言）の3種類が存在する。

イ　信託法の規定

　信託法は，信託行為に①信託契約，②遺言による信託，③自己信託（信託宣言）の3種類があることを規定している（信託法2条2項）。

（定義）

信託法2条2項　この法律において「信託行為」とは，次の各号に掲げる信託の区分に応じ，当該各号に定めるものをいう。

　一　次条第一号に掲げる方法による信託　同号の信託契約

　二　次条第二号に掲げる方法による信託　同号の遺言

　三　次条第三号に掲げる方法による信託　同号の書面又は電磁的記録（同号に規定する電磁的記録をいう。）によってする意思表示

（信託の方法）

信託法3条　信託は，次に掲げる方法のいずれかによってする。

　一　特定の者との間で，当該特定の者に対し財産の譲渡，担保権の設定その他の財産の処分をする旨並びに当該特定の者が一定の目的に従い財産の管理又は処分及びその他の当該目的の達成のために必要な行為をすべき旨の

契約（以下「信託契約」という。）を締結する方法

二　特定の者に対し財産の譲渡，担保権の設定その他の財産の処分をする旨
　並びに当該特定の者が一定の目的に従い財産の管理又は処分及びその他の
　当該目的の達成のために必要な行為をすべき旨の遺言をする方法

三　特定の者が一定の目的に従い自己の有する一定の財産の管理又は処分及
　びその他の当該目的の達成のために必要な行為を自らすべき旨の意思表示
　を公正証書その他の書面又は電磁的記録（電子的方式，磁気的方式その他
　人の知覚によっては認識することができない方式で作られる記録であって，
　電子計算機による情報処理の用に供されるものとして法務省令で定めるも
　のをいう。以下同じ。）で当該目的，当該財産の特定に必要な事項その他
　の法務省令で定める事項を記載し又は記録したものによってする方法

ウ　検　討

　委託者が当初受益者になり，その委託者兼当初受益者が死亡することによ
り，第二次受益者が受益権を取得する内容の「信託契約」と「遺言による信
託」は，ほぼ同じ機能，効果を持つ。ところで，「遺言による信託」では，
委託者の死後，指定された受託者が信託の引受けを拒絶することも考えられ
るため，信託行為としては不安定である。

　そこで，民事信託を設定する場合には，委託者と受託者との間で「信託契
約」を締結することが一般的である。

エ　条項例

> （信託契約）
> 第2条　委託者は，本契約の締結の日（以下「信託開始日」という。）に，
> 　前項の目的に基づき，別紙信託財産目録記載の財産（以下「信託財
> 　産」という。）を受託者に信託し，受託者はこれを引き受けた（以下本
> 　契約に基づく信託を「本信託」という。）。

(3)　信託財産

ア　意　義

　信託財産とは，「受託者に属する財産であって，信託により管理又は処分
をすべき一切の財産」をいう（信託法2条3項）。

40　　第3章　信託契約書の基本事例解説

それに対し，固有財産とは，「受託者に属する財産であって，信託財産に属する財産でない一切の財産」をいう（信託法2条8項）。

イ　信託法の規定

（ア）信託財産の物上代位性

信託財産の範囲は信託法16条に規定されている。この信託法16条は**信託財産の物上代位性**を規定しているとされている。

ところで，信託法16条1号における「その他の事由」とは，例えば，信託財産を担保として借り入れた金銭も信託財産に含まれる。その意味で，代位物の範囲が原則として対象物の変形物に限定される民法上の物上代位（民法304条）よりも，信託法上の物上代位の方が代位の範囲が広くなっている。

> （信託財産の範囲）
> 信託法16条　信託行為において信託財産に属すべきものと定められた財産のほか，次に掲げる財産は，信託財産に属する。
> 一　信託財産に属する財産の管理，処分，滅失，損傷その他の事由により受託者が得た財産
> 二　省略

（イ）添　付

民法の物権における添付の規定と同様に，信託財産に属する財産と固有財産に属する財産に関し，付合，混和，加工があったときには，ともに受託者の所有に属する財産であるが，各別の所有者に属するものとみなして，民法242条から248条が適用される（信託法17条）。

> （信託財産に属する財産の付合等）
> 信託法17条　信託財産に属する財産と固有財産若しくは他の信託の信託財産に属する財産との付合若しくは混和又はこれらの財産を材料とする加工があった場合には，各信託の信託財産及び固有財産に属する財産は各別の所有者に属するものとみなして，民法第242条から第248条までの規定を適用する。

信託財産に属する財産と固有財産に属する財産とが識別不能になった場合には，各財産の価格の割合に応じて共有持分が認められる（信託法18条）。

【基本事例】 4 信託条項の検討 41

> **信託法18条** 信託財産に属する財産と固有財産に属する財産とを識別すること
> ができなくなった場合（前条に規定する場合を除く。）には，各財産の共有
> 持分が信託財産と固有財産とに属するものとみなす。この場合において，そ
> の共有持分の割合は，その識別することができなくなった当時における各財
> 産の価格の割合に応ずる。
> 2　前項の共有持分は，相等しいものと推定する。
> 3　省略

　　　（ウ）信託財産の独立性

　信託財産は受託者の所有に属するが，受託者の固有財産とは別のものとし
て取り扱われることを**信託財産の独立性**という。

　具体的には，信託財産に属する財産に対しては，信託財産責任負担債務[4]
に係る債権に基づく場合を除き，強制執行，仮差押え，仮処分もしくは担保
権の実行もしくは競売（担保権の実行としてのものを除く。）または国税滞納
処分をすることができない（信託法23条1項）。

　また，受託者が破産手続開始の決定を受けた場合でも，信託財産に属する
財産は，破産財団を構成しない（信託法25条1項）。

　これら受託者の債権者との関係において信託財産が保護されるという信託
独自の機能を**倒産隔離機能**と呼ぶ。[5]

> **（信託財産に属する財産に対する強制執行等の制限等）**
> **信託法23条** 信託財産責任負担債務に係る債権（信託財産に属する財産につい
> て生じた権利を含む。次項において同じ。）に基づく場合を除き，信託財産
> に属する財産に対しては，強制執行，仮差押え，仮処分若しくは担保権の実
> 行若しくは競売（担保権の実行としてのものを除く。以下同じ。）又は国税
> 滞納処分（その例による処分を含む。以下同じ。）をすることができない。
> 2　第3条第3号に掲げる方法によって信託がされた場合において，委託者が

4）信託財産責任負担債務とは，受託者が信託財産に属する財産をもって履行する責任を
　負う債務のことをいう（信託法2条9項）。
5）新井誠『信託法』103頁（有斐閣，第4版，2014）

42　第3章　信託契約書の基本事例解説

その債権者を害することを知って当該信託をしたときは，前項の規定にかかわらず，信託財産責任負担債務に係る債権を有する債権者のほか，当該委託者（受託者であるものに限る。）に対する債権で信託前に生じたものを有する者は，信託財産に属する財産に対し，強制執行，仮差押え，仮処分若しくは担保権の実行若しくは競売又は国税滞納処分をすることができる。ただし，受益者が現に存する場合において，その受益者の全部又は一部が，受益者としての指定を受けたことを知った時又は受益権を譲り受けた時において債権者を害すべき事実を知らなかったときは，この限りでない。

3　第11条第7項及び第8項の規定は，前項の規定の適用について準用する。

4　前2項の規定は，第2項の信託がされた時から2年間を経過したときは，適用しない。

5　第1項又は第2項の規定に違反してされた強制執行，仮差押え，仮処分又は担保権の実行若しくは競売に対しては，受託者又は受益者は，異議を主張することができる。この場合においては，民事執行法（昭和54年法律第4号）第38条及び民事保全法（平成元年法律第91号）第45条の規定を準用する。

6　第1項又は第2項の規定に違反してされた国税滞納処分に対しては，受託者又は受益者は，異議を主張することができる。この場合においては，当該異議の主張は，当該国税滞納処分について不服の申立てをする方法である。

（信託財産と受託者の破産手続等との関係等）

信託法25条　受託者が破産手続開始の決定を受けた場合であっても，信託財産に属する財産は，破産財団に属しない。

2　前項の場合には，受益債権は，破産債権とならない。信託債権であって受託者が信託財産に属する財産のみをもってその履行の責任を負うものも，同様とする。

3　第1項の場合には，破産法第252条第1項の免責許可の決定による信託債権（前項に規定する信託債権を除く。）に係る債務の免責は，信託財産との関係においては，その効力を主張することができない。

4　受託者が再生手続開始の決定を受けた場合であっても，信託財産に属する財産は，再生債務者財産に属しない。

5　前項の場合には，受益債権は，再生債権とならない。信託債権であって受託者が信託財産に属する財産のみをもってその履行の責任を負うものも，同様とする。

6　第4項の場合には，再生計画，再生計画認可の決定又は民事再生法第235

【基本事例】 4 信託条項の検討 43

> 条第1項の免責の決定による信託債権（前項に規定する信託債権を除く。）
> に係る債務の免責又は変更は，信託財産との関係においては，その効力を主
> 張することができない。
> 7　前3項の規定は，受託者が更生手続開始の決定を受けた場合について準用
> する。この場合において，第4項中「再生債務者財産」とあるのは「更生会
> 社財産（会社更生法第2条第14項に規定する更生会社財産又は金融機関等の
> 更生手続の特例等に関する法律第169条第14項に規定する更生会社財産をい
> う。）又は更生協同組織金融機関財産（同法第4条第14項に規定する更生協
> 同組織金融機関財産をいう。）」と，第5項中「再生債権」とあるのは「更生
> 債権又は更生担保権」と，前項中「再生計画，再生計画認可の決定又は民事
> 再生法第235条第1項の免責の決定」とあるのは「更生計画又は更生計画認
> 可の決定」と読み替えるものとする。

　信託財産に属する財産であることを第三者に対抗するには，公示しなけれ
ばならない（信託法14条）。

> （信託財産に属する財産の対抗要件）
> **信託法14条**　登記又は登録をしなければ権利の得喪及び変更を第三者に対抗す
> ることができない財産については，信託の登記又は登録をしなければ，当該
> 財産が信託財産に属することを第三者に対抗することができない。

（エ）受託者複数の信託

　受託者複数の信託では，信託財産は合有とされている（信託法79条）。

> （信託財産の合有）
> **信託法79条**　受託者が2人以上ある信託においては，信託財産は，その合有と
> する。

ウ 検 討
（ア）信託財産の特定

　信託財産は特定されていなければならない。そのため，信託契約を締結す

44 第3章 信託契約書の基本事例解説

る際には，一般的に「信託財産目録」を作成する。

　（イ）信託財産の公示

　　　a　意　義

　前述のとおり，信託財産に属するか否かは第三者に影響を与えるため，信託財産であることは公示しなければならない。

　　　b　公示の要否の具体例

　　　　①　不動産所有権，抵当権，地上権，特許権，著作権

　登記または登録しなければ，信託財産であることを第三者に対抗できない（信託法14条）。

　　　　②　券面が発行されていない株式，新株予約権，社債，受益権等

　それぞれの名簿に記載または記録しなければ，信託財産であることを第三者に対抗できない。

　　　　③　手形，小切手，（券面が発行されている）株券，信託予約権証券，社債券，受益証券等

　特に，公示がなくとも信託財産であることを第三者に対抗できる。

　　　　④　金銭，動産，指名債権等

　信託財産であることを公示しなくとも信託財産であることを第三者に対抗できる。

　（ウ）信託財産の追加

　信託設定後の信託財産の追加に関しては，信託法には，特に規定はない。そこで，信託行為に定めがある場合や委託者と受託者が合意した場合には，信託設定後に信託財産を追加することができると考えられる。

　例えば，①委託者が信託財産以外の財産から定期的に収益を上げていて，信託設定後にその収益も信託財産に属させたい場合，②委託者が得ている年金収入も信託財産に属させたい場合など，信託財産の追加条項を定めておく意味がある。

　エ　条項例

（信託財産―預金）

第3条　委託者は，信託契約締結後，遅滞なく，信託財産目録記載4の

預金を払い戻し，当該払戻金を受託者に引き渡す。[6]

2　受託者は，前項の払戻金を第12条の区分に応じて分別管理する。

（信託財産―信託不動産）

第4条　信託財産目録1，2及び3記載の信託不動産の所有権は，本信託開始日に，受託者に移転する。[7]

2　委託者及び受託者は，本契約後直ちに，前項信託不動産について所有権移転の登記申請を行う。[8]

3　受託者は，前項の登記申請と同時に，信託の登記の申請を行う。[9]

4　前2項の登記費用は，受託者が信託財産から支出する。

（信託不動産の瑕疵に係る責任）

第5条　受託者は，信託期間中及び信託終了後，信託不動産の瑕疵及び瑕疵により生じた損害について責任を負わない。[10]

（信託の追加）

第6条　委託者は，受託者の同意を得て，金銭を本信託に追加することができる。

(4)　委託者

ア　意　義

委託者は，信託契約，遺言による信託または自己信託（信託宣言）により

6）現時点において，金融機関は預金口座の名義変更を認めないため，預金を財産にする場合には，当該預金を一旦払戻し，受託者へ引き渡すという形を取ることになる。そのうえで，第2項において，受託者に分別管理義務を課すという考え方を取っている。

7）委託者から受託者への建物の所有権移転により，当然に，賃貸人の地位は委託者から受託者へ移転する。ただし，これは法律上当然に生じる効果であるから，条項例では記載していない。

8）信託を原因とした所有権移転登記は，委託者と受託者との共同申請である（不動産登記法60条）。

9）信託を原因とした所有権移転登記と信託の登記（不動産登記法97条以下）は別のものである。信託の登記は，受託者の単独申請で行うことができる（不動産登記法98条2項・3項）。

10）受託者は，単なる形式的な権利帰属者にすぎないので，不動産の瑕疵及び瑕疵に基づいて生じた損害については責任を負わないとする条項を設けることが多い。

46　第3章　信託契約書の基本事例解説

信託をする者をいう（信託法2条4項）。

　　イ　信託法の規定

　信託法は，委託者に関し，委託者の権利等（信託法145条），委託者の地位の移転（信託法146条），遺言信託における委託者の相続人（信託法147条）及び遺言代用信託の特例（信託法148条）の4か条だけを規定している。

（委託者の権利等）

信託法145条　信託行為においては，委託者がこの法律の規定によるその権利の全部又は一部を有しない旨を定めることができる。

2　信託行為においては，委託者も次に掲げる権利の全部又は一部を有する旨を定めることができる。

　一～十五　省略

3　省略

4　信託行為においては，受託者が次に掲げる義務を負う旨を定めることができる。

　一　この法律の規定により受託者が受益者（信託管理人が現に存する場合にあっては，信託管理人。次号において同じ。）に対し通知すべき事項を委託者に対しても通知する義務

　二　この法律の規定により受託者が受益者に対し報告すべき事項を委託者に対しても報告する義務

　三　第77条第1項又は第184条第1項の規定により受託者がする計算の承認を委託者に対しても求める義務

5　省略

　　　（ア）委託者の権利等

　　　　a　委託者としての権利（145条1項）

　委託者の権利としては，主に以下のものが挙げられる。

①　信託事務処理状況等の報告請求権（36条）

②　受託者の辞任の同意権（57条1項）

③　受益者との合意による受託者の解任権（58条1項）

④　遺言代用信託による受益者変更権（90条1項）

⑤　信託管理人の辞任の同意権（128条2項・57条1項）

⑥　受益者との合意による信託管理人の解任権（128条2項・58条1項）

⑦　信託監督人の辞任の同意権（134条2項・57条1項）

⑧　受益者との合意による信託監督人の解任権（134条2項・58条1項）

⑨　受益者代理人の辞任の同意権（141条2項・57条1項）

⑩　受益者との合意による受益者代理人の解任権（141条2項・58条1項）

⑪　信託の変更の同意権等（149条1項・3項1号）

⑫　受益者との合意による信託終了権（164条1項）

⑬　信託終了時の法定帰属権利者（182条2項）

など

　　　b　利害関係人としての権利

　委託者は，上記aの権利以外に，利害関係人として，主に以下の権利を有している。

①　財産状況開示資料・信託財産保全処分関連資料等の閲覧等請求権（38条6項，172条1～3項）

②　受託者・新受託者，信託管理人・新信託管理人，信託監督人・新信託監督人，受益者代理人に対する就任諾否の催告権（5条1項，62条2項，123条2項，129条1項，131条2項，135条1項，138条）

③　裁判所に対する受託者・新受託者，信託管理人・新信託管理人，信託監督人・新信託監督人の選任申立権（6条1項，62条4項，123条4項，129条1項，131条4項，135条1項）

など

　　　c　信託行為で委託者に留保することができる権利（145条2項）

　信託行為の定めがあれば，受益者とともに，主に以下の権利を委託者に留保することができる。

①　信託財産への強制執行等に対する異議権（23条5項・6項）

②　受託者の利益相反行為の取消権（31条6項・7項）

③　受託者の競合行為に対する介入権（32条4項）

④　受託者の任務違反行為に対する損失の填補・原状回復請求権（40条）

⑤　受託者の信託違反行為の差止請求権（44条）

など

48　　第3章　信託契約書の基本事例解説

　（イ）委託者の地位

　委託者の地位は，信託行為に定めた方法または受託者及び受益者の同意を得て，第三者に移転することができる（信託法146条）。

> **（委託者の地位の移転）**
> **信託法146条**　委託者の地位は，受託者及び受益者の同意を得て，又は信託行為において定めた方法に従い，第三者に移転することができる。

　（ウ）相続による委託者の地位の承継・不承継
　　　a　遺言信託による委託者の地位の不承継

　遺言による信託では，信託行為に別段の定めがない限り，委託者の相続人は，相続により委託者の地位を承継しない（信託法147条）。

　これは，遺言による信託を設定した委託者の合理的な意思を推定したものである。
　　　b　相続等による委託者の地位の承継

　信託法147条の反対解釈として，遺言による信託以外の場合，相続により委託者の地位は承継される。

> **（遺言信託における委託者の相続人）**
> **信託法147条**　第3条第2号に掲げる方法によって信託がされた場合には，委託者の相続人は，委託者の地位を相続により承継しない。ただし，信託行為に別段の定めがあるときは，その定めるところによる。

　（エ）遺言代用信託の特例

　遺言代用信託（信託法90条）において，受益者が現に存在せず，または90条2項により受益者としての権利を有しないとされているとき，委託者が145条2項各号の権利を有し，受託者が同条4項各号の義務を負う（信託法148条）。

　受益者が不在または受益者としての権利を有しない場合に，委託者に，受託者に対する監視・監督権限を認めたものである。

> （委託者の死亡の時に受益権を取得する旨の定めのある信託等の特例）
> **信託法148条** 第90条第1項各号に掲げる信託において，その信託の受益者が現に存せず，又は同条第2項の規定により受益者としての権利を有しないときは，委託者が第145条第2項各号に掲げる権利を有し，受託者が同条第4項各号に掲げる義務を負う。ただし，信託行為に別段の定めがあるときは，その定めるところによる。

ウ 検 討

（ア）委託者の特定方法

委託者を，氏名，生年月日，住所等で特定する。

（イ）委託者の権利

事案に応じ，委託者に信託法145条で定める権利を付与したり，または排除する。

（ウ）相続等による委託者の地位の承継

信託条項を作成する際に，相続人に委託者の地位を承継させるかどうかを検討する必要がある。

民事信託では，委託者が死亡しても信託が終了しない場合には，権利関係を錯綜させないようにするため，委託者の地位は相続人に承継しないと定めておくことが一般的である。

エ 条項例

> （委託者）
> 第7条 本信託の委託者は，X（住所：東京都○○区×××○丁目○番○号，生年月日：昭和○年○月○日）である。

> （委託者の地位の不承継）
> 第○条 委託者が死亡した場合，委託者の権利は消滅し相続人に承継されない。[11]

---

11) 本事例は，委託者の死亡により信託が終了するケースであるため，この委託者の地位の不承継に関する条項を設ける必要はない。

50　第3章　信託契約書の基本事例解説

⑸　受託者
ア　意　義
　受託者とは，信託行為の定めに従い，信託財産に属する財産の管理または処分及びその他の信託の目的の達成のために必要な行為をすべき義務を負う者をいう（信託法2条5項）。
イ　信託法の規定
（ア）受託者の資格
　未成年者，成年被後見人及び被保佐人は受託者になることができない（信託法7条）。

> **（受託者の資格）**
> **信託法7条**　信託は，未成年者又は成年被後見人若しくは被保佐人を受託者としてすることができない。

（イ）利益享受の禁止
　受託者が受益者を兼ねることによって，受益者として信託の利益を享受する場合を除いて，信託の利益を享受することは認められない（信託法8条）。

> **（受託者の利益享受の禁止）**
> **信託法8条**　受託者は，受益者として信託の利益を享受する場合を除き，何人の名義をもってするかを問わず，信託の利益を享受することができない。

　ところで，受託者が，固有財産で受益権の全部を保有する状態が1年間継続したときは，信託は終了するとされている（信託法163条2号）。

> **（信託の終了事由）**
> **信託法163条**　信託は，次条の規定によるほか，次に掲げる場合に終了する。
> 　二　受託者が受益権の全部を固有財産で有する状態が1年間継続したとき。

　この信託法8条及び163条2号の各規定から，①受託者は単独受益者とな

【基本事例】 4 信託条項の検討 51

ることができること，②受託者が単独受益者となった場合には，1年未満の
期間制限があること，③受託者が受益者以外の名義によって信託の利益を受
けることは一切許されないことが明らかになる。

②が認められない理由は，受託者と受益者の間に信認関係ないし監督関係
が認められず，受託者が他人のために信託財産を管理処分するという信託の
構造が認められないため，このような信託を長期間存続させておく意義に乏
しいと考えられるからである。[12]

他方，受託者が単独受益者ではなく，共同受益者になることは許容されて
いる。

（ウ）受託者の権限

受託者は，原則として，①管理行為，②処分行為，③権利取得行為，④債
務負担行為，⑤訴訟行為を行う権限を有する。

（受託者の権限の範囲）
信託法26条　受託者は，信託財産に属する財産の管理又は処分及びその他の信
　　託の目的の達成のために必要な行為をする権限を有する。ただし，信託行為
　　によりその権限に制限を加えることを妨げない。

（エ）受託者の義務
　　　　a　信託事務処理の第三者への委託

旧信託法では，信託事務の処理に関し，受託者に自己執行義務が課せられ
ていたが，新しい信託法では，第三者への信託事務の委託を広く認めている
（信託法28条）。

（信託事務の処理の第三者への委託）
信託法28条　受託者は，次に掲げる場合には，信託事務の処理を第三者に委託
　　することができる。
　　一　信託行為に信託事務の処理を第三者に委託する旨又は委託することがで
　　　きる旨の定めがあるとき。
　　二　信託行為に信託事務の処理の第三者への委託に関する定めがない場合に

―――――――――――――――――――

12) 寺本昌広『逐条解説　新しい信託法』360頁（商事法務，補訂版，2008）

52　第3章　信託契約書の基本事例解説

> おいて，信託事務の処理を第三者に委託することが信託の目的に照らして
> 相当であると認められるとき。
> 三　信託行為に信託事務の処理を第三者に委託してはならない旨の定めがあ
> 　る場合において，信託事務の処理を第三者に委託することにつき信託の目
> 　的に照らしてやむを得ない事由があると認められるとき。

　受託者が信託事務の処理を第三者に委託する場合には，信託目的に照らし
て適切な者に委託しなければならず（信託法35条1項），また，信託目的の達
成のために必要な監督をしなければならない（同条2項）。

> **（信託事務の処理の委託における第三者の選任及び監督に関する義務）**
> **信託法35条**　第28条の規定により信託事務の処理を第三者に委託するときは，
> 　受託者は，信託の目的に照らして適切な者に委託しなければならない。
> 2　第28条の規定により信託事務の処理を第三者に委託したときは，受託者は，
> 　当該第三者に対し，信託の目的の達成のために必要かつ適切な監督を行わな
> 　ければならない。
> 3　受託者が信託事務の処理を次に掲げる第三者に委託したときは，前2項の
> 　規定は，適用しない。ただし，受託者は，当該第三者が不適任若しくは不誠
> 　実であること又は当該第三者による事務の処理が不適切であることを知った
> 　ときは，その旨の受益者に対する通知，当該第三者への委託の解除その他の
> 　必要な措置をとらなければならない。
> 一　信託行為において指名された第三者
> 二　信託行為において受託者が委託者又は受益者の指名に従い信託事務の処
> 　理を第三者に委託する旨の定めがある場合において，当該定めに従い指名
> 　された第三者
> 4　前項ただし書の規定にかかわらず，信託行為に別段の定めがあるときは，
> 　その定めるところによる。

　　b　信託事務遂行事務
　信託法29条1項は，受託者の信託事務遂行義務を規定している。受託者は，
信託目的の達成のためには，信託行為の定めに形式的に従っているだけでは
足りず，信託行為の定めの背後にある委託者の意図，すなわち，「信託の本

旨」に従って信託事務を処理することが求められる。[13]

> **（受託者の義務）**
> **信託法29条** 受託者は，信託の本旨に従い，信託事務を処理しなければならない。

c 善管注意義務

信託法29条2項は善管注意義務を規定している。

受託者には，信託法上，善管注意義務が課せられているが，ただし書にあるとおり，私的自治の尊重という観点から，信託行為の定めにより，善管注意義務を加重または軽減することが認められている。

例えば，委託者の家族が受託者になる場合に，受託者に善管注意義務を課すことが酷と考えられるときには，受託者の注意義務を「自己の財産に対するのと同一の注意」（民法659条参照）にまで軽減することが考えられる。

しかし，信託が，委託者及び受益者の受託者に対する信認関係を基礎とする財産管理制度であることに鑑みると，信託行為の定めによっても，受託者の善管注意義務を免除することは認められない。[14]

> **（受託者の義務）**
> **信託法29条2項** 受託者は，信託事務を処理するに当たっては，善良な管理者の注意をもって，これをしなければならない。ただし，信託行為に別段の定めがあるときは，その定めるところによる注意をもって，これをするものとする。

d 忠実義務

受託者は，受益者の利益のために信託財産の管理・処分等を行う者であり，株式会社の取締役等と同様に，忠実義務を負っている（信託法30条）。

信託法31条は忠実義務に違反する典型的な行為のうち利益相反取引の禁止を，信託法32条は競合行為の禁止を規定している。

---

13) 寺本・前掲注12) 111頁
14) 寺本・前掲注12) 113頁注3

54 第3章 信託契約書の基本事例解説

> （忠実義務）
> **信託法30条** 受託者は，受益者のため忠実に信託事務の処理その他の行為をしなければならない。
> （利益相反行為の制限）
> **信託法31条** 受託者は，次に掲げる行為をしてはならない。
> 一 信託財産に属する財産（当該財産に係る権利を含む。）を固有財産に帰属させ，又は固有財産に属する財産（当該財産に係る権利を含む。）を信託財産に帰属させること。
> 二 信託財産に属する財産（当該財産に係る権利を含む。）を他の信託の信託財産に帰属させること。
> 三 第三者との間において信託財産のためにする行為であって，自己が当該第三者の代理人となって行うもの
> 四 信託財産に属する財産につき固有財産に属する財産のみをもって履行する責任を負う債務に係る債権を被担保債権とする担保権を設定することその他第三者との間において信託財産のためにする行為であって受託者又はその利害関係人と受益者との利益が相反することとなるもの
> **信託法32条** 受託者は，受託者として有する権限に基づいて信託事務の処理としてすることができる行為であってこれをしないことが受益者の利益に反するものについては，これを固有財産又は受託者の利害関係人の計算でしてはならない。
> 2～5 省略

　　e　公平義務

　信託法特有の受託者の義務として，受託者は複数の受益者がいる場合には，公平に職務を行う義務を課せられている（信託法33条）。

> （公平義務）
> **信託法33条** 受益者が2人以上ある信託においては，受託者は，受益者のために公平にその職務を行わなければならない。

　　f　分別管理義務

　公平義務（信託法33条）と同じく，信託法特有の受託者の義務として，分

【基本事例】　4　信託条項の検討　　55

別管理義務が挙げられる（信託法34条）。

① 不動産については，受託者が信託登記をしなければならない。

② 動産については，信託財産に属する財産と固有財産とを外形上区別できる状態で保管しなければならない。

③ 金銭，預金債権は，計算を明らかにする方法で管理しなければならない。[15]

④ ただし，信託法14条の信託の登記又は登録をする義務（例えば，不動産登記）以外の分別管理義務は，信託行為の定めにより免除することができる。

（分別管理義務）

信託法34条　受託者は，信託財産に属する財産と固有財産及び他の信託の信託財産に属する財産とを，次の各号に掲げる財産の区分に応じ，当該各号に定める方法により，分別して管理しなければならない。ただし，分別して管理する方法について，信託行為に別段の定めがあるときは，その定めるところによる。

一　第14条の信託の登記又は登録をすることができる財産（第3号に掲げるものを除く。）　当該信託の登記又は登録

二　第14条の信託の登記又は登録をすることができない財産（次号に掲げるものを除く。）　次のイ又はロに掲げる財産の区分に応じ，当該イ又はロに定める方法

　イ　動産（金銭を除く。）　信託財産に属する財産と固有財産及び他の信託の信託財産に属する財産とを外形上区別することができる状態で保管する方法

　ロ　金銭その他のイに掲げる財産以外の財産　その計算を明らかにする方法

三　法務省令で定める財産　当該財産を適切に分別して管理する方法として法務省令で定めるもの

---

15) 金銭や預金債権について，信託法は，分別管理義務として，計算を明らかにする方法しか要求していない。不正を予防するため，民事信託を設定する場合には，受託者に対し，金銭に関しては固有財産と外形上区別する方法を，預金債権に関しては信託専用口座を作成する方法を要求することが望ましい。

56 第3章 信託契約書の基本事例解説

> 2 前項ただし書の規定にかかわらず，同項第1号に掲げる財産について第14
> 条の信託の登記又は登録をする義務は，これを免除することができない。

g 信託事務処理状況等の報告義務

委託者または受益者は，受託者に対し，信託事務処理の状況並びに信託財産に属する財産及び信託財産責任負担債務の状況について，報告を求めることができる（信託法36条）。

> **（信託事務の処理の状況についての報告義務）**
> **信託法36条** 委託者又は受益者は，受託者に対し，信託事務の処理の状況並びに信託財産に属する財産及び信託財産責任負担債務の状況について報告を求めることができる。

（オ）受託者の権利

受託者の権利としては，信託財産からの費用等の償還を受けることができる権利（信託法48条），信託報酬を受ける権利（信託法54条）などが規定されている。

受託者は，信託事務処理に必要な費用を支出した場合，原則として，信託財産から費用の償還を受ける権利が認められている（信託法48条1項）。さらに，受益者から費用の償還を受けるには，旧信託法とは異なり，[16] 受益者と合意しなければならない（同条5項）。

> **（信託財産からの費用等の償還等）**
> **信託法48条** 受託者は，信託事務を処理するのに必要と認められる費用を固有財産から支出した場合には，信託財産から当該費用及び支出の日以後におけるその利息（以下「費用等」という。）の償還を受けることができる。ただし，信託行為に別段の定めがあるときは，その定めるところによる。
> 2 受託者は，信託事務を処理するについて費用を要するときは，信託財産からその前払を受けることができる。ただし，信託行為に別段の定めがあると

---

16) 旧信託法36条2項では，受託者は，原則として，受益者からも費用の補償を受ける権利を有するとされていた。

【基本事例】 4 信託条項の検討 57

> きは，その定めるところによる。
> 3 受託者は，前項本文の規定により信託財産から費用の前払を受けるには，受益者に対し，前払を受ける額及びその算定根拠を通知しなければならない。ただし，信託行為に別段の定めがあるときは，その定めるところによる。
> 4 省略
> 5 第1項又は第2項の場合には，受託者が受益者との間の合意に基づいて当該受益者から費用等の償還又は費用の前払を受けることを妨げない。

　信託は，委託者と受託者との間の信認関係を基礎としているので，原則，受託者は無報酬であるが，信託の引受けが商法512条の適用がある場合のほか，信託行為によって受託者が信託報酬を受けることが規定されている場合に限り，受託者は信託報酬を受け取ることができる（信託法54条1項）。

> （受託者の信託報酬）
> 信託法54条　受託者は，信託の引受けについて商法（明治32年法律第48号）第512条の規定の適用がある場合のほか，信託行為に受託者が信託財産から信託報酬（信託事務の処理の対価として受託者の受ける財産上の利益をいう。以下同じ。）を受ける旨の定めがある場合に限り，信託財産から信託報酬を受けることができる。
> 2～4　省略

（カ）受託者の変更

　受託者の変更は，受託者の任務の終了（信託法56条）と新受託者の選任（信託法62条）の規定の組合せという形で実現される。

> （受託者の任務の終了事由）
> 信託法56条　受託者の任務は，信託の清算が結了した場合のほか，次に掲げる事由によって終了する。ただし，第3号に掲げる事由による場合にあっては，信託行為に別段の定めがあるときは，その定めるところによる。
> 一　受託者である個人の死亡
> 二　受託者である個人が後見開始又は保佐開始の審判を受けたこと。

58 第3章 信託契約書の基本事例解説

> 三 受託者（破産手続開始の決定により解散するものを除く。）が破産手続開始の決定を受けたこと。
> 四 受託者である法人が合併以外の理由により解散したこと。
> 五 次条の規定による受託者の辞任
> 六 第58条の規定による受託者の解任
> 七 信託行為において定めた事由
> 2～7 省略
> **（新受託者の選任）**
> **信託法62条** 第56条第1項各号に掲げる事由により受託者の任務が終了した場合において，信託行為に新たな受託者（以下「新受託者」という。）に関する定めがないとき，又は信託行為の定めにより新受託者となるべき者として指定された者が信託の引受けをせず，若しくはこれをすることができないときは，委託者及び受益者は，その合意により，新受託者を選任することができる。
> 2，3 省略
> 4 第1項の場合において，同項の合意に係る協議の状況その他の事情に照らして必要があると認めるときは，裁判所は，利害関係人の申立てにより，新受託者を選任することができる。
> 5～7 省略
> 8 委託者が現に存しない場合における前各項の規定の適用については，第1項中「委託者及び受益者は，その合意により」とあるのは「受益者は」と，第3項中「委託者及び受益者」とあるのは「受益者」と，第4項中「同項の合意に係る協議の状況」とあるのは「受益者の状況」とする。

　受託者の変更があったときには，原則として，新受託者は，前受託者の任務が終了した時に，その時に存する信託に関する権利義務を前受託者から承継したものとみなされる（信託法75条1項）。

> **（信託に関する権利義務の承継等）**
> **信託法75条** 第56条第1項各号に掲げる事由により受託者の任務が終了した場合において，新受託者が就任したときは，新受託者は，前受託者の任務が終了した時に，その時に存する信託に関する権利義務を前受託者から承継したものとみなす。

【基本事例】 4　信託条項の検討　　59

> 2　前項の規定にかかわらず，第56条第1項第5号に掲げる事由（第57条第1項の規定によるものに限る。）により受託者の任務が終了した場合（第59条第4項ただし書の場合を除く。）には，新受託者は，新受託者等が就任した時に，その時に存する信託に関する権利義務を前受託者から承継したものとみなす。
> 3～9　省略

　受託者の変更に伴う信託債権に係る債務の承継については，前受託者は，原則として，引き続き債務を負い続け，自己の固有財産もその引き当てとなる（信託法76条1項）。他方，新受託者は，信託債権に係る債務を承継した場合でも，信託財産に属する財産のみをもって履行する責任を負うのみである（同条2項）。

> （承継された債務に関する前受託者及び新受託者の責任）
> 信託法76条　前条第1項又は第2項の規定により信託債権に係る債務が新受託者に承継された場合にも，前受託者は，自己の固有財産をもって，その承継された債務を履行する責任を負う。ただし，信託財産に属する財産のみをもって当該債務を履行する責任を負うときは，この限りでない。
> 2　新受託者は，前項本文に規定する債務を承継した場合には，信託財産に属する財産のみをもってこれを履行する責任を負う。

（キ）受託者複数の信託

　受託者複数の信託では，その過半数によって信託事務処理に関する意思決定を行う（信託法80条1項）。また，信託行為の定めによって，各受託者の職務の分掌を定めることもできる（同条3項）。

> （信託事務の処理の方法）
> 信託法80条　受託者が2人以上ある信託においては，信託事務の処理については，受託者の過半数をもって決する。
> 2　前項の規定にかかわらず，保存行為については，各受託者が単独で決することができる。

60　　第3章　信託契約書の基本事例解説

> 3　前2項の規定により信託事務の処理について決定がされた場合には，各受託者は，当該決定に基づいて信託事務を執行することができる。
> 4　前3項の規定にかかわらず，信託行為に受託者の職務の分掌に関する定めがある場合には，各受託者は，その定めに従い，信託事務の処理について決し，これを執行する。
> 5　前2項の規定による信託事務の処理についての決定に基づく信託財産のためにする行為については，各受託者は，他の受託者を代理する権限を有する。
> 6　前各項の規定にかかわらず，信託行為に別段の定めがあるときは，その定めるところによる。
> 7　受託者が2人以上ある信託においては，第三者の意思表示は，その1人に対してすれば足りる。ただし，受益者の意思表示については，信託行為に別段の定めがあるときは，その定めるところによる。

　受託者複数の信託では，相互監視による違法行為の防止及び複数の受託者の関与による合理的な意思決定への期待の観点から，原則として，他の受託者への信託事務処理の意思決定を委託することができない（信託法82条）。

> （信託事務の処理についての決定の他の受託者への委託）
> 信託法82条　受託者が2人以上ある信託においては，各受託者は，信託行為に別段の定めがある場合又はやむを得ない事由がある場合を除き，他の受託者に対し，信託事務（常務に属するものを除く。）の処理についての決定を委託することができない。

　受託者複数の信託では，信託事務を処理するに当たって各受託者が第三者に負担した債務は，各受託者の連帯債務となる（信託法83条1項）。
　複数の受託者が職務の分掌をした場合には，職務を担当していない受託者は，信託財産に属する財産のみをもって，他の受託者が第三者に対し負担した債務を履行する責任を負う（同条2項）。

> （信託事務の処理に係る債務の負担関係）
> 信託法83条　受託者が2人以上ある信託において，信託事務を処理するに当たって各受託者が第三者に対し債務を負担した場合には，各受託者は，連帯

債務者とする。
2　前項の規定にかかわらず，信託行為に受託者の職務の分掌に関する定めがある場合において，ある受託者がその定めに従い信託事務を処理するに当たって第三者に対し債務を負担したときは，他の受託者は，信託財産に属する財産のみをもってこれを履行する責任を負う。ただし，当該第三者が，その債務の負担の原因である行為の当時，当該行為が信託事務の処理としてされたこと及び受託者が２人以上ある信託であることを知っていた場合であって，信託行為に受託者の職務の分掌に関する定めがあることを知らず，かつ，知らなかったことにつき過失がなかったときは，当該他の受託者は，これをもって当該第三者に対抗することができない。

ウ　検　討

（ア）受託者の特定方法

受託者を氏名，生年月日，住所等で特定する。

（イ）信託条項

信託契約では，信託財産の名義人となり，かつ，大きな権限を有する受託者をどのように監督するかがポイントとなる。そのため，信託条項は，受託者に関する条項が中心となる。

（ウ）信託法の原則的なルール

民事信託においては，受託者は法律に詳しくないことが多いため，原則的なルールをどこまで信託条項として書き込むべきか検討することになる。

例えば，受託者が善管注意義務を負うことは信託法の原則的なルールであり，敢えて，信託契約書に記載しなくても，受託者は善管注意義務を負うことに変わりはない。しかし，善管注意義務が課されていることを受託者に自覚させるため，敢えて，信託契約書には善管注意義務に関する規定を設けることが望ましいと考えられる。

（エ）受託者の権限

民事信託では，信託条項において，受託者の権限のうち，どの権限を制限すべきかを検討することになる。

例えば，信託財産である不動産を子や孫に承継させることを目的とする民事信託の場合には，受託者に処分行為の権限を制限しておく必要がある。

62　第3章　信託契約書の基本事例解説

　他方，高齢者の財産管理を目的とする民事信託の場合，将来的に，所有不動産を売却し高齢者が施設に入る際の資金を得る必要がある可能性もあるため，受託者に信託不動産の処分権限を与えておくことが望ましい。

　　（オ）信託事務の内容

　受託者の信託事務については，受託者が具体的に何を行う必要があるのかを明らかにするため，各信託財産に関し，管理・処分・運用の面から，受託者の信託事務を具体的に列挙する。

　　（カ）分別管理義務

　金銭及び預金債権に関する分別管理について，信託法の原則的なルールでは，「その計算を明らかにする方法」を採れば良いとされている。

　しかし，民事信託においては，金銭や預金債権について，計算を明らかにするだけでは，受託者による信託財産の適正な管理として不十分である。

　そこで，金銭については，動産と同様に，外形上区別することができる状態で保管する方法を採ることにし，また，預金については，信託専用口座を開設することを求めるようにしている。

　　（キ）費用の償還

　信託事務を処理するのに必要と認められる費用を固有財産から支出した場合には，信託財産から償還を受けられることを確認的に規定するとともに，さらに，必要であれば，受益者からも費用の償還または前払いを受けられることを定めるか検討する。

　　（ク）信託報酬

　受託者が委託者の親族である場合には，信託報酬を無報酬とすることが多いが，受託者の負担が多い場合には，相当程度の信託報酬を定めることもあり得る。

　　（ケ）受託者複数の信託

　受託者複数の信託では，各受託者が同じ信託事務を共同して行うこともあれば，または，各受託者にそれぞれ職務を分掌させることもできる。

　いずれの場合でも，複数の受託者による効率的な信託事務の処理という要請と，相互監視による適正な信託事務の遂行という利益との調和を考えることになる。

【基本事例】 4 信託条項の検討 63

エ 条項例

（受託者）
第8条 本信託の受託者は，以下のとおりとする。

住所 ○○県○○市○○町△－△－△

氏名 Ａ

生年月日 昭和○○年○月○日

（受託者の信託事務）
第9条 受託者は，以下の信託事務を行う。[17)

⑴ 信託財産目録記載1，2及び3の信託不動産を管理，処分すること。

⑵ 信託財産目録記載2の信託不動産を第三者に賃貸し，第三者から賃料を受領すること。

⑶ 前号によって受領した賃料を，上記1号の信託不動産を管理するために支出すること。

⑷ 上記1号及び2号において受領した売却代金及び賃料を管理し，受益者の生活費，医療費及び介護費用等に充てるため支出すること。

⑸ 信託財産に属する金銭及び預金を管理し，受益者の生活費，医療費及び介護費用等に充てるために支出すること。

⑹ 信託財産目録記載3の信託不動産の売却代金を管理し，受益者の生活費，医療費及び介護費用等に充てるために支出すること。

⑺ その他信託目的を達成するために必要な事務を行うこと。

（信託事務処理の第三者への委託）
第10条 受託者Ａは，信託財産目録1及び2記載の不動産の管理を第三者に委託することができる。

（善管注意義務）
第11条 受託者は，信託財産の管理，処分その他の信託事務について善良な管理者の注意をもって処理しなければならない。

---

17) 本条項例では，信託財産目録記載の不動産は同1の賃貸用建物の敷地，同2は賃貸用建物，同3は自宅用マンションを想定している。

64　第3章　信託契約書の基本事例解説

（分別管理義務）

第12条　受託者は，信託財産に属する金銭及び預金と受託者の固有財産とを，以下の各号に定める方法により，分別して管理しなければならない。

(1)　金銭　　信託財産に属する財産と受託者の固有財産とを外形上区別することができる状態で保管する方法

(2)　預金　　信託財産に属する預金専用の口座を開設する方法

（信託費用の償還）

第14条　受託者は，信託財産から信託事務処理に係る費用の償還を受けることができる。

2　受託者は，受益者から信託事務処理に係る費用の償還または前払いを受けることができる。

（信託報酬）

第15条　受託者は無報酬とする。

（受託者複数の信託の条項例）

第○条　本信託の受託者は，以下の両名とする。

(1)　受託者　　住所　　東京都○○区○○

　　　　　　　氏名　　Ａ

(2)　受託者　　住所　　東京都△△区△△

　　　　　　　氏名　　Ｂ

（職務の分掌）

第○条　信託事務のうち，受託者Ａが信託財産目録1ないし3記載の信託不動産の管理，処分等を行い，受託者Ｂが同4記載の預金の管理，処分等を行う。

（受託者Ａの信託事務）

第○条　受託者Ａは，以下の信託事務を行う。

(1)　信託財産目録1及び2記載の不動産を管理すること

【基本事例】 4 信託条項の検討 65

(2) 前号の不動産を第三者に賃貸し，第三者に賃料を請求し及び第三者から賃料を受領すること

(3) 前号によって受領した賃料を，上記1号の不動産を管理するために支出すること

(4) 上記2号において受領した賃料を，受益者の生活費に充てるため受益者または受託者Bが管理する預金口座に送金すること

(5) 信託財産目録3記載の不動産を管理すること

(6) 前号の同不動産を受益者の生活の本拠として使用させること

(7) 上記2号によって受領した賃料を，上記5号の不動産を管理するために支出すること

(8) その他信託目的を達成するために必要な事務を行うこと

（受託者Bの事務）

第○条 受託者Bは，以下の信託事務を行う。

(1) 信託財産目録4記載の預金口座を管理すること

(2) 前号の預金を，受益者の生活費に充てるために支出すること

(3) その他信託目的を達成するために必要な事務を行うこと

(6) 受益者

ア 意 義

（ア）受益者

受益者とは，受益権を有する者をいう（信託法2条6項）。

（イ）受益権

受益権とは，信託行為に基づいて受託者が受益者に対し負う債務であって信託財産に属する財産の引渡しその他の信託財産に係る給付をすべきものに係る債権（以下「受益債権」という。）及びこれを確保するためにこの法律の規定に基づいて受託者その他の者に対し一定の行為を求めることができる権利をいう（信託法2条7項）。

イ 信託法の規定

（ア）受益権の当然取得

民法の第三者のためにする契約では，第三者の有する権利は，受益の意思

66　　第3章　信託契約書の基本事例解説

表示をした時に発生するとされているが（民法537条2項），信託法88条は，この規定の例外とされる。

　なお，このように，受益者は当然に受益権を取得するが，信託行為を行った当事者（委託者及び受託者）ではないため，信託法上，受益者は義務（例えば，費用等の償還義務）を負わせられることはない。[18]

> （受益権の取得）
> **信託法88条**　信託行為の定めにより受益者となるべき者として指定された者（次条第1項に規定する受益者指定権等の行使により受益者又は変更後の受益者として指定された者を含む。）は，当然に受益権を取得する。ただし，信託行為に別段の定めがあるときは，その定めるところによる。
> 2　省略

　　　（イ）受益者の権利行使の制限の禁止

　受託者に対する監督権は受益権の中核的な権利であり，各受益者は，単独で権利を行使することができ，また，信託行為の定めによっても制限することはできない（信託法92条）。

　　　　①　信託法92条1号

　受託者の選任（6条1項）・解任（58条4項），新受託者の選任（62条4項），信託監督人の選任（131条4項）・解任（134条2項）など

　　　　②　同条2号

　信託行為で指定された受託者に対する就任諾否の催告権（5条1項）

　　　　③　同条3号

　信託財産への強制執行等に対する異議権（23条5項・6項）

　　　　④　同条4号

　弁護士等の費用または報酬の支払い請求権（24条1項）

　　　　⑤　同条5号

　受託者の権限違反行為の取消権（27条1項・2項）

など

18）受益者に受託者に対する費用等の償還義務を負わせる場合には，信託行為とは別に，受託者と受益者との間で個別に契約する必要がある（寺本・前掲注12）178頁）。

【基本事例】 4 信託条項の検討 67

> （信託行為の定めによる受益者の権利行使の制限の禁止）
> 信託法92条 受益者による次に掲げる権利の行使は，信託行為の定めにより制限することができない。
> 一 この法律の規定による裁判所に対する申立権
> 二 第5条第1項の規定による催告権
> 三 第23条第5項又は第6項の規定による異議を主張する権利
> 四 第24条第1項の規定による支払の請求権
> 五 第27条第1項又は第2項（これらの規定を第75条第4項において準用する場合を含む。）の規定による取消権
> 六～二十六 省略

（ウ）受益権の譲渡性・対抗要件

民法上の指名債権の譲渡（民法466条）と同様，受益権は譲渡性が認められ，また，特約により譲渡禁止とすることができる（信託法93条）。

> （受益権の譲渡性）
> 信託法93条 受益者は，その有する受益権を譲り渡すことができる。ただし，その性質がこれを許さないときは，この限りでない。
> 2 前項の規定は，信託行為に別段の定めがあるときは，適用しない。ただし，その定めは，善意の第三者に対抗することができない。

受益権の譲渡は，譲渡人の受託者に対する通知または受託者の承諾により，第三者に対抗することができる（信託法94条）。民法上の指名債権の譲渡（民法466条）と異なり，受託者の異議を留めない承諾による抗弁の切断は認められていない（信託法95条参照）。

> （受益権の譲渡の対抗要件）
> 信託法94条 受益権の譲渡は，譲渡人が受託者に通知をし，又は受託者が承諾をしなければ，受託者その他の第三者に対抗することができない。
> 2 前項の通知及び承諾は，確定日付のある証書によってしなければ，受託者以外の第三者に対抗することができない。

（受益権の譲渡における受託者の抗弁）
信託法95条 受託者は，前条第1項の通知又は承諾がされるまでに譲渡人に対し生じた事由をもって譲受人に対抗することができる。

（エ）受益権の質入れ

受益権は性質に反しない場合には質入れをすることが認められ，また，特約によって質入れ禁止をすることができる（信託法96条）。

（受益権の質入れ）
信託法96条 受益者は，その有する受益権に質権を設定することができる。ただし，その性質がこれを許さないときは，この限りでない。
2 前項の規定は，信託行為に別段の定めがあるときは，適用しない。ただし，その定めは，善意の第三者に対抗することができない。

（オ）受益権の放棄

受益者が信託行為の当事者である場合を除き，受益者は，受託者に対し，受益権を放棄することができる（信託法99条）。

（受益権の放棄）
信託法99条 受益者は，受託者に対し，受益権を放棄する旨の意思表示をすることができる。ただし，受益者が信託行為の当事者である場合は，この限りでない。
2 受益者は，前項の規定による意思表示をしたときは，当初から受益権を有していなかったものとみなす。ただし，第三者の権利を害することはできない。

（カ）受益債権に係る受託者の責任

受益債権（信託行為に基づいて受託者が受益者に対し負う債務であって信託財産に属する財産の引渡しその他の信託財産に係る給付をすべきものに係る債権）に係る債務については，受託者は，信託財産に属する財産のみをもって履行する責任を負う（信託法100条）。つまり，受益債権については，受託者は，信託財産に関する物的有限責任を負うということである。

【基本事例】 4 信託条項の検討 69

> （受益債権に係る受託者の責任）
> 信託法100条 受益債権に係る債務については，受託者は，信託財産に属する財産のみをもってこれを履行する責任を負う。

（キ）受益債権と信託債権との優劣

信託債権とは，信託事務処理に基づいて生じた債権をいうが，受益債権は，信託債権に劣後する（信託法101条）。

> （受益債権と信託債権との関係）
> 信託法101条 受益債権は，信託債権に後れる。

（ク）受益債権の期間制限

通常の信託の受益債権は10年，営業信託に基づく受益債権は5年の消滅時効期間となる（信託法102条1項）。また，受益債権の除斥期間は20年である（同条4項）。

> （受益債権の期間の制限）
> 信託法102条 受益債権の消滅時効は，次項及び第3項に定める事項を除き，債権の消滅時効の例による。
> 2 受益債権の消滅時効は，受益者が受益者としての指定を受けたことを知るに至るまでの間（受益者が現に存しない場合にあっては，信託管理人が選任されるまでの間）は，進行しない。
> 3 受益債権の消滅時効は，次に掲げる場合に限り，援用することができる。
> 　一 受託者が，消滅時効の期間の経過後，遅滞なく，受益者に対し受益債権の存在及びその内容を相当の期間を定めて通知し，かつ，受益者からその期間内に履行の請求を受けなかったとき。
> 　二 消滅時効の期間の経過時において受益者の所在が不明であるとき，その他信託行為の定め，受益者の状況，関係資料の滅失その他の事情に照らして，受益者に対し前号の規定による通知をしないことについて正当な理由があるとき。

70　　第3章　信託契約書の基本事例解説

> 4　受益債権は，これを行使することができる時から20年を経過したときは，消滅する。

ウ　検　討

（ア）受益者の特定方法

受益者を氏名，生年月日，住所等で特定する。

（イ）受益権の内容

受益債権は受益者の受託者に対する債権であるため，契約自由の原則に基づき，多様な内容を定めることができる。

信託条項では，受益権の内容が明確になるように，具体的な受益権の内容を規定する。

（ウ）受益権の譲渡，質入れの制限

受益権には譲渡性が認められているが，民事信託では，親族以外の者が受益者となることを避けるため，受益権の譲渡，質入れを制限することが一般的である。

エ　条項例

（受益者）

第16条　本信託の受益者は，委託者Xである。

（受益権）

第17条　受益者は，受益権として以下の内容の権利を有する。

　(1)　信託財産目録記載2の信託不動産を第三者に賃貸したことによる賃料から給付を受ける権利

　(2)　信託目録記載1及び2の信託不動産が処分された場合には，その代価から給付を受ける権利

　(3)　信託財産目録記載3の信託不動産を生活の本拠として使用する権利

　(4)　前号の信託不動産が処分された場合には，その代価から給付を受ける権利

　(5)　信託財産目録記載4の預金から給付を受ける権利

（受益権の譲渡・質入れの禁止）
第18条　受益者は，受益権を譲渡又は質入れすることはできない。

(7)　その他の検討が必要な条項─信託関係人

　　ア　信託監督人

　　　（ア）意　義

　信託監督人とは，受益者が年少者，高齢者または知的障がい者など，受益者が現に存するが，受益者自身によって受託者を適切に監督することが期待できない場合において，受益者のために自己の名をもって，受託者の信託事務の処理を監督するために受益者が有する権利を行使する権限を有する者をいう。

　　　（イ）信託法の規定

　信託監督人は，受益者が現に存する場合に設置することができる（信託法131条1項）。

（信託監督人の選任）
信託法131条　信託行為においては，受益者が現に存する場合に信託監督人となるべき者を指定する定めを設けることができる。
2〜8　省略

　信託監督人は，受益者のために，自己の名をもって，受益者が有する受託者を監督するための権利を行使する（信託法132条1項）。

（信託監督人の権限）
信託法132条　信託監督人は，受益者のために自己の名をもって第92条各号（第17号，第18号，第21号及び第23号を除く。）に掲げる権利に関する一切の裁判上又は裁判外の行為をする権限を有する。ただし，信託行為に別段の定めがあるときは，その定めるところによる。
2　省略

　信託監督人は，善管注意義務を負い，受益者のために，誠実かつ公平にその権限を行使することが求められる（信託法133条）。

72　　第3章　信託契約書の基本事例解説

> **（信託監督人の義務）**
>
> **信託法133条**　信託監督人は，善良な管理者の注意をもって，前条第1項の権限を行使しなければならない。
> 2　信託監督人は，受益者のために，誠実かつ公平に前条第1項の権限を行使しなければならない。

　信託監督人の任務の終了及び新監督人の選任等については受託者の任務の終了（信託法56条～58条）及び新受託者の選任の規定（信託法62条）が準用される（信託法134条，135条）。

> **（信託監督人の任務の終了）**
>
> **信託法134条**　第56条の規定は，信託監督人の任務の終了について準用する。この場合において，同条第1項第5号中「次条」とあるのは「第134条第2項において準用する次条」と，同項第6号中「第58条」とあるのは「第134条第2項において準用する第58条」と読み替えるものとする。
> 2　第57条の規定は信託監督人の辞任について，第58条の規定は信託監督人の解任について，それぞれ準用する。
>
> **（新信託監督人の選任等）**
>
> **信託法135条**　第62条の規定は，前条第1項において準用する第56条第1項各号の規定により信託監督人の任務が終了した場合における新たな信託監督人（次項において「新信託監督人」という。）の選任について準用する。
> 2　新信託監督人が就任した場合には，信託監督人であった者は，遅滞なく，受益者に対しその事務の経過及び結果を報告し，新信託監督人がその事務の処理を行うのに必要な事務の引継ぎをしなければならない。

　信託監督人の資格並びに信託監督人の費用及び報酬については，信託管理人の規定（信託法124条，127条）が準用される（信託法137条）。

> **（信託管理人に関する規定の準用）**
>
> **信託法137条**　第124条及び第127条の規定は，信託監督人について準用する。この場合において，同条第6項中「第123条第4項」とあるのは，「第131条第4項」と読み替えるものとする。

【基本事例】　4　信託条項の検討　　73

> **（信託管理人の費用等及び報酬）**
> **信託法127条**　信託管理人は，その事務を処理するのに必要と認められる費用
> 及び支出の日以後におけるその利息を受託者に請求することができる。
> 2　信託管理人は，次の各号に掲げる場合には，当該各号に定める損害の額に
> ついて，受託者にその賠償を請求することができる。
> 　一　信託管理人がその事務を処理するため自己に過失なく損害を受けた場合
> 　　当該損害の額
> 　二　信託管理人がその事務を処理するため第三者の故意又は過失によって損
> 　　害を受けた場合（前号に掲げる場合を除く。）　当該第三者に対し賠償を請
> 　　求することができる額
> 3　信託管理人は，商法第512条の規定の適用がある場合のほか，信託行為に
> 信託管理人が報酬を受ける旨の定めがある場合に限り，受託者に報酬を請求
> することができる。
> 4　前3項の規定による請求に係る債務については，受託者は，信託財産に属
> する財産のみをもってこれを履行する責任を負う。
> 5　第3項の場合には，報酬の額は，信託行為に報酬の額又は算定方法に関す
> る定めがあるときはその定めるところにより，その定めがないときは相当の
> 額とする。
> 6～9　省略

イ　受益者代理人

（ア）意　義

　受益者代理人とは，受益者が不特定多数または頻繁に変動する場合のよう
に，受益者が現に存するが，その意思決定や受託者への監督が事実上困難な
場合において，受益者のために，その代理人として，受益者が有する信託法
上の一切の権利を行使する権限を有する者という。

（イ）信託法の規定

　受益者代理人は，その代理する受益者を定めて，信託行為によって指定す
ることができる（信託法138条）。

> **（受益者代理人の選任）**
> **信託法138条**　信託行為においては，その代理する受益者を定めて，受益者代

74   第3章　信託契約書の基本事例解説

> 理人となるべき者を指定する定めを設けることができる。
> 2，3　省略

　受益者代理人は，受益者のために，代理人として，受益者が有する一切の裁判上または裁判外の行為をする権限を有する（信託法139条1項）。

　受益者代理人に代理される受益者は，信託法92条各号に掲げる権利及び信託行為に定めた権利を除いて，それ以外の権利を行使することはできなくなる（信託法139条4項）。

> （受益者代理人の権限等）
> 信託法139条　受益者代理人は，その代理する受益者のために当該受益者の権
> 　利（第42条の規定による責任の免除に係るものを除く。）に関する一切の裁
> 　判上又は裁判外の行為をする権限を有する。ただし，信託行為に別段の定め
> 　があるときは，その定めるところによる。
> 2，3　省略
> 4　受益者代理人があるときは，当該受益者代理人に代理される受益者は，第
> 　92条各号に掲げる権利及び信託行為において定めた権利を除き，その権利を
> 　行使することができない。

　受益者代理人は，善管注意義務を負い，受益者のために，誠実かつ公平にその権限を行使することが求められる（信託法140条）。

> （受益者代理人の義務）
> 信託法140条　受益者代理人は，善良な管理者の注意をもって，前条第1項の
> 　権限を行使しなければならない。
> 2　受益者代理人は，その代理する受益者のために，誠実かつ公平に前条第1
> 　項の権限を行使しなければならない。

　受益者代理人の任務の終了及び新監督人の選任等については受託者の任務の終了（信託法56条〜58条）及び新受託者の選任の規定（信託法62条）が準用される（信託法141条，142条）。

> （受益者代理人の任務の終了）
> **信託法141条**　第56条の規定は，受益者代理人の任務の終了について準用する。この場合において，同条第1項第5号中「次条」とあるのは「第141条第2項において準用する次条」と，同項第6号中「第58条」とあるのは「第141条第2項において準用する第58条」と読み替えるものとする。
> 2　第57条の規定は受益者代理人の辞任について，第58条の規定は受益者代理人の解任について，それぞれ準用する。
>
> （新受益者代理人の選任等）
> **信託法142条**　第62条の規定は，前条第1項において準用する第56条第1項各号の規定により受益者代理人の任務が終了した場合における新たな受益者代理人（次項において「新受益者代理人」という。）の選任について準用する。この場合において，第62条第2項及び第4項中「利害関係人」とあるのは，「委託者又は受益者代理人に代理される受益者」と読み替えるものとする。
> 2　新受益者代理人が就任した場合には，受益者代理人であった者は，遅滞なく，その代理する受益者に対しその事務の経過及び結果を報告し，新受益者代理人がその事務の処理を行うのに必要な事務の引継ぎをしなければならない。

　受託者代理人の資格並びに受益者代理人の費用及び報酬については，信託管理人の規定（信託法124条，127条）が準用される（信託法144条）。

> （信託管理人に関する規定の準用）
> **信託法144条**　第124条及び第127条第1項から第5項までの規定は，受益者代理人について準用する。

ウ　検　討
（ア）信託監督人と受益者代理人との違い

　信託監督人は，受益者が存在する場合に，その受益者が有する受託者を監督するための権利を，自己の名をもって行使するものである。

　受益者代理人は，受益者が存在する場合に，その受益者が有する信託法上の一切の権利を，代理人として行使するものである。

76 第3章 信託契約書の基本事例解説

受益者代理人の方が行使できる権限の範囲が広くなっている。

（イ）信託監督人と受益者代理人の選択

受益者が，現時点において意思能力に問題があるまたは将来的に意思能力に問題が生じると考えられる場合には，受益者が自ら権利を行使できないまたは将来的に権利行使ができなくなると予想されることから，受託者に対する監督権限以外の権利まで行使できる受益者代理人を選択することが望ましい。

他方，受益者の意思能力に問題がない場合には，受益者の権利を必要以上に制限しないように（信託法139条4項参照），信託監督人を選択することが相当である。

エ　条項例

（信託監督人）

第19条　本信託の信託監督人として，以下の者を指定する。[19]

　　　　住所　　東京都○○区○○△丁目△番△号　　○○○法律事務所

　　　　職業　　弁護士

　　　　氏名　　△△△△

（信託監督人の辞任）

第20条　信託監督人は，受益者及び受託者の同意を得て辞任することができる。

（信託監督人の報酬）

第21条　信託監督人の報酬は，以下のとおりとする。[20]

　　　　（省略）

19）信託監督人及び受益者代理人の資格については，信託管理人の規定（信託法124条）が準用される（信託法137条，144条）。したがって，未成年者，成年被後見人，被保佐人及び当該信託の受託者は信託監督人及び受益者代理人になることはできないが，それ以外には規制はなく，弁護士その他の士業，親族，法人も就任することが可能である。

20）信託監督人及び受益者代理人が報酬を得ることについては，特に規制はなく，弁護士等が信託監督人または受益者代理人として報酬を得たとしても，信託業法違反などの問題には生じない。

⑻ その他の検討が必要な条項──信託の計算

ア 意 義

受託者は，信託財産に属する財産の状況等を受益者に開示するために，財産状況開示資料等を作成しなければならない。

イ 信託法等の規定

信託の会計は，一般に公正妥当と認められる会計慣行に従うものとされている（信託法13条）。

> **（会計の原則）**
> **信託法13条** 信託の会計は，一般に公正妥当と認められる会計の慣行に従うものとする。

信託法37条は，「信託帳簿」，「財産状況開示資料」の作成，報告，保存義務に関して規定している。

信託法37条1項は**「信託帳簿」**に関する規定である（信託計算規則4条1項）。同項において「信託財産に関する帳簿その他の書類」とされているのは，会計実務で作成されている仕訳帳，総勘定元帳などの書類のほか，単純な管理型信託においては，厳密に「帳簿」と呼ぶべき書類を備えるまでの必要性がないため，「帳簿」に限定されない趣旨を明らかにしたものである。[21]

信託法37条2項は**「財産状況開示資料」**に関する規定である。同項において「貸借対照表，損益計算書その他の法務省令で定める書類」と幅のある表現になっているのは，信託の類型によって，作成が求められる書類が異なると考えられているからである。

例えば，資産の運用を目的とする信託では，貸借対照表及び損益計算書の作成が必要とされるのに対し，信託財産の管理のみを目的とする信託では，財産目録に相当する書類が作成されれば足りると考えられている。[22]

21）寺本・前掲注12）146頁
22）同上

78　第3章　信託契約書の基本事例解説

（帳簿等の作成等，報告及び保存の義務）

信託法37条　受託者は，信託事務に関する計算並びに信託財産に属する財産及び信託財産責任負担債務の状況を明らかにするため，法務省令で定めるところにより，信託財産に係る帳簿その他の書類又は電磁的記録を作成しなければならない。

2　受託者は，毎年一回，一定の時期に，法務省令で定めるところにより，貸借対照表，損益計算書その他の法務省令で定める書類又は電磁的記録を作成しなければならない。

3　受託者は，前項の書類又は電磁的記録を作成したときは，その内容について受益者（信託管理人が現に存する場合にあっては，信託管理人）に報告しなければならない。ただし，信託行為に別段の定めがあるときは，その定めるところによる。

4　受託者は，第1項の書類又は電磁的記録を作成した場合には，その作成の日から10年間（当該期間内に信託の清算の結了があったときは，その日までの間。次項において同じ。），当該書類（当該書類に代えて電磁的記録を法務省令で定める方法により作成した場合にあっては，当該電磁的記録）又は電磁的記録（当該電磁的記録に代えて書面を作成した場合にあっては，当該書面）を保存しなければならない。ただし，受益者（2人以上の受益者が現に存する場合にあってはそのすべての受益者，信託管理人が現に存する場合にあっては信託管理人。第6項ただし書において同じ。）に対し，当該書類若しくはその写しを交付し，又は当該電磁的記録に記録された事項を法務省令で定める方法により提供したときは，この限りでない。

5　受託者は，信託財産に属する財産の処分に係る契約書その他の信託事務の処理に関する書類又は電磁的記録を作成し，又は取得した場合には，その作成又は取得の日から10年間，当該書類（当該書類に代えて電磁的記録を法務省令で定める方法により作成した場合にあっては，当該電磁的記録）又は電磁的記録（当該電磁的記録に代えて書面を作成した場合にあっては，当該書面）を保存しなければならない。この場合においては，前項ただし書の規定を準用する。

6　受託者は，第2項の書類又は電磁的記録を作成した場合には，信託の清算の結了の日までの間，当該書類（当該書類に代えて電磁的記録を法務省令で定める方法により作成した場合にあっては，当該電磁的記録）又は電磁的記録（当該電磁的記録に代えて書面を作成した場合にあっては，当該書面）を

【基本事例】 4 信託条項の検討 79

保存しなければならない。ただし，その作成の日から10年間を経過した後において，受益者に対し，当該書類若しくはその写しを交付し，又は当該電磁的記録に記録された事項を法務省令で定める方法により提供したときは，この限りでない。

（信託帳簿等の作成）

信託計算規則第4条 法第37条第1項の規定による信託財産に係る帳簿その他の書類又は電磁的記録（以下この条及び次条において「信託帳簿」という。）の作成及び法第37条第2項の規定による同項の書類又は電磁的記録の作成については，この条に定めるところによる。

2 信託帳簿は，一の書面その他の資料として作成することを要せず，他の目的で作成された書類又は電磁的記録をもって信託帳簿とすることができる。

3 法第37条第2項に規定する法務省令で定める書類又は電磁的記録は，この条の規定により作成される財産状況開示資料とする。

4 財産状況開示資料は，信託財産に属する財産及び信託財産責任負担債務の概況を明らかにするものでなければならない。

5 財産状況開示資料は，信託帳簿に基づいて作成しなければならない。

6 信託帳簿又は財産状況開示資料の作成に当たっては，信託行為の趣旨をしん酌しなければならない。

ウ 検 討

規模が大きくない民事信託においては，受託者の負担を考慮し，「財産状況開示資料」としては，成年後見実務において作成が求められている「財産目録」，「収支計算書」を利用することが考えられる。

エ 条項例

（帳簿等の作成・報告・保存義務）

第13条 本信託の計算期間は，毎年1月1日から6月30日まで及び7月1日から12月31日までとする。ただし，第1期の計算期間は，信託開始日から平成○○年12月31日までとする。[23]

---

23) 一般的に，民事信託は，後見制度に比べ，受託者の不正行為への誘惑が大きいと考えられるため，後見制度における年1回の監督よりも厳重な監督を行う必要があると考えられる。そこで，この信託条項例では，年2回の監督を行うようにしている。

80　第3章　信託契約書の基本事例解説

2　受託者は，信託事務に関する計算を明らかにするため，信託財産に属する財産及び信託財産責任負担債務の状況を記録しなければならない。[24]

3　受託者は，第1項の信託期間に対応する信託財産目録及び収支計算書を当該計算期間が満了した月の翌月末日までに作成しなければならない。[25]

4　受託者は，信託財産目録記載2の信託不動産を第三者に賃貸することに関し，賃借人の退去，新たな賃借人の入居及び賃料並びに管理費の変更など賃貸借契約の当事者及び内容等に変更があった場合には，その経過報告書を作成しなければならない。

5　受託者は，第3項記載の信託財産目録及び収支計算書を，第3項により決められた期日までに，受益者及び信託監督人に提出しなければならない。[26]

6　受託者は，第4項記載の経過報告書を，その作成の都度，受益者及び信託監督人に提出しなければならない。

7　受託者は，第2項に基づき作成した帳簿は作成の日から10年間及び第5項並びに前項に基づき受益者及び信託監督人に提出した書類は信託の清算の結了の日までの間，保存しなければならない。[27]

(9)　その他の検討が必要な条項―信託の変更

ア　意　義

信託の変更とは，信託行為によって定められた信託目的，信託財産の管理方法，受益者に対する給付内容等を事後的に変更することをいう。

---

24)「信託帳簿」に関して規定している信託法37条1項に対応する信託条項である。

25)「財産状況開示資料」に関して規定している信託法37条2項に対応する信託条項である。この信託条項では，後見制度における監督方法を参考に，「財産状況開示資料」として，財産目録及び収支計算書を作成することを要求している。

26)「財産状況開示資料」の受益者に対する報告義務を規定している信託法37条3項に対応する信託条項である。

27)「信託帳簿」の保存義務を規定している信託法37条4項及び「財産状況開示資料」の保存義務を規定している信託法37条6項に対応する信託条項である。

【基本事例】 4 信託条項の検討 81

イ 信託法の規定

信託の変更に関しては，信託法149条が詳細に規定している。

（関係当事者の合意等）

信託法149条　信託の変更は，委託者，受託者及び受益者の合意によってすることができる。この場合においては，変更後の信託行為の内容を明らかにしてしなければならない。

2　前項の規定にかかわらず，信託の変更は，次の各号に掲げる場合には，当該各号に定めるものによりすることができる。この場合において，受託者は，第1号に掲げるときは委託者に対し，第2号に掲げるときは委託者及び受益者に対し，遅滞なく，変更後の信託行為の内容を通知しなければならない。

一　信託の目的に反しないことが明らかであるとき　受託者及び受益者の合意

二　信託の目的に反しないこと及び受益者の利益に適合することが明らかであるとき　受託者の書面又は電磁的記録によってする意思表示

3　前2項の規定にかかわらず，信託の変更は，次の各号に掲げる場合には，当該各号に定める者による受託者に対する意思表示によってすることができる。この場合において，第2号に掲げるときは，受託者は，委託者に対し，遅滞なく，変更後の信託行為の内容を通知しなければならない。

一　受託者の利益を害しないことが明らかであるとき　委託者及び受益者

二　信託の目的に反しないこと及び受託者の利益を害しないことが明らかであるとき　受益者

4　前3項の規定にかかわらず，信託行為に別段の定めがあるときは，その定めるところによる。

5　委託者が現に存しない場合においては，第1項及び第3項第1号の規定は適用せず，第2項中「第1号に掲げるときは委託者に対し，第2号に掲げるときは委託者及び受益者に対し」とあるのは，「第2号に掲げるときは，受益者に対し」とする。

ウ 検 討

信託期間が長期になり，将来の信託の状況が確実に予測できないような場合には，信託の変更の条項を設けておき，時々の状況に合わせて信託を変更することを認めておくことが望ましい。

82　第3章　信託契約書の基本事例解説

信託の変更に関しては，信託法149条4項により「別段の定め」を定めることが認められているので，適宜，変更に関わる当事者を定めておくことができる。

　　エ　条項例

（信託の変更）

第22条　本信託において信託監督人が存在する場合には，受託者及び信託監督人が協議し，両名の合意により，信託の変更をすることができる。[28]

2　本信託において信託監督人が存在しない場合には，信託目的に反しないこと及び受益者の利益に適合することが明らかであるときに限り，受託者の書面による意思表示により，信託を変更することができる。

⑽　その他の検討が必要な条項─信託の終了

　　ア　意　義

信託の終了とは，信託の終了事由が生じたことより，信託契約をはじめ設定された信託を巡る法律関係が将来に向かって消滅することをいう。

　　イ　信託法の規定

　　（ア）信託の終了事由

信託の終了事由は信託法163条に規定されている。信託期間を定めるときは，信託条項に信託の終了事由または信託の存続期間を明記することになる。

（信託の終了事由）

信託法163条　信託は，次条の規定によるほか，次に掲げる場合に終了する。

一　信託の目的を達成したとき，又は信託の目的を達成することができなくなったとき。

二　受託者が受益権の全部を固有財産で有する状態が1年間継続したとき。

三　受託者が欠けた場合であって，新受託者が就任しない状態が1年間継続したとき。

28）信託の変更は，受益者に重大な影響を与えるため，信託監督人が存在している場合には，信託の変更に信託監督人を関与させるようにしている。

【基本事例】　4　信託条項の検討　83

> 四　受託者が第52条（第53条第2項及び第54条第4項において準用する場合を含む。）の規定により信託を終了させたとき。
> 五　信託の併合がされたとき。
> 六　第165条又は第166条の規定により信託の終了を命ずる裁判があったとき。
> 七　信託財産についての破産手続開始の決定があったとき。
> 八　委託者が破産手続開始の決定，再生手続開始の決定又は更生手続開始の決定を受けた場合において，破産法第53条第1項，民事再生法第49条第1項又は会社更生法第61条第1項（金融機関等の更生手続の特例等に関する法律第41条第1項及び第206条第1項において準用する場合を含む。）の規定による信託契約の解除がされたとき。
> 九　信託行為において定めた事由が生じたとき。

　なお，後継ぎ遺贈型の受益者連続信託は，信託の存続期間について，特則が定められている（信託法91条）。

> （受益者の死亡により他の者が新たに受益権を取得する旨の定めのある信託の特例）
> 信託法91条　受益者の死亡により，当該受益者の有する受益権が消滅し，他の者が新たな受益権を取得する旨の定め（受益者の死亡により順次他の者が受益権を取得する旨の定めを含む。）のある信託は，当該信託がされた時から30年を経過した時以後に現に存する受益者が当該定めにより受益権を取得した場合であって当該受益者が死亡するまで又は当該受益権が消滅するまでの間，その効力を有する。

　　（イ）　委託者及び受益者の合意による信託の終了

　信託は，委託者及び受益者の合意により，いつでも，終了させることができる（信託法164条1項）。ただし，委託者が現に存しない場合には，受益者のみによって信託を終了することができないとされている（同条4項）。

> （委託者及び受益者の合意等による信託の終了）
> 信託法164条　委託者及び受益者は，いつでも，その合意により，信託を終了することができる。

84　第3章　信託契約書の基本事例解説

> 2　委託者及び受益者が受託者に不利な時期に信託を終了したときは，委託者
> 及び受益者は，受託者の損害を賠償しなければならない。ただし，やむを得
> ない事由があったときは，この限りでない。
> 3　前2項の規定にかかわらず，信託行為に別段の定めがあるときは，その定
> めるところによる。
> 4　委託者が現に存しない場合には，第1項及び第2項の規定は，適用しない。

　（ウ）信託終了時の残余財産の帰属

　信託終了時における残余財産は，残余財産受益者または帰属権利者に帰属する（信託法182条1項）。この残余財産受益者及び帰属権利者の指定がない場合などについては，委託者または委託者の相続人その他の一般承継人が帰属権利者として指定されたものとみなされる（同条2項）。

> （残余財産の帰属）
> **信託法182条**　残余財産は，次に掲げる者に帰属する。
> 　一　信託行為において残余財産の給付を内容とする受益債権に係る受益者
> 　　（次項において「残余財産受益者」という。）となるべき者として指定され
> 　　た者
> 　二　信託行為において残余財産の帰属すべき者（以下この節において「帰属
> 　　権利者」という。）となるべき者として指定された者
> 2　信託行為に残余財産受益者若しくは帰属権利者（以下この項において「残
> 　余財産受益者等」と総称する。）の指定に関する定めがない場合又は信託行
> 　為の定めにより残余財産受益者等として指定を受けた者のすべてがその権利
> 　を放棄した場合には，信託行為に委託者又はその相続人その他の一般承継人
> 　を帰属権利者として指定する旨の定めがあったものとみなす。
> 3　前2項の規定により残余財産の帰属が定まらないときは，残余財産は，清
> 　算受託者に帰属する。

　（エ）受託者複数の信託

　複数の受託者のうち1人の受託者の任務が終了した場合には，他の受託者がその受託者が任務終了時に有していた信託に関する権利義務を当然に承継することになる（信託法86条4項）。

（受託者の変更等の特例）
信託法86条1〜3　省略
　4　受託者が2人以上ある信託においては，第75条第1項及び第2項の規定に
　　かかわらず，その1人の任務が第56条第1項各号に掲げる事由により終了し
　　た場合には，その任務が終了した時に存する信託に関する権利義務は他の受
　　託者が当然に承継し，その任務は他の受託者が行う。ただし，信託行為に別
　　段の定めがあるときは，その定めるところによる。

　ウ　検　討
　　（ア）信託の終了
　信託の終了については，信託法163条に信託の終了事由が規定されている。
　そのうち，信託法163条9号には，信託行為による信託の終了事由を定め
られることが規定されている。信託行為により終了事由を定める場合には，
委託者，受託者，受益者やその他の第三者に信託の終了権限を付与すること
が考えられる。[29]
　　（イ）信託を終了した際の帰属権利者等の定め
　信託が終了した場合には，残余財産は，①残余財産受益者または帰属権利
者，②委託者またはその相続人その他一般承継人，③清算受託者の順で帰属
するとされているが（信託法182条），紛争を起こさないようにするためにも，
信託終了時に，誰が信託財産を受け取るかについて信託行為で定めておくこ
とが望ましい。
　エ　条項例

（信託の終了事由）
第23条　本信託は，受益者の死亡により終了する。
（帰属権利者）
第24条　受益者の法定相続人を本信託の帰属権利者として指定する。[30]

---

29)　寺本・前掲注12）366頁
30)　本条項例では，信託終了後に，長男Aと次男Bとの間で，共有となった財産を協議に
　　より分割することを念頭に置いている。仮に，長男Aにだけ信託財産を残そうとする場

86　第3章　信託契約書の基本事例解説

（受託者複数の信託の条項例）

（共同受託者の任務承継）

第○条　共同受託者の一方が信託事務を行うことが出来なくなった場合には，他方の共同受託者がその信託事務を引き継ぐ。

5　信託契約書例

委託者兼受益者Ｘと受託者Ａは，以下のとおり，信託契約を締結した。

【信託目的】

（信託目的）

第1条　本信託の信託目的は，以下のとおりである。

　　　委託者の主な財産を受託者が管理又は処分等することにより

(1)　委託者の財産管理の負担を低減すること。

(2)　委託者が詐欺等の被害に遭うことを予防し，委託者が安全かつ安心な生活を送れるようにすること。

(3)　委託者が，従前と変わらぬ生活を続けることにより，快適な生活を送れるようにすること。

【信託行為】

（信託契約）

第2条　委託者は，本契約の締結の日（以下「信託開始日」という。）に，前条の目的に基づき，別紙信託財産目録記載の財産（以下「信託財産」という。）を受託者に信託し，受託者はこれを引き受けた（以下本契約に基づく信託を「本信託」という。）。

【信託財産】

（信託財産―預金）

第3条　委託者は，信託契約締結後，遅滞なく，信託財産目録記載4の預金を払い戻し，当該払戻金を受託者に引き渡す。

───────────

合には「受託者Ａを本信託の帰属権利者として指定する。」などという信託条項を設けることになる。

2 受託者は，前項の払戻金を第12条の区分に応じ分別管理する。

（信託財産―信託不動産）

第4条 信託財産目録記載1，2及び3の信託不動産の所有権は，本信託開始日に，受託者に移転する。

2 委託者及び受託者は，本契約後直ちに，前項信託不動産について本信託を原因とする所有権移転の登記申請を行う。

3 受託者は，前項の登記申請と同時に，信託の登記の申請を行う。

4 前2項の登記費用は，受託者が信託財産から支出する。

（信託不動産の瑕疵に係る責任）

第5条 受託者は，信託期間中及び信託終了後，信託不動産の瑕疵及び瑕疵により生じた損害について責任を負わない。

（信託の追加）

第6条 委託者は，受託者の同意を得て，金銭を本信託に追加することができる。

【委託者】

（委託者）

第7条 本信託の委託者は，X（住所：東京都〇〇区〇〇町△－△－△，生年月日：昭和〇年〇月〇日）である。

【受託者】

（受託者）

第8条 本信託の受託者は，以下のとおりとする。

受託者 住所 〇〇県〇〇市〇〇町△－△－△

氏名 A

生年月日 昭和〇〇年〇月〇日

（受託者の信託事務）

第9条 受託者は，以下の信託事務を行う。

(1) 信託財産目録記載1，2及び3の信託不動産を管理，処分すること。

(2) 信託財産目録記載2の信託不動産を第三者に賃貸し，第三者から賃料を受領すること。

(3) 前号によって受領した賃料を，上記1号の信託不動産を管理するために支出すること。

88　　第3章　信託契約書の基本事例解説

⑷　上記1号及び2号において受領した売却代金及び賃料を管理し，受益者の生活費，医療費及び介護費用等に充てるため支出すること。

⑸　信託財産に属する金銭及び預金を管理し，受益者の生活費，医療費及び介護費用等に充てるために支出すること。

⑹　信託財産目録記載3の信託不動産の売却代金を管理し，受益者の生活費，医療費及び介護費用等に充てるために支出すること。

⑺　その他信託目的を達成するために必要な事務を行うこと。

（信託事務処理の第三者への委託）

第10条　受託者Aは，信託財産目録記載1及び2記載不動産の管理を第三者に委託することができる。

（善管注意義務）

第11条　受託者は，信託財産の管理，処分その他の信託事務について善良な管理者の注意をもって処理しなければならない。

（分別管理義務）

第12条　受託者は，信託財産に属する金銭及び預金と受託者の固有財産とを，以下の各号に定める方法により，分別して管理しなければならない。

⑴　金銭　　信託財産に属する財産と受託者の固有財産とを外形上区別することができる状態で保管する方法

⑵　預金　　信託財産に属する預金専用の口座を開設する方法

（帳簿等の作成・報告・保存義務）31)

第13条　本信託の計算期間は，毎年1月1日から6月30日まで及び7月1日から12月31日までとする。ただし，第1期の計算期間は，信託開始日から平成〇〇年12月31日までとする。

2　受託者は，信託事務に関する計算を明らかにするため，信託財産に属する財産及び信託財産責任負担債務の状況を記録しなければならない。

3　受託者は，第1項の信託期間に対応する信託財産目録及び収支計算書を当該計算期間が満了した月の翌月末日までに作成しなければならない。

4　受託者は，信託財産目録記載2の信託不動産を第三者に賃貸することに関

---

31)「信託条項の検討」において，「信託の計算」は独立の項目として検討を加えたが，「信託の計算」は受託者の帳簿等の作成・報告・保存義務に関連する条項であるため，信託契約書例では，受託者の義務の一内容として記載した。

し，賃借人の退去，新たな賃借人の入居及び賃料並びに管理費の変更など賃貸借契約の当事者及び内容等に変更があった場合には，その経過報告書を作成しなければならない。

5　受託者は，第3項記載の信託財産目録及び収支計算書を，第3項により決められた期日までに，受益者及び信託監督人に提出しなければならない。

6　受託者は，第4項記載の経過報告書を，その作成の都度，受益者及び信託監督人に提出しなければならない。

7　受託者は，第2項に基づき作成した帳簿は作成の日から10年間，第5項並びに前項に基づき受益者及び信託監督人に提出した書類は信託の清算の結了の日までの間，保存しなければならない。

（信託費用の償還）

第14条　受託者は，信託財産から信託事務処理に係る費用の償還を受けることができる。

2　受託者は，受益者から信託事務処理に係る費用の償還または前払いを受けることができる。

（信託報酬）

第15条　受託者は無報酬とする。

【受益者】

（受益者）

第16条　本信託の受益者は，委託者Xである。

（受益権）

第17条　受益者は，受益権として以下の内容の権利を有する。

　(1)　信託財産目録記載2の信託不動産を第三者に賃貸したことによる賃料から給付を受ける権利

　(2)　信託目録記載1及び2の信託不動産が処分された場合には，その代価から給付を受ける権利

　(3)　信託財産目録記載3の信託不動産を生活の本拠として使用する権利

　(4)　前号の信託不動産が処分された場合には，その代価から給付を受ける権利

　(5)　信託財産目録記載4の預金から給付を受ける権利

（受益権の譲渡・質入れの禁止）

90　第3章　信託契約書の基本事例解説

第18条　受益者は，受益権を譲渡又は質入れすることはできない。

【信託関係人】

（信託監督人）

第19条　本信託の信託監督人として，以下の者を指定する。

　　　　住所　　　東京都○○区○○△丁目△番△号　○○○法律事務所

　　　　職業　　　弁護士

　　　　氏名　　　△△△△

（信託監督人の辞任）

第20条　信託監督人は，受益者及び受託者の同意を得て辞任することができる。

（信託監督人の報酬）

第21条　信託監督人の報酬は，以下のとおりとする。[32]

　　　　（省略）

【信託の変更】

（信託の変更）

第22条　本信託において信託監督人が存在する場合には，受託者及び信託監督人が協議し，両名の合意により，信託の変更をすることができる。

2　本信託において信託監督人が存在しない場合には，信託目的に反しないこと及び受益者の利益に適合することが明らかであるときに限り，受託者の書面による意思表示により，信託を変更することができる。

【信託期間，信託の終了】

（信託の終了事由）

第23条　本信託は，受益者の死亡により終了する。

（帰属権利者）

第24条　受益者の法定相続人を本信託の帰属権利者として指定する。

信託財産目録

　　　　（省略）

---

32) 信託監督人の報酬は，信託財産の多寡によって報酬額を決めることが適当である。具体的には，成年後見人の報酬を参考にすることが良いと思われる。

　また，信託監督人の報酬は「月額○万円」という定額制を取ることや「監督事務1時間当たり○万円」というタイムチャージの方式を採用することも考えられる。

コラム

信託財産に関する盲点

信託法上は，信託財産とすることができる財産の範囲について，特段の制限はない。

しかしながら，法令上または慣行上，信託財産とすることができない財産，または信託財産とする場合に問題が生じる財産が存在する。

例えば，年金受給権は，法律上，譲渡することができない（国民年金法24条，厚生年金保険法41条 1 項本文）ため，信託財産とすることができない。また，土地のうち農地または採草放牧地の所有権の移転をする場合には，農業委員会の許可を受けなれればならないが（農地法 3 条 1 項），信託の引受けにより所有権の取得をする場合には，許可をすることができないとされている（農地法 3 条 2 項 3 号）。したがって，農地または採草放牧地は，信託財産とすることができない。

一方，預金債権は，金融機関との預金契約によって譲渡禁止とされている。したがって，預金債権自体を信託財産とすることはできず，預金を信託財産とする場合には，①委託者名義の預金を一旦払い戻し，②委託者が当該預金（金銭）を受託者に引き渡したうえで，③受託者名義の信託口座に，受託者が預け入れる，という方法を採らなければならない。また，定期預金は，一般的に，普通預金より高金利であり，解約して信託財産に組み込むことが不利益な場合もある。さらに，一部の外貨預金には，解約の時期的な制限が存在する商品も存在する。

信託行為において，ある財産を信託財産とすることができるか，または，信託財産とすることが適切かどうかについては，個別に検討しなければならない。

第4章

信託契約書の作成事例

【事例1】親亡き後の問題

1 事例

> 相談者X（73）には障がいを持った子どもA（40）がいる。相談者Xの配偶者は既に他界している。相談者Xは高齢になってきており、自分が死んだ後の子どもAの生活について、非常に心配している。
> 相談者Xは自宅や賃貸不動産を所有しているが、将来、子どもAにこれを管理させることは避け、第三者にその管理を任せたいと考えている。

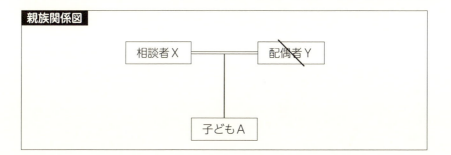

2 検討

(1) 法定後見制度の利用

子どもAが「事理を弁識する能力を欠く常況にある者」（民法7条）である場合、子どもAについて法定後見制度を利用することが考えられる。子どもAについて法定後見が開始した場合、被後見人Aの財産を後見人が管理す

94　第4章　信託契約書の作成事例

ることになるため（民法859条1項），相談者Xの財産を子どもAが相続した
場合，子どもAが相続によって取得した財産を後見人が管理することになる。

　法定後見の利用は，子どもAが「事理を弁識する能力を欠く常況にある
者」であることが要件となり，経験不足・能力不足等であっても，これに該
当しない場合には法定後見制度を利用することはできない。

　また，遺言をするには遺言能力の存在が要件となるため，子どもAが「事
理を弁識する能力を欠く常況にある者」である場合，子どもAが遺言をする
ことは困難であることが多い。子どもAの相続について法定相続人がおらず，
子どもAが遺言をすることができないときは，相談者Xの相続の際に子ども
Aが取得した財産を含めた子どもAの財産は，最終的には国庫に帰属するこ
とになる（民法959条）。

(2)　任意後見制度の利用

　子どもAが「精神上の障害により事理を弁識する能力が不十分な状況」
（任意後見4条1項）にある場合，任意後見制度を利用することが考えられる。

　しかし，任意後見制度では，法定後見制度と異なり受任者に財産管理に関
する代理権を与えるだけであり，取消権はなく，本人に財産管理の権限は残
存している。そのため，相談者Xから相続した財産について子どもAが不当
な契約を締結してしまう余地は残されることになる。

(3)　信託制度の利用

　信託制度を利用する場合，受託者が信託財産を受託者名義で管理処分する
ことになるため，十分な判断能力を有しない者につき不当な契約をさせられ
ること等から保護することができる。また，信託財産につき，子どもの死後
の帰属を定めることもできる。

　そこで，相談者Xが残す財産を第三者に管理させることにより，財産管理
の煩わしさや不当な契約をさせられること等から子どもAを保護し，また，
子どもAの死後に親族や社会福祉施設等に財産を取得させたいような場合等
には，信託制度を利用することが考えられる。

　本スキームでは，信託を活用し，主に，財産の権利者を高齢者である相談
者Xから第三者に転換することにより，財産の長期的管理を実現しようとす
るものである。

【事例1】 3 基本的事項及びスキーム図　　95

　なお，子どもAの心身の状況によっては，財産管理のみならず身上監護に
も配慮する必要も出てくるため，法定後見制度，任意後見制度を併用するこ
とが有用である場合も多いであろう。

(4)　特定贈与信託

　Aが相続税法の特定障害者に該当する場合，信託会社等を受託者として信
託を行うことにより，3000万円または6000万円を限度に贈与税が非課税とな
る特定贈与信託という相続税法の特例がある（相続税法21条の4）。

　この特定贈与信託を行うと，贈与税の非課税枠を利用しながら，受託者が
特定障害者に金銭を定期交付することができ，また，予め信託行為に定めて
おくことにより，残余財産を社会福祉施設等に帰属させることもできるよう
になる。

3　基本的事項及びスキーム図

(1)　信託目的

　委託者Xの亡き後に，子どもAの財産管理の負担をなくすこと，子どもA
が現在と変わらぬ生活を送り続けられるようにすること。

(2)　信託行為

相談者Xと甥Bとの間の信託契約

(3)　信託財産

不動産，金銭

(4)　当事者等

ア	委託者	相談者X	
イ	受託者	当初受託者	相談者Xの甥B
		後継受託者	相談者Xの甥C
ウ	受益者	受益者	相談者X（当初，自益信託）
		第二次受益者	子どもA
		帰属権利者	社会福祉法人E
エ	受益者代理人	弁護士D	

(5) 信託期間・信託の終了事由
X及びAが死亡するまで
(6) スキーム図

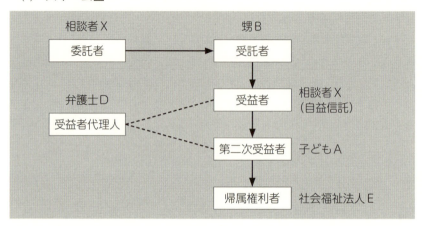

4 信託条項の検討

(1) 本事例のポイント

本事例では，相談者Xの死後に，相談者Xの財産を第三者（受託者）に管理させることにより財産を適切に維持管理し，子どもAの生活を保護すること，子どもAの死後の残余財産を相談者Xが指定する個人・団体に帰属させることがポイントとなる。

(2) 信託目的
　ア　信託目的の意義，信託法の規定及び検討事項については，【基本事例】（高齢者の財産保護）33頁を参照。
　イ　条項例

（信託目的）
第1条　本信託の信託目的は，以下のとおりである。
　　委託者の主な財産を受託者が管理または処分等することにより，
　(1)　委託者Xの亡き後に，子Aの財産管理の負担をなくすこと。

(2) 子Aが現在と変わらぬ生活を送り続けられるようにすること。

(3) 信託行為

信託行為の意義，信託法の規定及び検討事項については，【基本事例】（高齢者の財産保護）38頁を参照。

(4) 信託財産

信託財産の意義，信託法の規定及び検討事項については，【基本事例】（高齢者の財産保護）39頁を参照。

(5) 委託者

　ア　委託者の意義，信託法の規定及び検討事項については，【基本事例】（高齢者の財産保護）45頁を参照。

　イ　本事例の検討

本事例では，委託者が死亡しても信託は存続するので，委託者の地位は相続人に承継されない旨の条項を入れることとした。

　ウ　条項例

（委託者の地位の不承継）
第8条　委託者が死亡した場合，委託者の地位は消滅し相続人に承継されない。

(6) 受託者

　ア　受託者の意義，信託法の規定及び検討事項については，【基本事例】（高齢者の財産保護）50頁を参照。

　イ　本事例の検討

　（ア）後継受託者の選任

本件のように，長期間にわたって信託が存続することが想定される場合，受託者が自然人であると死亡することがあり，受託者において任務を遂行し続けることが不可能あるいは困難になる可能性もある。

そうした事態に備えて，信託行為において後任の受託者を定めておくことや，後任の受託者の選任方法を定めておくこともできる（信託法62条1項参照）。

本条項例においては，受託者Bの任務が終了した場合の新たな受託者をX

98　第4章　信託契約書の作成事例

の甥Cと指定し，Xの甥Cが就任できない場合には受益者代理人弁護士Dが
新受託者を選任することができることとした。

> **信託法62条1項**　第56条第1項各号に掲げる事由により受託者の任務が終了し
> た場合において，信託行為に新たな受託者（以下「新受託者」という。）に
> 関する定めがないとき，又は信託行為の定めにより新受託者となるべき者と
> して指定された者が信託の引受けをせず，若しくはこれをすることができな
> いときは，委託者及び受益者は，その合意により，新受託者を選任すること
> ができる。
> **（受託者の任務の終了事由）**
> **信託法56条1項**　受託者の任務は，信託の清算が結了した場合のほか，次に掲
> げる事由によって終了する。ただし，第3号に掲げる事由による場合にあっ
> ては，信託行為に別段の定めがあるときは，その定めるところによる。
> 　一　受託者である個人の死亡
> 　二　受託者である個人が後見開始又は保佐開始の審判を受けたこと。
> 　三　受託者（破産手続開始の決定により解散するものを除く。）が破産手続
> 　　開始の決定を受けたこと。
> 　四　受託者である法人が合併以外の理由により解散したこと。
> 　五　次条の規定による受託者の辞任
> 　六　第58条の規定による受託者の解任
> 　七　信託行為において定めた事由

　　（イ）受託者の報酬

　また，長期間にわたって信託が存続することが想定される場合，親族が受
託者になる場合でも有償として，受託者の報酬の定めを設けた方がよいこと
も多いであろう。

　　ウ　条項例

> （受託者）
> 第9条　本信託の受託者は，以下のとおりである。
> 　　受託者　　　住所　　　　○○県○○市○○町△－△－△
> 　　　　　　　　氏名　　　　B
> 　　　　　　　　生年月日　　昭和○○年○月○日

【事例1】 4 信託条項の検討 99

> 2 Bの受託者の任務が終了した場合，新受託者は以下のとおりとする。
>
> 新受託者　住所　　　　○○県○○市○○町△－△－△
>
> 　　　　　氏名　　　　C
>
> 　　　　　生年月日　　昭和○○年○月○日
>
> 3 Bの受託者の任務が終了してCが新受託者に就任しない場合，その他新受託者を選任する必要があるときは，受益者代理人が単独で新受託者を選任することができる。

> 第16条　受託者の報酬は，以下のとおりとする。
>
> 　　　　（省略）

(7) 受益者

　ア　受益者の意義，信託法の規定及び検討事項については，【基本事例】（高齢者の財産保護）65頁を参照。

　イ　受益者に対する給付

　受益者に対する給付方法が重要になる事案では，信託条項で給付方法を定めることが相当である。給付方法については，定期給付と臨時給付をそれぞれ定めることが考えられる。

　ウ　条項例

> （信託財産の給付方法）
>
> 第19条　受託者は，受益者の生活に必要な資金として次のとおり定期に又は実際の必要に応じて随時に，信託財産目録記載の金銭から受益者に対し給付する。
>
> 　(1)　定期給付
>
> 　　　受託者は，毎月○万円を受益者に給付する。
>
> 　(2)　随時給付
>
> 　　　受益者の生活に必要な資金について，受益者代理人から給付要求があるときは，受託者は，その都度，必要額を受益者に給付する。

100 第4章 信託契約書の作成事例

(8) その他の検討が必要な条項—信託関係人

　ア　信託監督人及び受益者代理人の意義，信託法の規定並びに検討事項
　　については，【基本事例】（高齢者の財産保護）71頁を参照。

　イ　本事例の検討

　（ア）受益者代理人の選任

　本事例では，相談者Ｘが高齢となっていること，子どもＡが障がいを持っ
ている事情があることから，条項例においては受益者代理人の指定の定めを
設けているが，ケースによっては，子どもＡが受益者となった場合にのみ受
益者代理人を設けることも考えられる。

　（イ）後継受益者代理人の選任

　本事例のように，長期間にわたって信託が存続することが想定される場合，
受益者代理人において任務を遂行し続けることが不可能あるいは困難になる
可能性もある。

　そうした事態に備えて，信託行為において後任の受益者代理人を定めてお
くことや，後任の受益者代理人の選任方法を定めておくこともできる（信託
法142条1項，62条1項参照）。

（新受益者代理人の選任等）
信託法142条1項　第62条の規定は，前条第1項において準用する第56条第1
　項各号の規定により受益者代理人の任務が終了した場合における新たな受益
　者代理人（次項において「新受益者代理人」という。）の選任について準用
　する。この場合において，第62条第2項及び第4項中「利害関係人」とある
　のは，「委託者又は受益者代理人に代理される受益者」と読み替えるものと
　する。

　また，受益者代理人は，信託行為に別段の定めがなければ，委託者及び受
益者の同意を得るか，やむを得ない事由があって裁判所の許可を得るかをし
なければ辞任できない（信託法141条2項・57条）。

　そのため，本条項例においては，受益者代理人が新たな受益者代理人を選
任し，新受益者代理人が就任した場合には，受益者代理人は辞任できるとす
る別段の定めを設けた。

【事例1】 4 信託条項の検討 101

> （受益者代理人の任務の終了）
> 信託法141条2項　第57条の規定は受益者代理人の辞任について，第58条の規定は受益者代理人の解任について，それぞれ準用する。
> （受託者の辞任）
> 信託法57条　受託者は，委託者及び受益者の同意を得て，辞任することができる。ただし，信託行為に別段の定めがあるときは，その定めるところによる。
> 2　受託者は，やむを得ない事由があるときは，裁判所の許可を得て，辞任することができる。
> 3　受託者は，前項の許可の申立てをする場合には，その原因となる事実を疎明しなければならない。
> 4　第2項の許可の申立てを却下する裁判には，理由を付さなければならない。
> 5　第2項の規定による辞任の許可の裁判に対しては，不服を申し立てることができない。
> 6　委託者が現に存しない場合には，第1項本文の規定は，適用しない。

　ウ　条項例

（受益者代理人）

第21条　本信託の受益者代理人として，以下の者を指定する。

　　　　住所　　　東京都○○区○○△丁目△番△号　○○○法律事務所

　　　　職業　　　弁護士

　　　　氏名　　　D

　　　　生年月日　昭和○○年○月○日

2　Dが受益者代理人を辞任しようとする場合，Dは単独で新たな受益者代理人を選任することができ，新受益者代理人が就任したときにDは辞任できるものとする。

3　新受益者代理人の辞任についても前項と同様とする。

---

(9)　その他の検討が必要な条項—信託の計算

　信託の計算の意義，信託法の規定及び検討事項については，【基本事例】（高齢者の財産保護）77頁を参照。

(10)　その他の検討が必要な条項—信託の変更

　信託の変更の意義，信託法の規定及び検討事項については，【基本事例】

（高齢者の財産保護）80頁を参照。

(11) その他の検討が必要な条項─信託の終了

ア 信託の変更の意義，信託法の規定及び検討事項については，【基本事例】（高齢者の財産保護）82頁を参照。

イ 残余財産の帰属権利者

本条項例においては，X及びAの死亡により信託が終了した場合，残余財産を社会福祉法人Eに帰属させることとした。

信託が終了した場合，信託終了時の受託者が清算受託者となって清算を行うことになるが，清算受託者には信託の清算のために必要な一切の行為をする権限が付与されており，本条項例のように信託財産を現金に換価処分する条項がある場合は清算受託者がこれを行うことになる（信託法175条〜178条）。

ウ 条項例

> （帰属権利者への信託財産の給付方法）
>
> 第26条 清算受託者は，信託財産に属する債権の取立て及び信託財産に係る債務を弁済したのち，残余の信託財産を現金に換価処分して，25条に定める帰属権利者に引き渡す。
>
> 2 清算受託者は，前項の換価処分に必要な費用は信託財産から支出する。

5 信託契約書例

委託者Xと受託者Bは，以下のとおり，信託契約を締結した。

> 【信託目的】
>
> （信託目的）
>
> 第1条 本信託の信託目的は，以下のとおりである。
>
> 委託者の主な財産を受託者が管理または処分等することにより，
>
> (1) 委託者Xの亡き後に，子Aの財産管理の負担をなくすこと。
>
> (2) 子Aが現在と変わらぬ生活を送り続けられるようにすること。

【信託行為】

（信託契約）

第2条　委託者は，本契約の締結の日（以下「信託開始日」という。）に，前条の目的に基づき，別紙信託財産目録記載の財産（以下「信託財産」という。）を受託者に信託し，受託者はこれを引き受けた（以下本契約に基づく信託を「本信託」という。）。

【信託財産】

（信託財産―預金）

第3条　委託者は，信託契約締結後，遅滞なく，信託財産目録記載4の預金を払い戻し，当該払戻金を受託者に引き渡す。

2　受託者は，前項の払戻金を第13条の区分に応じ分別管理する。

（信託財産―信託不動産）

第4条　信託財産目録記載1，2及び3の信託不動産の所有権は，本信託開始日に，受託者に移転する。

2　委託者及び受託者は，本契約後直ちに，前項信託不動産について本信託を原因とする所有権移転の登記申請を行う。

3　受託者は，前項の登記申請と同時に，信託の登記の申請を行う。

4　前2項の登記費用は，受託者が信託財産から支出する。

（信託不動産の瑕疵に係る責任）

第5条　受託者は，信託期間中及び信託終了後，信託不動産の瑕疵及び瑕疵により生じた損害について責任を負わない。

（信託の追加）

第6条　委託者は，受託者の同意を得て，金銭を本信託に追加することができる。

【委託者】

（委託者）

第7条　本信託の委託者は，X（昭和○○年○月○日生，住所：東京都○○区○○町△－△－△）である。

（委託者の地位の不承継）

第8条　委託者が死亡した場合，委託者の地位は消滅し相続人に承継されない。

【受託者】

（受託者）

第9条　本信託の受託者は，以下のとおりである。

受託者　住所　　　○○県○○市○○町△－△－△

氏名　　　B

生年月日　昭和○○年○月○日

2　Bの受託者の任務が終了した場合，新受託者は以下のとおりとする。

新受託者　住所　　　○○県○○市○○町△－△－△

氏名　　　C

生年月日　昭和○○年○月○日

3　Bの受託者の任務が終了してCが新受託者に就任しない場合，その他新受託者を選任する必要があるときは，受益者代理人が単独で新受託者を選任することができる。

（受託者の信託事務）

第10条　受託者は，以下の信託事務を行う。

⑴　信託財産目録記載1，2及び3の信託不動産を管理，処分すること。

⑵　信託財産目録記載2の信託不動産を第三者に賃貸し，第三者から賃料を受領すること。

⑶　前号によって受領した賃料を，上記1号の信託不動産を管理するために支出すること。

⑷　上記1号及び2号において受領した売却代金及び賃料を管理し，受益者の生活費，医療費及び介護費用等に充てるため支出すること。

⑸　信託財産に属する金銭及び預金を管理し，受益者の生活費，医療費及び介護費用等に充てるために支出すること。

⑹　信託財産目録記載3の信託不動産の売却代金を管理し，受益者の生活費，医療費及び介護費用等に充てるために支出すること。

⑺　その他信託目的を達成するために必要な事務を行うこと。

（信託事務処理の第三者への委託）

第11条　受託者は，信託財産目録記載1及び2の信託不動産の管理を第三者に委託することができる。

（善管注意義務）

第12条　受託者は，信託財産の管理，処分その他の信託事務について善良な管理者の注意をもって処理しなければならない。

（分別管理義務）

第13条　受託者は，信託財産に属する金銭及び預金と受託者の固有財産とを，以下の各号に定める方法により，分別して管理しなければならない。

　⑴　金銭　　信託財産に属する財産と受託者の固有財産とを外形上区別することができる状態で保管する方法

　⑵　預金　　信託財産に属する預金専用の口座を開設する方法

（帳簿等の作成・報告・保存義務）

第14条　本信託の計算期間は，毎年１月１日から６月30日まで及び７月１日から12月31日までとする。ただし，第１期の計算期間は，信託開始日から平成○○年12月31日までとする。

２　受託者は，信託事務に関する計算を明らかにするため，信託財産に属する財産及び信託財産責任負担債務の状況を記録しなければならない。

３　受託者は，信託財産に関し，第１項の信託期間に対応する信託財産目録及び収支計算書を当該計算期間が満了した月の翌月末日までに作成しなければならない。

４　受託者は，信託財産目録記載２の信託不動産を第三者に賃貸することに関し，賃借人の退去，新たな賃借人の入居及び賃料並びに管理費の変更など賃貸借契約の当事者及び内容等に変更があった場合には，その経過報告書を作成しなければならない。

５　受託者は，第３項記載の信託財産目録及び収支計算書を，第３項により決められた期日までに，受益者代理人に提出しなければならない。

６　受託者は，第４項記載の経過報告書を，その作成の都度，受益者及び信託監督人に提出しなければならない。

７　受託者は，第２項に基づき作成した帳簿は作成の日から10年間，第５項並びに前項に基づき受益者代理人に提出した書類は信託の清算の結了の日までの間，保存しなければならない。

（信託費用の償還）

第15条　受託者は，信託事務処理に係る費用を，直接，信託財産から償還を受けることができる。

２　受託者は，受益者から信託事務処理に係る費用の償還または前払いを受けることができる。

（信託報酬）

第16条　受託者の報酬は，以下のとおりとする。

106　　第4章　信託契約書の作成事例

　　　　（省略）

【受益者】

（受益者）

第17条　本信託の受益者は，委託者Xである。

2　当初受益者Xが死亡したときは，第二次受益者として子A（昭和○○年○月○日生，住所：東京都○○区○○町△-△-△）を指定する。

（受益権）

第18条　受益者は，受益権として以下の内容の権利を有する。

　⑴　信託財産目録記載2の信託不動産を第三者に賃貸したことによる賃料から給付を受ける権利

　⑵　信託目録記載1及び2の信託不動産が処分された場合には，その代価から給付を受ける権利

　⑶　信託財産目録記載3の信託不動産を生活の本拠として使用する権利

　⑷　前号の信託不動産が処分された場合には，その代価から給付を受ける権利

　⑸　信託財産目録記載4の預金から給付を受ける権利

（信託財産の給付方法）

第19条　受託者は，受益者の生活に必要な資金として次のとおり定期に又は実際の必要に応じて随時に，信託財産目録記載の金銭及び預金から受益者に対し給付する。

　⑴　定期給付

　　　受託者は，毎月○万円を受益者に給付する。

　⑵　随時給付

　　　受益者の生活に必要な資金について，受益者代理人から給付要求があるときは，受託者は，その都度，必要額を受益者に給付する。

（受益権の譲渡・質入れの禁止）

第20条　受益者は，受益権を譲渡又は質入れすることはできない。

【信託関係人】

（受益者代理人）

第21条　本信託の受益者代理人として，以下の者を指定する。

　　　　住所　　　東京都○○区○○△丁目△番△号　○○○法律事務所

　　　　職業　　　弁護士

氏名　　　D

2　Dが受益者代理人を辞任しようとする場合，Dが単独で新受益者代理人を選任することができ，新受益者代理人が就任したときにDは辞任できるものとする。

3　新受益者代理人の辞任についても前項と同様とする。

（受益者代理人の報酬）

第22条　受益者代理人の報酬は，以下のとおりとする。

　　　　（省略）

【信託の変更】

（信託の変更）

第23条　本信託において受益者代理人が存在する場合には，受託者及び受益者または受益者代理人が協議し，両名の合意により，信託の変更をすることができる。

2　本信託において受益者代理人が存在しない場合には，信託目的に反しないこと及び受益者の利益に適合することが明らかであるときに限り，受託者の書面による意思表示により，信託を変更することができる。

【信託期間，信託の終了】

（信託の終了事由）

第24条　本信託は，受益者X及びAの死亡により終了する。

（帰属権利者）

第25条　社会福祉法人Eを帰属権利者として指定する。

（帰属権利者への信託財産の給付方法）

第26条　清算受託者は，信託財産に属する債権の取立て及び信託財産に係る債務を弁済したのち，残余の信託財産を現金に換価処分して，25条に定める帰属権利者に引き渡す。

2　清算受託者は，前項の換価処分に必要な費用は信託財産から支出する。

信託財産目録

　（省略）

コラム

信託制度と後見制度の比較

　信託制度と後見制度は，財産管理のための制度である点は共通する。しかし，両制度には主に次に述べる違いがあり，互いに補完し合うよう利用されることが望ましい。

　法定後見制度のうち後見を取り上げ，信託制度との比較を行う。

1　後見は財産管理及び身上監護のための制度であるのに対し，信託は財産管理及び財産承継の制度である。例えば，施設の入所契約の締結について信託を利用して行うことはできない。

2　信託は，信託行為における規定の仕方により，直ぐにでも，財産の管理を開始することができる。これに対し，後見は，本人が判断能力を欠くようになってから後見開始の審判がなされることになるため，後見人の選任までの間に判断能力が不十分な本人が財産を管理する期間が生じ，場合によっては，その間に財産が流失してしまうこともあり得る。

3　信託では，信託行為の規定の仕方により財産管理の対象財産が決まる。そのため，信託行為においては，特定の財産を敢えて信託の対象としないこともでき，どの財産を信託の対象とするのか入念な検討が必要になる。これに対し，後見においては，後見人が被後見人の全財産を管理することになるため，管理対象財産につき信託のような検討は要しない。

4　信託においては，多くの場合，譲渡の形式により受託者が所有者となって対象財産の管理処分権限を有することになり，他方，委託者は対象財産の管理処分権限を有しないこととなる。これに対し，後見においては，本人の財産に関し後見人が管理処分の包括的代理権を持つことになり，本人の行為について取消権を有することとなる。

5　信託は，信託行為における規定の仕方により，例えば教育資金

の贈与など他人のために財産を利用処分することもできる。これに対し，後見では，後見人は被後見人の財産の維持に努める必要があるため，贈与など他人のために財産を利用することは困難である。

6 信託においては，信託行為における規定の仕方により，委託者の死後の財産管理処分について決めることができる。これに対し，後見は，被後見人の死亡により終了する。

任意後見制度を含めて各制度の特徴を表にまとめると，以下のようになる。

	内　容	信　託	法定後見(後見)	任意後見
1	身上監護	対象外	対象	対象
2	判断能力に何ら問題がない時点での利用開始	可	不可	不可
3	財産管理の対象財産	信託行為の定めによる	全財産	任意後見契約の定めによる
4	財産管理の権限	信託行為の定めによる（多くは受託者に対象財産を譲渡して受託者が所有者となる）	本人が権利者のまま成年後見人が包括的代理権及び取消権を有する	任意後見契約の定めにより任意後見人が代理権を有する（取消権はない）
5	教育資金の贈与など他人のための財産の利用	信託行為の定めによる	困難	任意後見契約の定めによる
6	死後の財産管理処分	信託行為の定めによる	不可	不可

【事例2】後妻と実子との間の利益調整
―後継ぎ遺贈型の受益者連続信託の活用1

1 事例

> 相談者X（65）は先妻Aとの間に長男C（30）がいるが，先妻Aは10年前に病気で死亡している。その後，相談者Xは後妻B（55）と再婚した。相談者Xと後妻Bとの間には子どもはいない。後妻Bと長男Cの仲は良くなく，後妻Bと長男Cとの間には養子縁組は行われていない。
> 　相談者Xは自分の死後，後妻Bの存命中は，後妻Bに自宅不動産を利用してもらいたいと考えているが，後妻Bの死後は，その自宅不動産を長男Cに相続させたいと希望している。

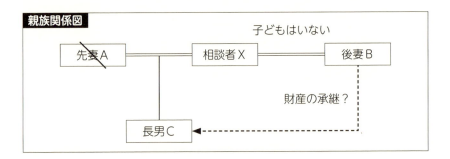

2 検討

(1) 民法だけで考えると

　ア　遺言

　後妻Bが相談者Xから財産を相続した場合，その後，後妻Bが死亡すると，後妻Bの財産はその親族が相続することになる。その際に，後妻Bが長男Cに自宅不動産を相続させるという内容の遺言を書いてくれるならば，相談者Xの希望が実現するが，後妻Bと長男Cとの仲は良くなく，後妻Bがそのような内容の遺言を書かないことも考えられる。仮に，後妻Bが長男Cに相続

させる旨の遺言を書いたとしても，相談者Xの死後，その遺言を書き換える可能性がある。

イ　負担付き遺贈

相談者Xが長男Cに自宅不動産を遺贈し，後妻Bの存命中は，自宅不動産を後妻Bに利用させるという負担を付けることも考えられる。しかし，後妻Bと長男Cは仲が良くないため，長男Cがその負担を履行しない可能性もある。

ウ　後継ぎ遺贈

相談者Xは，後妻Bに相続させた自宅不動産は，後妻Bの死後，長男Cに相続させる旨の遺言を残したいが，民法上，このような「後継ぎ遺贈」は無効と解する見解が有力である。

(2)　信託法を活用すると

以上のとおり，民法だけで考えた場合には，相談者Xの意思を確実に実現することは困難である。そこで，信託を利用し，相談者Xの自宅不動産を使用することを内容とする受益権を設定したうえで，その受益権を相談者Xが存命中には相談者Xが，相談者Xが死亡した後には後妻Bが，後妻Bが死亡した後には長男Cが取得することにすれば，相談者Xの希望を実現することができる。

このように，信託では，委託者は受益権の発生，変更，消滅及び帰属を自由に定めることができる（信託の柔軟性）。本スキームは，この信託の柔軟性を活かした仕組みである。

(3)　課税関係

後妻B及び長男Cが自宅不動産を取得する際には，相続税が課税されることになる（相続税法9条の2第2項，4項）。

なお，後妻Bと長男Cとの間には，配偶者または一親等の血族の親族関係がないため，相続税額は2割加算される（相続税法18条）。

112 第4章 信託契約書の作成事例

3 基本的事項及びスキーム図

⑴ 信託目的
相談者Xが所有する不動産を，後妻Bが生存中は，後妻Bが生活の本拠として使用し，後妻Bが生涯にわたり安定した生活を送れるようにすること，後妻Bが死亡した後には，不動産を相談者Xの長男Cに取得させ，長男Cが安定した生活を送れるようにすること。

⑵ 信託行為
相談者Xと信託会社との間の信託契約

⑶ 信託財産
居住用不動産

⑷ 当事者等
　ア **委託者** 相談者X

　イ **受託者** 信託会社[1]

　ウ **受益者** 受益者 　　　　相談者X（当初，自益信託）

　　　　　　　第二次受益者 後妻B

　エ **帰属権利者** 長男C

　オ **信託監督人** 弁護士

⑸ 信託期間
後妻Bが死亡するまで。

1）本スキームでは，信託期間が長期間になること，また，信託財産を確実に管理する必要があることから，受託者は信託会社にした。

(6) スキーム図

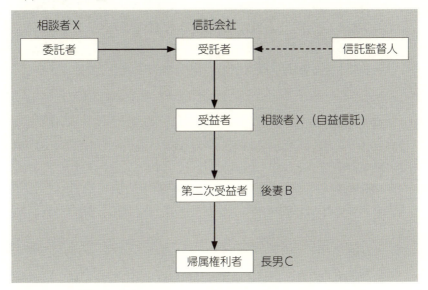

4 信託条項の検討

(1) 本事例のポイント

本事例では，最終的に，信託した自宅不動産を長男Cに取得させることになる。その目的を達成するため，受託者に信託不動産を処分する権限等を認めないという手当てが必要になる。

(2) 信託目的

　ア　信託目的の意義，信託法の規定及び検討事項については，【基本事例】（高齢者の財産保護）33頁を参照。

　イ　条項例

（信託目的）
第1条　本信託の信託目的は，以下のとおりである。
　　委託者の信託財産目録記載の不動産（以下「信託不動産」という。）
　を受託者が管理することにより，

114 第4章 信託契約書の作成事例

(1) 第二次受益者Bの生存中は，第二次受益者Bが信託不動産を生活の本拠として使用し，第二次受益者Bが生涯にわたり安定した生活を送れるようにすること。
(2) 第二次受益者Bが死亡した後には，信託不動産をCに取得させること。

(3) 信託行為

信託行為の意義，信託法の規定及び検討事項については，【基本事例】（高齢者の財産保護）38頁を参照。

(4) 信託財産

信託財産の意義，信託法の規定及び検討事項については，【基本事例】（高齢者の財産保護）39頁を参照。

(5) 委託者

ア 委託者の意義，信託法の規定及び検討事項については，【基本事例】（高齢者の財産保護）45頁を参照。

イ 本事例の検討

本事例では，委託者が死亡しても信託は存続するので，委託者の地位は相続人に承継されない旨の条項を入れることとした。

ウ 条項例

（委託者の地位の不承継）
第8条 委託者が死亡した場合，委託者の地位は消滅し相続人に承継されない。

(6) 受託者

ア 受託者の意義，信託法の規定及び検討事項については，【基本事例】（高齢者の財産保護）50頁を参照。

イ 本事例の検討

本事例では，不動産を長男Cに承継させることを信託目的としているため，受託者が不動産を処分してしまうと，当該信託目的を達成することができない。そこで，受託者には不動産を処分する権限を認めない旨の条項を設ける

こととした。また，長男Cが負担のない不動産を承継するために，受託者には不動産に担保権を設定することや受託者が債務を負担することは認めないこととした。

　　ウ　条項例

（受託者の権限の制限）

第11条　受託者は，以下の行為をすることができない。

　⑴　信託不動産を処分すること。

　⑵　信託不動産に担保権を設定すること。

　⑶　信託不動産を管理するために債務を負担すること。

　⑺　受益者

　　ア　受益者の意義，信託法の規定及び検討事項については，【基本事例】（高齢者の財産保護）65頁を参照。

　　イ　本事例の検討

　本事例では，自宅不動産を使用する権利を相談者Xから後妻B，後妻Bから長男Cへと順次取得させることを目的とするため，第二次受益者及び帰属権利者を指定する条項を設けた。なお，帰属権利者に関する条項（条項例第26条）は信託の終了に関連するため，本契約書例では，信託の終了事由（条項例第25条）の後に位置付けることとした。

　また，受益権を第三者に移転することや担保の設定は予定していないため，受益権の譲渡・質入れを禁止する条項を設けた。

　　ウ　信託法の規定

　後継ぎ遺贈型の受益者連続信託については，信託法91条に規定がある。同条は，受益者の死亡により，当該受益者の有する受益権が消滅し，他の者が新たに受益権を取得する旨の定めのある信託及び受益者の死亡により順次他の者が受益権を取得する旨の定めのある信託に関して，その信託の存続期間を規定している。[2]

　信託法91条によると，信託が設定されたときから30年を経過したとき以後

---

2 ）寺本昌広『逐条解説 新しい信託法』260頁注1（商事法務，補訂版，2008）

116 第4章 信託契約書の作成事例

に，新たな受益者が受益権を取得することは認められるが，当該受益者が死亡または当該受益権が消滅するまでの間しか，その信託の効力は認められないとされている。[3] つまり，信託を設定し30年経過した後には，他の者が，1度だけ，受益権を取得することが認められるということである。

（受益者の死亡により他の者が新たに受益権を取得する旨の定めのある信託の特例）
信託法91条　受益者の死亡により，当該受益者の有する受益権が消滅し，他の者が新たな受益権を取得する旨の定め（受益者の死亡により順次他の者が受益権を取得する旨の定めを含む。）のある信託は，当該信託がされた時から30年を経過した時以後に現に存する受益者が当該定めにより受益権を取得した場合であって当該受益者が死亡するまで又は当該受益権が消滅するまでの間，その効力を有する。

エ　条項例

（受益者）
第18条　本信託の当初受益者は，委託者Ｘとする。[4]
　2　当初受益者が死亡したときは，第二次受益者として委託者の配偶者Ｂを指定する。
（受益権）

3）この信託法91条による信託の存続期間の制限は，信託行為により受益権の帰属先を定める規定のある信託に適用されるものである。受益権も相続の対象となり，相続人は相続により受益権を承継することがあるが，その場合には信託法91条の適用はなく，当該信託の存続期間は制限されない。

4）当初受益者の死亡を契機として新たな受益者が受益権を取得することを規定している信託においては，当初受益者の死亡を原因に当該受益者の受益権は消滅し，新たな受益者が別の受益権を取得すると法律構成され，従前の受益者と新たな受益者との間で受益権が承継取得されると構成されるものではない（寺本・前掲注2）260頁）。

　そこで，受益権の消滅を明確にする条項としては，次の条項例が考えられる。「当初受益者が死亡したときは，同人の有していた受益権は消滅し，第二次受益者が受益権を取得する。」

第19条　受益者は，受益権として，信託不動産を生活の本拠として使用
する権利を有する。

（受益権の譲渡・質入れの禁止）
第20条　受益者は，受益権を譲渡又は質入れすることはできない。

⑻　その他の検討が必要な条項―信託関係人

信託監督人及び受益者代理人の意義，信託法の規定及び検討事項について
は，【基本事例】（高齢者の財産保護）71頁を参照。

⑼　その他の検討が必要な条項―信託の計算

信託の計算の意義，信託法の規定及び検討事項については【基本事例】
（高齢者の財産保護）77頁を参照。

⑽　その他の検討が必要な条項―信託の変更

信託の変更の意義，信託法の規定及び検討事項は，【基本事例】（高齢者の
財産保護）80頁を参照。

⑾　その他の検討が必要な条項―信託の終了

　ア　信託の終了の意義，信託法の規定及び検討事項については【基本事
　　例】（高齢者の財産保護）82頁を参照。

　イ　本事例の検討

本事例では，Bの死亡により信託を終了し，残余財産は長男Cに帰属させ
ることとした。

　ウ　条項例

（信託の終了事由）
第25条　本信託は，第二次受益者の死亡により終了する。

（帰属権利者）
第26条　本信託終了時の帰属権利者として委託者の長男Cを指定する。

5　信託契約書例

委託者Xと受託者Yは，以下のとおり，信託契約を締結した。

118 第4章 信託契約書の作成事例

【信託目的】

（信託目的）

第1条　本信託の信託目的は，以下のとおりである。

　　委託者の信託財産目録記載の不動産（以下「信託不動産」という。）を受託者が管理することにより，

⑴　第二次受益者Bが生存中は，第二次受益者Bが信託不動産を生活の本拠として使用し，第二次受益者Bが生涯にわたり安定した生活を送れるようにすること。

⑵　第二次受益者Bが死亡した後には，信託不動産をCに取得させること。

【信託行為】

（信託契約）

第2条　委託者は，本契約の締結の日（以下「信託開始日」という。）に，前項の目的に基づき，信託財産を受託者に信託し，受託者はこれを引き受けた（以下本契約に基づく信託を「本信託」という。）。

【信託財産】

（信託財産—信託不動産）

第3条　信託財産の所有権は，本信託開始日に，受託者に移転する。

2　委託者及び受託者は，本契約後直ちに，前項信託不動産について所有権移転の登記申請を行う。

3　受託者は，前項の登記申請と同時に，信託の登記の申請を行う。

4　前2項の登記費用は，受託者が信託財産から支出する。

（信託不動産の瑕疵に係る責任）

第4条　受託者は，信託期間中及び信託終了後，信託不動産の瑕疵及び瑕疵により生じた損害について責任を負わない。

（信託財産—金銭）

第5条　委託者は，本信託開始日に，金〇〇〇万円（以下「信託金銭」という。）を受託者に引き渡す。

（信託の追加）

第6条　委託者は，受託者の同意を得て，金銭を本信託に追加することができる。

【委託者】

（委託者）

第7条　本信託の委託者は，Ｘ（住所：東京都○○区×××○丁目○番○号，生年月日：昭和○年○月○日）である。

（委託者の地位の不承継）

第8条　委託者が死亡した場合，委託者の地位は相続人に承継されない。

【受託者】

（受託者）

第9条　本信託の受託者は，○○信託株式会社（本店：東京都○○区×××○丁目○番○号）とする。

（受託者の信託事務）

第10条　受託者は，以下の信託事務を行う。

　(1)　信託不動産を管理すること。

　(2)　前号の信託不動産を受益者の生活の本拠として使用させること。

　(3)　信託金銭を管理・運用すること。

　(4)　信託不動産を管理するため，信託金銭を支出すること。

　(5)　その他信託目的を達成するために必要な事務を行うこと。

（受託者の権限の制限）

第11条　受託者は，以下の行為をすることができない。

　(1)　信託不動産を処分すること。

　(2)　信託不動産に担保権を設定すること。

　(3)　信託不動産を管理するために債務を負担すること。

（信託事務処理の第三者への委託）

第12条　受託者は，信託不動産の管理を第三者に委託することができる。

（善管注意義務）

第13条　受託者は，信託財産の管理，処分その他の信託事務について善良な管理者の注意をもって処理しなければならない。

（分別管理義務）

第14条　受託者は，信託財産に属する金銭及び預金と受託者の固有財産とを，以下の各号に定める方法により，分別して管理しなければならない。

　(1)　金銭　　信託財産に属する財産と受託者の固有財産とを外形上区別することができる状態で保管する方法

(2) 預金　　信託財産に属する預金専用の口座を開設する方法

（帳簿等の作成・報告・保存義務）

第15条　本信託の計算期間は，毎年1月1日から6月30日まで及び7月1日から12月31日までとする。ただし，第1期の計算期間は，信託開始日から平成○○年12月31日までとする。

2　受託者は，信託事務に関する計算を明らかにするため，信託財産に属する財産及び信託財産責任負担債務の状況を記録しなければならない。

3　受託者は，信託財産に関し，第1項の信託期間に対応する信託財産目録及び収支計算書を当該計算期間が満了した月の翌月末日までに作成しなければならない。

4　受託者は，前項記載の信託財産目録及び収支計算書を，前項により決められた期日までに，受益者及び信託監督人に提出しなければならない。

5　受託者は，第2項に基づき作成した帳簿は作成の日から10年間，前項に基づき受益者及び信託監督人に提出した書類は信託の清算の結了の日までの間，保存しなければならない。

（信託費用の償還）

第16条　受託者は，信託事務処理に係る費用を，直接，信託財産から償還を受けることができる。

2　受託者は，受益者から信託事務処理に係る費用の償還または前払いを受けることができる。

（信託報酬）

第17条　受託者が受け取る信託報酬額は年○○万円とする。

【受益者】

（受益者）

第18条　本信託の当初受益者は，委託者Xとする。

2　当初受益者が死亡したときは，第二次受益者として委託者の配偶者Bを指定する。

（受益権）

第19条　受益者は，受益権として，信託不動産を生活の本拠として使用する権利を有する。

（受益権の譲渡・質入れの禁止）

【事例2】 5 信託契約書例　　121

第20条　受益者は，受益権を譲渡又は質入れすることはできない。

【信託監督人】

（信託監督人）

第21条　本信託の信託監督人として，以下の者を指定する。

　　　　住所　　　東京都○○区△△○丁目○番○号　○○○法律事務所

　　　　職業　　　弁護士

　　　　氏名　　　△△△△

（信託監督人の辞任）

第22条　信託監督人は，受益者及び受託者の同意を得て辞任することができる。

（信託監督人の報酬）

第23条　信託監督人の報酬は，以下のとおりとする。

　　　（省略）

【信託の変更】

（信託の変更）

第24条　本信託において信託監督人が存在する場合には，受益者及び信託監督人が協議し，信託の変更をすることができる。

2　本信託において信託監督人が存在しない場合には，受益者及び受託者の協議により，信託を変更することができる。

【信託期間，信託の終了】

（信託の終了事由）

第25条　本信託は，第二次受益者の死亡により終了する。

（帰属権利者）

第26条　本信託終了時の帰属権利者として委託者の長男Cを指定する。

信託財産目録

　　（省略）

【事例3】子どもがいない夫婦間の相続
―後継ぎ遺贈型の受益者連続信託の活用2

1 事例

> 相談者である夫Ｘ（55）と妻Ｙ（53）との間には，子どもがいない。夫Ｘ，妻Ｙとも両親は既に他界しており，それぞれに兄弟がいる。
> 　夫Ｘ，妻Ｙは，それぞれの親から相続した不動産（賃貸用及び居住用）を所有しており，各不動産について，夫婦の一方が生きている間は，夫Ｘまたは妻Ｙの利用を認めたいが，最終的には，夫Ｘの不動産は，夫Ｘの弟Ａ（52）の子Ｂ（甥）（24）に，妻Ｙの不動産は妻Ｙの妹Ｃ（50）の子Ｄ（姪）（20）に渡したいと思っている。

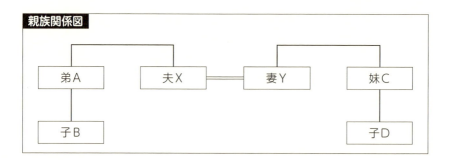

親族関係図

2 検討

(1) 財産の承継に関する希望

　本事例のように，夫婦に子どもがおらず，双方の両親が他界している場合には，夫の法定相続人は妻及び夫の兄弟，妻の法定相続人は夫及び妻の兄弟となる。
　したがって，何らかの準備をしていなければ，夫婦の一方が亡くなった場合に，生きている方と，亡くなった者の兄弟とで，法定相続分どおりに遺産を分割することになる。

【事例3】 2 検 討　123

　しかし，本事例のように，夫Xが先に亡くなる場合には，妻Yの生存中は
妻に財産を利用させたい，逆に，妻Yが先に亡くなる場合には，夫Xの生存
中は夫Xに財産を利用させたいという希望は多い。

　また，本事例のように，先祖代々の不動産が遺産に含まれている場合には，
それぞれの家系に当該不動産を戻したいという希望もあり得る。

　この場合には，後継ぎ遺贈型の受益者連続信託を設定することが推奨され
る。

(2) 民法による対応

ア 遺 言

　遺言で対応出来るのは，夫が先に亡くなれば妻に全財産を遺し，妻が先に
亡くなれば夫に全財産を遺す，というところまでである。

　仮に夫Xが先に亡くなった場合には，まずは遺言により妻Yに全財産を遺
し，その先の，夫の甥に当該財産を戻す部分については，夫Xの死後に，妻
Yに遺言を作成させなければならない。

　しかし，夫Xの死後，妻Yが生前の夫Xの意思に反して，財産を妻Y自身
の兄弟に遺したいと考えることもあり得ないことはなく，Xの生前の意思が
確実に実現される保証はない。

イ 負担付き遺贈

　また，夫Xが，甥Bに対し，「妻Yに全財産を利用させること」との負担
付遺贈をすることが考えられるが，負担が確実に履行される保証はない。

　負担が履行されなければ，妻Yとしては，相当の期間を定めて催告したう
えで，期間内に履行がなければ，負担付遺贈の取消しを家庭裁判所に請求す
ることになろう（民法1027条）。

　これでは，夫Xの生前の望みを確実に叶えることはできない。

ウ 後継ぎ遺贈

　民法上，後継ぎ遺贈は無効との見解が有力であり，本事例の夫婦の希望を，
直接的に遺言にしたためることはできない。

　後継ぎ遺贈が無効とされる主な理由は，所有権は，完全・包括・恒久的な
権利であるから，受遺者の死亡時を終期とする期限付所有権の創設は認めら
れないということにある。

124   第4章　信託契約書の作成事例

⑶　信託制度の利用

そこで，本事例のような場合には信託を利用することが有効である。

信託法は後継ぎ遺贈型の受益者連続信託について規定しており（信託法91条），受益権を複数の者に連続して帰属させることができる。その結果，夫Xまたは妻Yは受益者を連続して指定することにより，その希望を叶えることが可能となる。

⑷　課税関係

信託については相続税法に特例が規定されている（相続税法9条の2～6）。本スキームにおいて，例えば，夫Xが死亡し妻Yが受益権を取得した際には相続税が課税され，さらに，その後，妻Yが死亡し夫Xの甥Bが帰属権利者として財産を取得した場合にも，相続税が課税されることになる（相続税法9条の2第2項，4項）。

3 基本的事項及びスキーム図

⑴　信託目的

夫婦の一方の死後，もう一方の配偶者に従前と変わらない生活を送らせること，夫の先祖から受け継いだ財産は夫の甥へ，妻の先祖から受け継いだ財産は妻の姪へ承継させること。

⑵　信託行為

夫Xと弟Aまたは妻Yと妹Cの間の信託契約

⑶　信託財産

不動産，金銭

⑷　当事者等

（信託契約1）

	ア	委託者	夫X	
	イ	受託者	夫Xの弟A	
	ウ	受益者	受益者	夫X（当初，自益信託）
			第二次受益者	妻Y
	エ	帰属権利者	甥B	

オ　信託監督人　弁護士
（信託契約2）
　　ア　委託者　　　妻Y
　　イ　受託者　　　妻Yの妹C
　　ウ　受益者　　　受益者　　　妻Y（当初，自益信託）
　　　　　　　　　　第二次受益者　夫X
　　エ　帰属権利者　姪D
　　オ　信託監督人　弁護士
(5)　信託期間
（信託契約1）
　妻Yが死亡するまで
（信託契約2）
　夫Xが死亡するまで
(6)　スキーム図
　信託契約1及び信託契約2を締結するが，先に亡くなった配偶者の信託契約のみ効力が発生するようにする。
（信託契約1）

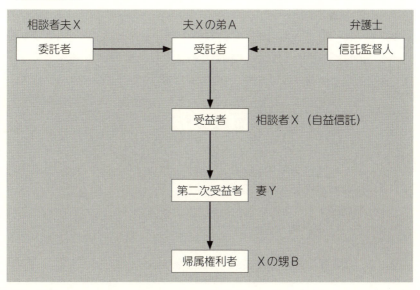

(信託契約2)

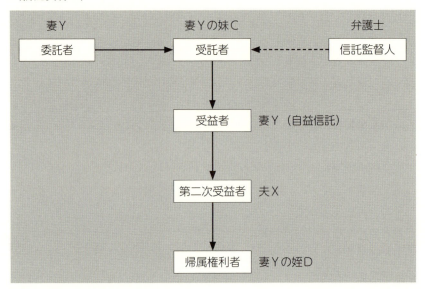

4 信託条項の検討

(1) 本事例のポイント

本事例では,夫Xが委託者となる信託契約と,妻Yが委託者となる信託契約の2つの信託契約を,ほぼ同じ内容で締結することになる。そのうえで,先に死亡した配偶者の信託契約のみ実質的に効力を発生させるようにする。

そのため,以下では,夫Xが委託者となる信託契約についてのみ記載する。なお,本スキームでは,夫Xの弟Aを受託者として定め,信託を設定した。

(2) 信託目的

ア 信託目的の意義,信託法の規定及び検討事項については,【基本事例】(高齢者の財産保護)33頁を参照。

イ 条項例

(信託目的)
第1条 本信託の信託目的は,以下のとおりである。

委託者Xの不動産を受託者Aが管理することにより，

(1) Xの死亡後に，配偶者Yが，可能な限り従前と変わらぬ快適な生活を送れるようにすること。

(2) X及びYの死亡後には，Xが先祖から受け継いだ財産はXの甥Bに承継させること。

(3) **信託行為**

信託行為の意義，信託法の規定及び検討事項については，【基本事例】（高齢者の財産保護）38頁を参照。

(4) **信託財産**

　ア　信託行為の意義，信託法の規定及び検討事項については，【基本事例】（高齢者の財産保護）39頁を参照。

　イ　**本事例の検討**

信託財産としては各配偶者が先祖から受け継いだ不動産を信託財産とすることになるが，信託財産を不動産のみとしてしまっては，不動産管理に必要な経費の支払い等を柔軟にできなくなる。

そこで，不動産管理に必要な一定額の金銭も信託財産として拠出しておくことが望ましい。

(5) **委託者**

　ア　委託者の意義，信託法の規定及び検討事項については，【基本事例】（高齢者の財産保護）45頁を参照。

　イ　**本事例の検討**

本事例は，委託者が死亡しても信託を終了させないので，委託者の権利は相続人に承継されない旨を規定する。

(6) **受託者**

受託者の意義，信託法の規定及び検討事項については，【基本事例】（高齢者の財産保護）50頁を参照。

(7) **受益者**

受益者の意義，信託法の規定及び検討事項については，【基本事例】（高齢者の財産保護）65頁を参照。

128　第4章　信託契約書の作成事例

(8)　その他の検討が必要な条項―信託関係人

　　ア　信託監督人及び受益者代理人の意義，信託法の規定及び検討事項については，【基本事例】（高齢者の財産保護）71頁を参照。

　　イ　本事例の検討

　本事例においても，信託監督人として弁護士等の専門職による監督があることが望ましい。

(9)　その他の検討が必要な条項―信託の計算

　信託の計算の意義，信託法の規定及び検討事項については【基本事例】（高齢者の財産保護）77頁を参照。

(10)　その他の検討が必要な条項―信託の変更

　信託の変更の意義，信託法の規定及び検討事項は，【基本事例】（高齢者の財産保護）80頁を参照。

(11)　その他の検討が必要な条項―信託の終了

　信託の終了の意義，信託法の規定及び検討事項については【基本事例】（高齢者の財産保護）82頁を参照。

5　信託契約書例（信託契約1のみを示す。）

　委託者Xと受託者Aは，以下のとおり，信託契約を締結した。

【信託目的】

（信託目的）

第1条　本信託の信託目的は，以下のとおりである。

　　委託者Xの不動産を受託者Aが管理することにより，

(1)　Xの死亡後に，配偶者Yが，可能な限り従前と変わらぬ快適な生活を送れるようにすること。

(2)　X及びYの死亡後には，Xが先祖から受け継いだ財産はXの甥Bに承継させること。

【信託行為】

（信託契約）

第2条　委託者は，本契約の締結の日（以下「信託開始日」という。）に，前

項の目的に基づき，別紙信託財産目録記載の財産（以下「信託財産」という。）を受託者に信託し，受託者はこれを引き受けた（以下本契約に基づく信託を「本信託」という。）。

【信託財産】

（信託財産—現金）

第3条　委託者は，信託契約締結後，1か月以内に，金○○万円を受託者に引き渡す。

2　受託者は，前項の金員を第12条の区分に応じて分別管理する。

（信託財産—信託不動産）

第4条　信託財産目録○記載の信託不動産の所有権は，本信託開始日に，受託者に移転する。

2　委託者及び受託者は，本契約後直ちに，前項信託不動産について所有権移転の登記申請を行う。

3　受託者は，前項の登記申請と同時に，信託の登記の申請を行う。

4　前2項の登記費用は，受託者が信託財産から支出する。

（信託の追加）

第5条　委託者は，受託者の同意を得て，金銭を本信託に追加することができる。

【委託者】

（委託者）

第6条　本信託の委託者は，X（住所：東京都○○区×××○丁目○番○号，生年月日：昭和○年○月○日）である。

（委託者の地位の不承継）

第7条　委託者が死亡した場合，委託者の地位は消滅し相続人に承継されない。

【受託者】

（受託者）

第8条　本信託の受託者は，以下の者である。[1]

受託者　住所　東京都○○区△△○丁目○番○号

氏名　A

1）受託者が，受益者（X又はY）よりも先に亡くなった時に備えて，後継受託者を定めておくことも考えられる。

130　　第4章　信託契約書の作成事例

（受託者の信託事務）

第9条　受託者Aは，以下の信託事務を行う。[2]

　⑴　信託財産目録1記載の不動産を管理すること。

　⑵　前号の不動産を第三者に賃貸し，第三者に賃料を請求し及び第三者から賃料を受領すること。

　⑶　前号によって受領した賃料を，信託財産目録1及び2記載の不動産を管理するために支出すること。

　⑷　上記2号において受領した賃料を，受益者の生活費に充てるため受益者が指定する預金口座に送金すること。

　⑸　信託財産目録2記載の不動産を管理すること。

　⑹　前号の同不動産を受益者の生活の本拠として使用させること。

　⑺　上記2号によって受領した賃料を，上記5号の不動産を管理するために支出すること。

　⑻　その他信託目的を達成するために必要な事務を行うこと。

（信託事務処理の第三者への委託）

第10条　受託者は，信託財産目録1記載の不動産の管理を第三者に委託することができる。

（善管注意義務）

第11条　受託者は，信託財産の管理，処分その他の信託事務について善良な管理者の注意をもって処理しなければならない。

（分別管理義務）

第12条　受託者は，信託財産に属する金銭及び預金と受託者の固有財産とを，以下の各号に定める方法により，分別して管理しなければならない。

　⑴　金銭　　信託財産に属する財産と受託者の固有財産とを外形上区別することができる状態で保管する方法

　⑵　預金　　信託財産に属する預金専用の口座を開設する方法

（帳簿等の作成・報告・保存義務）

第13条　本信託の計算期間は，毎年1月1日から6月30日まで及び7月1日から12月31日までとする。ただし，第1期の計算期間は，信託開始日から平成

2）本事例では，信託財産目録1記載の不動産＝賃貸用不動産，信託財産目録2記載の不動産＝居住用不動産であるとの設定である。

○○年12月31日までとする。

2 受託者は，信託事務に関する計算を明らかにするため，信託財産に属する財産及び信託財産責任負担債務の状況を記録しなければならない。

3 受託者は，信託財産に関し，第1項の信託期間に対応する信託財産目録及び収支計算書を当該計算期間が満了した月の翌月末日までに作成しなければならない。

4 受託者は，前項記載の信託財産目録及び収支計算書を，前項により決められた期日までに，受益者及び信託監督人に提出しなければならない。

5 受託者は，第2項に基づき作成した帳簿は作成の日から10年間，前項に基づき受益者及び信託監督人に提出した書類は信託の清算の結了の日までの間，保存しなければならない。

（信託費用の償還）

第14条 受託者は，信託事務処理に係る費用を，直接，信託財産から償還を受けることができる。

（信託報酬）

第15条 受託者は無報酬とする。

【受益者】

（受益者）

第16条 本信託の当初受益者は，Xである。

2 受益者Xが死亡した場合には，第二次受益者としてYを指定する。

（受益権）

第17条 受益者は，受益権として以下の内容の権利を有する。

 (1) 信託財産目録2記載の不動産を生活の本拠として使用する権利

 (2) 信託財産目録1記載の不動産を第三者に賃貸したことによる賃料から給付を受ける権利

 (3) 前号の不動産が処分された場合には，その代価から給付を受ける権利

 (4) 信託財産である現金から給付を受ける権利

（受益権の譲渡・質入れの禁止）

第18条 受益者は，受益権を譲渡又は質入れすることはできない。

【信託関係人】

（信託監督人）

132　第4章　信託契約書の作成事例

第19条　本信託の信託監督人として，以下の者を指定する。

　　　　住所　　　東京都○○区○○△丁目△番△号　○○○法律事務所

　　　　職業　　　弁護士

　　　　氏名　　　△△△△

（信託監督人の辞任）

第20条　信託監督人は，受益者及び受託者の同意を得て辞任することができる。

（信託監督人の報酬）

第21条　信託監督人の報酬は以下のとおりとする。

　　　　　監督事務の執務1時間当たり2万円（消費税別）

【信託の変更】

（信託の変更）

第22条　本信託において，信託監督人が存在する場合には，受託者及び信託監督人が協議し，信託の変更をすることができる。

2　本信託において，信託監督人が存在しない場合には，受託者及び受益者が協議により信託を変更することができる。

【信託の終了】

（信託の終了事由）

第23条　本信託は，第二次受益者の死亡により終了する。

（帰属権利者）

第24条　本信託の帰属権利者を以下のとおり指定する。

　帰属権利者　住所　東京都○○区

　　　　　　　氏名　　B

　　　　　　　生年月日　昭和○年○月○日

2　第二次受益者が当初受益者より前に死亡した場合には，本信託の当初受益者を残余財産受益者とする。

信託財産目録

　（省略）

【事例4】財産管理に不安のある元配偶者への離婚給付

1 事例

　相談者である夫X（45）と妻A（42）との間には，子どもB（15）がいる。相談者Xと妻Aは離婚することになり，子どもBの親権は妻Aが持つことになった。

　現在，相談者Xは財産分与として，子どもBのために，元妻Aと子どもBが居住している自宅及び敷地を与えたい。また，相談者Xは事業を営んでおり，今は順調だが，先はどうなるか分からないため，元妻Aから養育費の一括払いの要求を受けており，相談者X自身も一括払いで対応したい。

　しかし，元妻Aの財産管理能力には不安があるので，自宅名義を元妻Aにしてしまうと，売却し，現金化してしまう可能性がある。また，養育費も一括払いにしてしまうと，元妻Aが浪費してしまうのではないかと心配である。

　なお，相談者Xには，兄C（47）がいる。

親族関係図

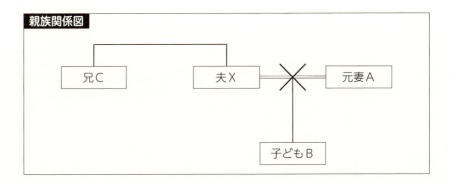

2 検 討

(1) 問題の所在

本事例において，信託の利用を検討するのは，元妻Aの財産管理能力に不安があることから，①子どもの住まいでもある自宅を，元妻Aが勝手に売却してしまわないようにすることと，②養育費を一括払いにするにあたって元妻Aに浪費されてしまわないようにすることにある。

(2) 信託の転換機能

財産を信託すると，財産は受託者名義の信託財産となり，これに裏付けられた受益権に転換される。そして，受益権の内容は，信託行為によって，目的に沿って自由に設計することができる。

本事例において，「自宅建物」という財産そのままでは，元妻Aに売却されてしまう可能性があるため，「自宅居住権」という受益権に財産を転換するスキームを検討する。

そのうえで，受託者に信頼できる人物を選任し，元妻Aには受益権を与える形で信託を組成すれば，夫Xの不安を解消することが出来る。

(3) 信託財産の独立性

信託財産は，委託者の所有から離れるため，委託者の倒産から影響を受けない。

また，信託財産の所有権は，形式的には委託者から移転して受託者に属することになるが，受託者の債権者は，信託財産に対して，強制執行，仮差押え，仮処分，国税滞納処分等をすることができない（信託法23条1項）。

さらに，受託者が破産手続開始の決定を受けた場合であっても，信託財産に属する財産は，破産財団に属しない（同法25条1項）。

したがって，信託財産は，受託者の倒産等からも影響は受けることはない（倒産隔離機能）。

本事例では，夫Xが事業経営者であり，現在は経営が順調で，養育費支払いの意思も意欲もあるが，先の見通しが不透明であることから，元妻Aはもとより，夫X自身も，養育費を一括で支払うことを希望している。

しかし，元妻の財産管理能力の欠如から，養育費の一括払いを躊躇してい

る。

　このような場合に，将来分まで含めた養育費を一括して信託し，受託者から定期的に給付する仕組みを作ることができれば，夫X及び元妻A双方の不安を解消することが出来る。

(4) 課税関係

ア　財産分与について

　離婚による財産分与には，通常，贈与税がかかることはない。[1]

　これは，相手方から贈与を受けたものではなく，夫婦の財産関係の清算や離婚後の生活保障のための財産分与請求権に基づき給付を受けたものと考えられるからである。[2]

　したがって，財産分与に伴う贈与税について，原則として考慮する必要がない。[3]

イ　養育費について

　扶養義務者相互間において生活費又は教育費に充てるためにした贈与により取得した財産のうち通常必要と認められるものについては，贈与税の非課税財産とされている（相続税法21条の3第1項2号）

　ところで，相続税法基本通達21の3-5（生活費及び教育費の取扱い）には，「課税価格に算入しない財産は，……必要な都度直接これらの用に充てるために贈与によって取得した財産をいうものとする。」との規定がある。

　そこで，一括で信託された養育費について，受益権として分割して受益者に給付する場合に，これが，非課税財産たる「必要な都度直接これらの用に充てるために贈与」されたものといえるか否かが問題となり得る。

　しかし，離婚があった場合においては，その離婚に関して子の親権者また

1）相続税法基本通達9-8（婚姻の取消し又は離婚により財産の取得があった場合）

2）ただし，分与された財産の額が婚姻中の夫婦の協力によって得た財産の額やその他すべての事情を考慮してもなお多額な場合は，その部分に対し贈与税がかかる。また，離婚が贈与税や相続税を免れるために行われたと認められる場合は，その全てに贈与税がかかる（国税庁タックスアンサー No.4414（http://www.nta.go.jp/taxanswer/zoyo/4414.htm））。

3）なお，分与した時に，不動産が値上がりしていた場合には，譲渡をする側に譲渡所得税が課税される可能性がある。

は監護権者とならなかった父または母から，生活費又は教育費に充てるためのものとして子が一括して取得した金銭等については，その額が，その子の年齢その他一切の事情を考慮して相当と認められる限り，通常必要と認められる贈与税の非課税財産として取り扱われる。[4]

したがって，相当な額にとどまる限りにおいて，一括で養育費を信託することで，贈与税課税の側面において不利益になることはないと考えられる。

3 基本的事項及びスキーム図

(1) 信託目的
財産の費消防止による子の健全な生活を維持すること。

(2) 信託行為
相談者Xとその兄Cとの間の信託契約

(3) 信託財産
自宅不動産，金銭

(4) 当事者

ア	委託者	相談者X
イ	受託者	相談者Xの兄C
ウ	受益者	元妻A（他益信託）
エ	信託監督人	元妻Aの代理人弁護士

(5) 信託期間
子どもBの大学（大学院に進学する場合は大学院）の卒業時又は子どもBが25歳に達した時のいずれか早い時期[5]

4）野原誠編『相続税法基本通達逐条解説　平成27年版』379頁以下（大蔵財務協会，2015）

5）本スキームにおける信託期間は，元妻Aに自宅を売却されるのを防ぐ必要のある期間であるため，子どもBが大学もしくは大学院を卒業または25歳になれば自活できる程度に成熟していることを想定し，ここではある程度余裕のある期間を設定した。

(6) スキーム図

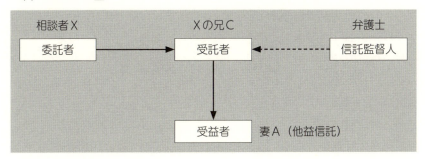

4 信託条項の検討

(1) 本事例のポイント

本事例のポイントは，子どもの住まいでもある自宅について受託者も処分できないことを明示すること，一括払いされる金銭は養育費の名目であることから，信託終了時の残余財産は子どもBに帰属するようにすることである。

(2) 信託目的

信託目的の意義，信託法の規定及び検討事項については，【基本事例】（高齢者の財産保護）33頁を参照。

（信託目的）
第1条　本信託の信託目的は，以下のとおりである。
　　委託者Xが受益者Aに財産分与として給付する不動産及び委託者Xと受益者Aの子Bの養育費相当の金員を，受託者が管理または処分等することにより，
　(1)　受益者A及びBが，可能な限り，従前と変わらぬ生活を維持し，健全な生活を送れるようにすること。
　(2)　信託財産の費消を防ぐこと。
　(3)　Bに対し，適時に，適切な額の養育費を支出できるようにすること。

138　第4章　信託契約書の作成事例

(3)　信託行為

信託行為の意義，信託法の規定及び検討事項については，【基本事例】（高齢者の財産保護）38頁を参照。

(4)　信託財産

信託財産の意義，信託法の規定及び検討事項については，【基本事例】（高齢者の財産保護）39頁を参照。

(5)　委託者

委託者の意義，信託法の規定及び検討事項については，【基本事例】（高齢者の財産保護）45頁を参照。

(6)　受託者

ア　受託者の意義，信託法の規定及び検討事項については，【基本事例】（高齢者の財産保護）60頁を参照。

イ　**本事例の検討**

受託者は広範な裁量を有しているため，権利を制限する場合には，その旨，条項として明示することが望ましい。

本事例においては，居住用不動産については処分を想定していないため，受託者の処分権限を制限する条項を置くこととした。

（受託者の権限）

第10条　受託者は，信託財産目録○及び○記載の不動産を処分することができない。

（受託者Cの信託事務）

第11条　受託者Cは，以下の信託事務を行う。

(1)　信託財産目録○記載の不動産を管理すること。

(2)　前号の不動産を受益者A及び子Bの生活の本拠として使用させること。

(3)　Bの養育費に充てるべき金銭を，必要に応じて受益者Aに交付すること。

(4)　その他信託目的を達成するために必要な事務を行うこと。

---

(7)　**受益者**

受益者の意義，信託法の規定及び検討事項については，【基本事例】（高齢者の財産保護）65頁を参照。

(8)　**その他の検討が必要な条項―信託関係人**

信託監督人及び受益者代理人の意義，信託法の規定及び検討事項については，【基本事例】（高齢者の財産保護）71頁を参照。

(9)　**その他の検討が必要な条項―信託の計算**

信託の計算の意義，信託法の規定及び検討事項については【基本事例】（高齢者の財産保護）77頁を参照。

(10)　**その他の検討が必要な条項―信託の変更**

信託の変更の意義，信託法の規定及び検討事項は，【基本事例】（高齢者の財産保護）80頁を参照。

(11)　**その他の検討が必要な条項―信託の終了**

信託の終了の意義，信託法の規定及び検討事項については【基本事例】（高齢者の財産保護）82頁を参照。

（信託の期間）

第25条　信託期間は，委託者Ｘと受益者Ａの子Ｂが大学（大学院に進学する場合は大学院）卒業時またはＢが25歳に達した日の後の３月末日のいずれか早いときまでとする。

（信託の終了事由）

第26条　信託期間中に，受益者ＡまたはＢが死亡した場合には，本信託は終了する。

（帰属権利者等）

第27条　信託財産目録記載○の信託不動産については，本信託の受益者を残余財産受益者として指定する。

2　信託財産である金銭については，Ｂ（住所：東京都○○区×××○丁目○番○号，生年月日：昭和○年○月○日）を帰属権利者として指定する。

140　第4章　信託契約書の作成事例

5　信託契約書例

委託者Xと受託者Cは，以下のとおり，信託契約を締結した。

【信託目的】

（信託目的）

第1条　本信託の信託目的は，以下のとおりである。

　　　委託者Xが受益者Aに財産分与として給付する不動産及び委託者Xと受益者Aの子Bの養育費相当の金員を，受託者が管理または処分等することにより，

　(1)　受益者A及びBが，可能な限り，従前と変わらぬ生活を維持し，健全な生活を送れるようにすること。

　(2)　信託財産の費消を防ぐこと。

　(3)　Bに対し，適時に適切な額の養育費を支出できるようにすること。

【信託行為】

（信託契約）

第2条　委託者は，本契約の締結の日（以下「信託開始日」という。）に，前項の目的に基づき，別紙信託財産目録記載の財産（以下「信託財産」という。）を受託者に信託し，受託者はこれを引き受けた（以下本契約に基づく信託を「本信託」という。）。

【信託財産】

（信託財産―現金）

第3条　委託者は，信託契約締結後，1か月以内に，金○○○万円を受託者に引き渡す。

2　受託者は，前項の金員を第13条の区分に応じて分別管理する。

（信託財産―信託不動産）

第4条　信託財産目録○記載の信託不動産の所有権は，本信託開始日に，受託者に移転する。

2　委託者及び受託者は，本契約後直ちに，前項信託不動産について所有権移転の登記申請を行う。

3　受託者は，前項の登記申請と同時に，信託の登記の申請を行う。

4　前2項の登記費用は，受託者が信託財産から支出する。

（信託不動産の瑕疵に係る責任）

【事例4】 5 信託契約書例 141

第5条 受託者は，信託期間中及び信託終了後，信託不動産の瑕疵及び瑕疵に
より生じた損害について責任を負わない。

（信託の追加）

第6条 委託者は，受託者の同意を得て，金銭を本信託に追加することができ
る。

【委託者】

（委託者）

第7条 本信託の委託者は，X（住所：東京都○○区×××○丁目○番○号，
生年月日：昭和○年○月○日）である。

第8条 委託者が死亡した場合，委託者の権利は消滅し相続人に承継されない。

【受託者】

（受託者）

第9条 本信託の受託者は，C（住所：東京都○○区×××○丁目○番○号，
生年月日：昭和○年○月○日）である。

（受託者の権限）

第10条 受託者は，信託財産目録○及び○記載の不動産を処分することができ
ない。

（受託者の信託事務）

第11条 受託者Cは，以下の信託事務を行う。

(1) 信託財産目録○記載の不動産を管理すること。

(2) 前号の不動産を受益者A及び子Bの生活の本拠として使用させること。

(3) Bの養育費に充てるべき金銭を，必要に応じて受益者Aに交付すること。

(4) その他信託目的を達成するために必要な事務を行うこと。

（善管注意義務）

第12条 受託者は，信託財産の管理，処分その他の信託事務について善良な管
理者の注意をもって処理しなければならない。

（分別管理義務）

第13条 受託者は，信託財産に属する金銭及び預金と受託者の固有財産とを，
以下の各号に定める方法により，分別して管理しなければならない。

(1) 金銭 信託財産に属する財産と受託者の固有財産とを外形上区別する
ことができる状態で保管する方法

142　第4章　信託契約書の作成事例

(2)　預金　　信託財産に属する預金専用の口座を開設する方法

（帳簿等の作成・報告・保存義務）

第14条　本信託の計算期間は，毎年1月1日から6月30日まで及び7月1日から12月31日までとする。ただし，第1期の計算期間は，信託開始日から平成○○年12月31日までとする。

2　受託者は，信託事務に関する計算を明らかにするため，信託財産に属する財産及び信託財産責任負担債務の状況を記録しなければならない。

3　受託者は，信託財産に関し，第1項の信託期間に対応する信託財産目録及び収支計算書を当該計算期間が満了した月の翌月末日までに作成しなければならない。

4　受託者は，前項記載の信託財産目録及び収支計算書を，前項により決められた期日までに，受益者及び信託監督人に提出しなければならない。

5　受託者は，第2項に基づき作成した帳簿は作成の日から10年間，前項に基づき受益者及び信託監督人に提出した書類は信託の清算の結了の日までの間，保存しなければならない。

（信託費用の償還）

第15条　受託者は，信託事務処理に係る費用を，直接，信託財産から償還を受けることができる。

（受託者報酬）

第16条　受託者は無報酬とする。

【受益者】

（受益者）

第17条　本信託の受益者は，A（住所：東京都○○区×××○丁目○番○　号，生年月日：昭和○年○月○日）である。

（受益権）

第18条　受益者Aは，以下の内容の権利を有する。

(1)　信託財産目録記載○の信託不動産を生活の本拠として使用する権利

(2)　Bの養育費として信託財産である金銭から給付を受ける権利

（給付方法）

第19条　受託者は，Bの教育・生活等に必要な資金として次のとおり定期にまたは実際の必要に応じて随時に，信託財産である金銭を受益者に対し給付す

る。

(1) 定期給付

受託者は，毎月○万円を指定された受益者名義の銀行口座に振り込む。

(2) 随時給付

Bの教育・治療等に要する費用について，受益者から給付の要求があり，受託者及び信託監督人が合理的であり適当であると判断したときは，受託者は，その都度，必要額を受益者名義の銀行口座に振り込む。

（受益権の譲渡・質入れの禁止）

第20条　受益者は，受益権を譲渡または質入れすることはできない。

【信託関係人】

（信託監督人）

第21条　本信託の信託監督人として，以下の者を指定する。

　　　　住所　　　　東京都○○区○○△丁目△番△号　○○○法律事務所

　　　　職業　　　　弁護士[6]

　　　　氏名　　　　△△△△

　　　　生年月日　　昭和○○年○月○日

（信託監督人の辞任）

第22条　信託監督人は，受益者及び受託者の同意を得て辞任することができる。

（信託監督人の報酬）

第23条　信託監督人の報酬は以下の通りとする。

　　　　監督事務の執務1時間当たり2万円（消費税別）

【信託の変更】

（信託の変更）

第24条　本信託において，委託者，受託者及び受益者が協議し，三者の合意により，信託の変更をすることができる。

2　本信託において，信託目的に反しないこと及び受益者の利益に適合することが明らかであるときに限り，受託者の書面による意思表示により，信託を変更することができる。

6）受託者が委託者の親族であるため，本信託において信託監督人は受益者である元妻Aの代理人弁護士とした。

144　第4章　信託契約書の作成事例

【信託期間，信託の終了】

（信託期間）

第25条　信託期間は，委託者Xと受益者Aの子Bが大学（大学院に進学する場合は大学院）卒業時またはBが25歳に達した日の後の3月末日のいずれか早いときまでとする。

（信託の終了事由）

第26条　信託期間中に，受益者AまたはBが死亡した場合には，本信託は終了する。

（帰属権利者等）

第27条　信託財産目録記載○の信託不動産については，本信託の受益者を残余財産受益者として指定する。

2　信託財産である金銭については，B（住所：東京都○○区×××○丁目○番○号，生年月日：昭和○年○月○日）を帰属権利者として指定する。[7]

7）事例としては稀であると考えられるが，子どもBの死亡により信託が終了する場合には，本条項によれば，金銭に関する残余財産受益者等に関する定めがないことになる。この場合には，信託法182条2項により，委託者を帰属権利者と指定する旨の定めがあったものとみなされることになる。

【事例4】　コラム　弁護士が受託者となることについて　　145

コ・ラ・ム

弁護士が受託者となることについて

1　【事例4】（財産管理に不安のある元配偶者への離婚給付）におい
て，夫婦双方が信頼できる親族がいれば，その者を受託者とすれ
ば良い。

　　しかし，離婚の場面においては，夫婦が相互不信に陥っている
場合も多く，いずれか一方の親族を受託者とすることには，他方
が反発する可能性が高いため，適切な親族受託者を選定するのは
困難であろう。

2　では，弁護士が，受託者となることができないだろうか。

　　信託業法は，信託の引受けを行う営業を信託業と定義しており
（信託業法2条1項），免許を受けた信託会社でなければなし得な
いと定めている。

　　しかし，信託銀行は，採算性の低い市民間の民事信託に関し，
受託者を担う業務には消極的である。

　　また，信託会社は，そもそも数が少なく，都心部に集中してお
り，受託者報酬も発生するため，容易に利用可能であるとは言い
がたい。

　　弁護士は，訴訟事件，非訟事件，……その他一般の法律事務を
行うことができる（弁護士法3条1項）のであり，【事例4】のよ
うに離婚事件を受任し，当該事件の解決，受任目的達成のために
信託を利用することが適切である場合に，自らが受託者となるこ
とは，弁護士法に定められた「その他一般の法律事務」にあたる
と解する余地もあるが，この点には異論が多い。

　　また，信託業法2条1項かっこ書には，「他の取引に付随して
行われるものであって，その内容等を勘案し，委託者及び受益者
の保護のため支障を生ずることがないと認められるものとして政
令で定めるもの」を「信託業」から除くと定めており，これを受

けて，信託業法施行令1条の2には，信託業の適用除外として次
のとおりの定めがある。

　一　弁護士又は弁護士法人がその行う弁護士業務に必要な費用
　　に充てる目的で依頼者から金銭の預託を受ける行為その他の
　　委任契約における受任者がその行う委任事務に必要な費用に
　　充てる目的で委任者から金銭の預託を受ける行為

　これによれば，弁護士または弁護士法人が受任した事件につい
て，委任事務遂行のために依頼者から預託された金銭については，
業法の規制を受けないことになる。
　この金銭は，単なる実費のみならず，例えば，債務整理事件を
受任し，債務の弁済のために依頼者から預かった金銭等も含まれ
ると解されている。
　そこで，離婚事件の一括養育費支払の場面において，弁護士が
金銭を預かり，相手方配偶者へ分割交付することを，上記債務整
理の場面等と同様に捉えられるかは議論のあるところである。
　しかし，現時点では，弁護士が受託者となる場合には，業法規
制があると考える見解が有力であるため，実際に弁護士が民事信
託の受託者となることを控えるのが一般的である。
3　いずれにせよ，民事信託における受託者選定問題は重要であり，
　立法論としては，弁護士または弁護士法人が民事信託における受
　託者業務を担えるように，法が改正されることが望まれる。

【事例5】子どものための財産の保全
―自己信託の活用1

1 事例

> 相談者X（60）は中小企業を経営している。相談者Xには障害は無いが持病を持った長男A（25）がおり，相談者Xの配偶者は既に他界している。相談者Xは，健康に不安のある長男Aのために十分な生活資金を残しておきたいと考えている。
>
> 相談者Xは会社経営者として会社の債務を個人保証している。現在は，会社経営は順調だが，今後，会社の経営が破綻したときには，長男Aに財産を残せなくなることを心配している。
>
> 相談者Xは，長男Aの将来の生活資金として，相談者Xの財産から4000万円を長男Aに渡したいと望んでいるが，他方で，相談者Xが元気なうちは，その財産を相談者Xが自ら管理したいと考えている。

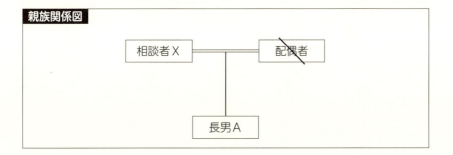

2 検討

(1) 問題の所在（経営する会社が破綻した場合のリスク）

現在は，相談者Xの経営する会社が業績には問題ないので，相談者Xの資産が減少するおそれは顕在化していない。しかし，経営者である相談者Xは会社の債務を会社代表者として個人保証しており，会社の経営が破綻した場

合には，相談者Xは保証人として会社の債務を返済しなければならなくなる。そうすると，相談者Xの個人の資産が減少し，相談者Xの長男Aに財産を残すことはできなくなる。

(2) 信託の倒産隔離機能

　会社が破綻した場合に長男Aに財産を残すことができなくなることを避ける方法として，会社の業績が悪化していない時点で相談者Xの財産を長男Aに贈与する方法がある。しかし，相談者Xは，現時点で長男Aに財産を贈与するのではなく，相談者Xが元気なうちは，将来，長男Aに残す財産を相談者Xが自ら管理・運用したいと望んでいる。

　相談者Xが，長男Aに残す財産を信託した場合，信託された財産の所有権は相談者Xから受託者に移転するので，将来，相談者Xが経済的に破綻せざるを得ない状況になったとしても，信託された財産は影響を受けない。

　また，信託財産の所有権は受託者に属することになるが，受託者の債権者は，信託財産に対して，強制執行，仮差押え，仮処分，国税滞納処分等をすることができず（信託法23条1項），受託者が破産手続開始決定を受けた場合であっても，信託財産に属する財産は，破産財団に属しない（信託法25条1項）。

　したがって，相談者Xは，長男Aに残す財産を信託することにより，その財産を相談者X自身及び受託者の破産のリスクから隔離することが可能となる。

(3) 自己信託の活用

　相談者Xが長男Aに残す財産を信託しようと考えたときに，誰を受託者とするかが問題となる。親戚や知人に適任者がいない場合，信託銀行や信託会社を受託者とすることを検討することになる。

　しかし，信託銀行は一定の金額以上の金銭でないと受託しないのが通常であり，信託会社の数も限られているので受託先が見つからない可能性がある。また，信託銀行や信託会社を受託者とする場合は受託者に対する信託報酬の支払が必要となる。

　相談者Xが適切な受託者を見つけることができない場合，または，信託報酬の支払を避けたいと考える場合には，自己信託の活用が選択肢となる。

【事例5】 2 検 討 149

　さらに，相談者Xのように，自分が元気なうちは，長男Aの財産を自ら管理したいと希望する場合もあり，そのようなときには，自己信託を選択することが適当である。

　自己信託は，委託者が自ら受託者となる信託であり，適切な受託者がいない場合でも，財産を自己信託することにより信託の倒産隔離機能を活用することができる。

(4) 課税関係

　相談者Xが長男Aを受益者として信託を設定する場合，贈与税が課税される（相続税法9条の2第1項）。これは，自己信託を利用した場合でも同じである。

　本件では，長男Aが相談者Xの推定相続人であり，相談者Xが60歳以上，Aが20歳以上であることから，相続時精算課税を選択することが可能である（相続税法21条の9第1項）。[1]

　相続時精算課税を選択した場合には，その年分の贈与税について，贈与税の課税価格から2500万円が控除され（相続税法21条の12第1項），贈与税率は20％となる（相続税法21条の13）。

　相談者Xが長男Aを受益者とし，4000万円の金銭について自己信託を設定する場合，相続時精算課税を選択すると4000万円から2500万円を控除した1500万円に対し，20％の税率で計算された300万円が贈与税として課税されることになる。

　相続時精算課税を選択した場合，相続が発生したときに，贈与により取得した財産の価額が相続税の課税価格に加算され（相続税法21条の15第1項），贈与時に課税された場合は贈与税の税額が相続税額から控除される（相続税法21条の15第3項）。

───────────────

1）相続時精算課税を選択する場合，相続時精算課税の適用を受けようとする旨の届出書を納税地の所轄税務署長に提出しなければならず（相続税法21条の9第2項），届出書に係る贈与をした者から贈与を受けた場合については以後相続時精算課税の適用を受けることとなる。そして，相続時精算課税を選択した場合には，贈与税の基礎控除（相続税法21条の5），贈与税の税率（相続税法21条の7）の規定の適用が除外される（相続税法21条の11）ことから，当該届出書に係る贈与をした者からの贈与については，以後，暦年贈与による贈与税の基礎控除の適用を受けることができなくなる。

本事例では，相談者Xが死亡して長男Aが相談者Xの財産を相続する際には，自己信託の設定を受けた4000万円が相続税の課税価格に加算され，贈与時に課税された300万円が相続税額から控除されることになる。

3 基本的事項及びスキーム図

(1) 信託目的

長男Aの生活を安定させること。

(2) 信託行為

相談者Xの自己信託（信託宣言）

(3) 信託財産

金銭4000万円

(4) 当事者

　ア　委託者　相談者X
　イ　受託者　相談者X
　ウ　受益者　長男A（他益信託）

(5) 信託期間

相談者Xまたは長男Aが死亡するまで。

(6) スキーム図

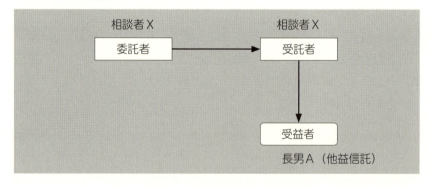

4　信託条項の検討

(1)　本事例のポイント

本事例は，自己信託（信託宣言）の方式を採るため，信託法に規定された自己信託（信託宣言）の要式を履践する必要がある。また，信託終了時の残余財産の帰属についても，信託の終了事由に応じて，場合分けをして規定することが望ましい。

(2)　信託目的

　　ア　信託目的の意義，信託法の規定及び検討事項については，【基本事例】（高齢者の財産保護）33頁を参照。

　　イ　条項例

（信託目的）

第1条　本信託の信託目的は，以下のとおりである。

　　委託者Ｘが受益者Ａに承継させる財産を信託することにより，受託者として信託財産の適切な管理，運用及び処分等を行い，受益者Ａの生活を安定させること。

---

(3)　信託行為

　　ア　信託行為の意義，信託法の規定及び検討事項については，【基本事例】（高齢者の財産保護）38頁を参照。

　　イ　自己信託（信託宣言）の意義

自己信託（信託宣言）とは，特定の者（委託者）が，一定の目的（信託目的）に従い，自己の有する一定の財産の管理または処分その他の信託目的達成のために必要な行為をすべき旨の意思表示を行うことにより設定される信託をいう（信託法3条3号）。

自己信託（信託宣言）は，委託者と受託者が一致するため，単独行為により設定される。

　　ウ　自己信託（信託宣言）に関する信託法の規定

　　　（ア）方式

自己信託（信託宣言）の意思表示は，公正証書その他の書面または電磁的

152 第4章 信託契約書の作成事例

記録で行うことが必要である（信託法3条3号）。

　書面または電磁的記録であれば，公正証書による以外の方法を採ることも可能である。

　ただし，信託の効力の発生時期は公正証書または公証人の認証を受けた書面もしくは電磁的記録（公正証書等）による場合と，それ以外の場合とで異なる。公正証書等による場合には，当該公正証書等の作成によって効力を生ずるのに対し（信託法4条3項1号），それ以外の書面または電磁的記録によってなされる場合には，受益者として指定された第三者（2人以上いる場合は，そのうち1人に対してで足りる。）に対し，確定日付のある証書により，当該信託がなされた旨及びその内容を通知しなければ，信託の効力が生じない（同項2号）。

　（イ）法定記載事項

　信託法3条3号及び信託法施行規則3条は，自己信託（信託宣言）の設定に際して，所定の事項を記載することを求めている。

　（信託の方法）
　信託法3条　信託は，次に掲げる方法のいずれかによってする。
　一　省略
　二　省略
　三　特定の者が一定の目的に従い自己の有する一定の財産の管理又は処分及びその他の当該目的の達成のために必要な行為を自らすべき旨の意思表示を公正証書その他の書面又は電磁的記録（電子的方式，磁気的方式その他人の知覚によっては認識することができない方式で作られる記録であって，電子計算機による情報処理の用に供されるものとして法務省令で定めるものをいう。以下同じ。）で当該目的，当該財産の特定に必要な事項その他の法務省令で定める事項を記載し又は記録したものによってする方法
　（信託の効力の発生）
　信託法4条　省略
　2　省略
　3　前条第3号に掲げる方法によってされる信託は，次の各号に掲げる場合の区分に応じ，当該各号に定めるものによってその効力を生ずる。
　一　公正証書又は公証人の認証を受けた書面若しくは電磁的記録（以下この

号及び次号において「公正証書等」と総称する。）によってされる場合　当該公正証書等の作成

　二　公正証書等以外の書面又は電磁的記録によってされる場合　受益者となるべき者として指定された第三者（当該第三者が２人以上ある場合にあっては，その１人）に対する確定日付のある証書による当該信託がされた旨及びその内容の通知

信託法施行規則３条　法第３条第３号に規定する法務省令で定める事項は，次に掲げるものとする。

　一　信託の目的

　二　信託をする財産を特定するために必要な事項

　三　自己信託をする者の氏名又は名称及び住所

　四　受益者の定め（受益者を定める方法の定めを含む。）

　五　信託財産に属する財産の管理又は処分の方法

　六　信託行為に条件又は期限を付すときは，条件又は期限に関する定め

　七　法第163条第９号の事由（当該事由を定めない場合にあっては，その旨）

　八　前各号に掲げるもののほか，信託の条項

　　エ　本事例の検討

　条項例では，公正証書の作成により信託の効力が発生することを明らかにする趣旨で，敢えて，「本公正証書作成と同時に効力が発生する」旨を記載した。

　　オ　条項例

（自己信託設定の意思表示）

第２条　委託者は，平成○○年○月○日，前条の目的に従い，第３条記載の自己の財産について，自己を信託の受託者として，受益者のために，当該財産の管理，処分及びその他本信託目的の達成のために必要な行為を自ら行う。

２　本信託は，本公正証書作成と同時に効力が発生するものとする。

---

(4)　信託財産

　信託財産の意義，信託法の規定及び検討事項については，【基本事例】（高齢者の財産保護）39頁を参照。

154　第4章　信託契約書の作成事例

⑸　**委託者**

　委託者の意義，信託法の規定及び検討事項については，【基本事例】（高齢者の財産保護）45頁を参照。

⑹　**受託者**

　受託者の意義，信託法の規定及び検討事項については，【基本事例】（高齢者の財産保護）50頁を参照。

⑺　**受益者**

　受益者の意義，信託法の規定及び検討事項については，【基本事例】（高齢者の財産保護）65頁を参照。

⑻　**その他の検討が必要な条項──信託関係人**

　　ア　信託監督人及び受益者代理人の意義，信託法の規定及び検討事項については，【基本事例】（高齢者の財産保護）71頁を参照。

　イ　**本事例の検討**

　本事例では，相談者Xが委託者兼受託者となり，本信託の全てをコントロールすることを想定しているため，信託監督人等の監督機関は設けなかった。

⑼　**その他の検討が必要な条項──信託の計算**

　信託の計算の意義，信託法の規定及び検討事項については，【基本事例】（高齢者の財産保護）77頁を参照。

⑽　**その他の検討が必要な条項──信託の変更**

　　ア　信託の変更の意義，信託法の規定及び検討事項については，【基本事例】（高齢者の財産保護）80頁を参照。

　イ　**本事例の検討**

　本事例では，相談者Xが委託者兼受託者となり，本信託の全てをコントロールすることを想定しているため，委託者の意思により，信託を変更することができることとした。

　ウ　**条項例**

（信託の変更）

第15条　委託者は，その書面による意思表示によって信託の変更をする

ことができる。

2 前項の場合には，委託者は，受益者に対し，遅滞なく，変更後の信託行為の内容を通知しなければならない。

⑾ その他の検討が必要な条項─信託の終了

ア 信託の終了の意義，信託法の規定及び検討事項については，【基本事例】（高齢者の財産保護）82頁を参照。

イ 自己信託（信託宣言）に関する信託法の規定

先に紹介した信託法施行規則3条7号は，信託法163条9号の事由，すなわち信託行為において定める終了事由を，自己信託を設定する公正証書等に記載することを求めており，信託行為において終了事由を定めない場合にはその旨を記載することを求めている。

（信託の終了事由）

信託法163条 信託は，次条の規定によるほか，次に掲げる場合に終了する。

一～八 省略

九 信託行為において定めた事由が生じたとき。

ウ 本事例の検討

本事例では，長男Aが死亡したときは本信託の目的を達成することができなくなるため，また，相談者Xが死亡したときは，他に適切な受託者がいないため，信託を終了させることとした。

また，本信託が相談者Xの死亡によって終了したときには長男Aが，長男Aの死亡によって終了したときには長男Aの相続人が，残余財産を取得することとした。[2]

2）仮に，長男Aの死亡によって信託終了した場合に，長男Aに相続人がいなかったときには，信託法182条2項により，委託者である相談者Xまたはその一般承継人が帰属権利者とみなされ，残余財産を取得することになる。

156　第4章　信託契約書の作成事例

エ　条項例

（信託の終了事由）

第16条　本信託は，次の事由により終了する。

　⑴　委託者の死亡

　⑵　受益者の死亡

（残余財産受益者等）

第17条　前条⑴により信託が終了した場合には，本信託の受益者を残余
　財産受益者とする。

2　前条⑵により本信託が終了した場合には，残余財産は受益者の相続
　人に帰属するものとする。

5　自己信託設定公正証書例

自己信託設定公正証書

　本公証人は，信託設定者X（以下「委託者」または「委託者X」という。）
の嘱託により，次の法律行為に関する陳述の趣旨を録取し，この証書を作成す
る。

【信託目的】

（信託目的）

第1条　本信託の信託目的は，以下のとおりである。

　　委託者Xが受益者Aに承継させる財産を信託することにより，受託者とし
　て信託財産の適切な管理，運用及び処分等を行い，受益者Aの生活を安定さ
　せること。

【信託行為】

（自己信託設定の意思表示）

第2条　委託者は，平成○○年○月○日，前条の目的に従い，第3条記載の財
　産について，自己を信託の受託者として，受益者のために，当該財産の管理，

処分及びその他本信託目的の達成のために必要な行為を自ら行う。

2　本信託は，本公正証書作成と同時に効力が発生するものとする。

【信託財産】

（信託をする財産を特定するために必要な事項）

第3条　委託者は，前条の意思表示の後，遅滞なく，信託財産目録記載の預金を払い戻す。

2　受託者は，前項の払戻金を第○条の区分に応じて分別管理する。

【委託者】

（委託者）

第4条　本信託の委託者は，以下のとおりである。

　　　　住所　　　　東京都○○区○○町△－△－△

　　　　氏名　　　　X

　　　　生年月日　　昭和○○年○月○日

【受託者】

（受託者）

第5条　本信託の受託者は，委託者Xである。

（受託者の信託事務）

第6条　受託者は，以下の信託事務を行う。

　(1)　信託財産を管理し，受益者の生活費，医療費及び学費等に充てるため支出すること。

　(2)　信託財産について，受託者の判断に基づいて投資，運用を行うこと。

（善管注意義務）

第7条　受託者は，信託財産の管理その他の信託事務について善良な管理者の注意をもって処理しなければならない。

（分別管理義務）

第8条　受託者は，信託財産に属する金銭及び預金と受託者の固有財産とを，以下の各号に定める方法により，分別して管理しなければならない。

　(1)　金銭　　　信託財産に属する財産と受託者の固有財産とを外形上区別することができる状態で保管する方法

　(2)　預金　　　信託財産に属する預金専用の口座を開設する方法

（帳簿等の作成・報告・保存義務）

158　　第4章　信託契約書の作成事例

第9条　本信託の計算期間は，毎年1月1日から6月30日まで及び7月1日から12月31日までとする。ただし，第1期の計算期間は，信託開始日から平成○○年12月31日までとする。

2　受託者は，信託事務に関する計算を明らかにするため，信託財産に属する財産及び信託財産責任負担債務の状況を記録しなければならない。

3　受託者は，信託財産に関し，第1項の信託期間に対応する信託財産目録及び収支計算書を当該計算期間が満了した月の翌月末日までに作成しなければならない。

4　受託者は，前項記載の信託財産目録及び収支計算書を，前項により決められた期日までに，受益者に提出しなければならない。

5　受託者は，第2項に基づき作成した帳簿は作成の日から10年間，前項に基づき受益者に提出した書類は信託の清算の結了の日までの間，保存しなければならない。

（信託費用の償還）

第10条　受託者は，信託財産から信託事務処理に係る費用の償還を受けることができる。

2　受託者は，受益者から信託事務処理に係る費用の償還または前払いを受けることができる。

（信託報酬）

第11条　受託者は無報酬とする。

【受益者】

（受益者）

第12条　本信託の受益者は，次の者である。

　　　　住所　　　東京都○○区○○町△－△－△

　　　　氏名　　　A

　　　　生年月日　昭和○○年○月○日

（受益権）

第13条　受益者は，信託財産に属する預金及び現金から給付を受ける権利を有する。

（給付方法）

第14条　受託者は，受益者の生活，医療及び学業等の需要に応じるため，受益

者に対し，受託者が相当と認める時期に，信託財産から相当と認める額の金銭を給付する。

【信託の変更】

（信託の変更）

第15条　委託者は，その書面による意思表示よって信託の変更をすることができる。

2　前項の場合には，委託者は，受益者に対し，遅滞なく，変更後の信託行為の内容を通知しなければならない。

【信託の終了】

（信託の終了事由）

第16条　本信託は，次の事由により終了する。

　(1)　委託者の死亡

　(2)　受益者の死亡

（残余財産受益者等）

第17条　前条(1)により信託が終了した場合には，本信託の受益者を残余財産受益者とする。

2　前条(2)により本信託が終了した場合には，残余財産は受益者の相続人に帰属するものとする。

信託財産目録

　（省略）

コラム

受託者の死亡等の場合の留意点

1 民事信託・家族信託と受託者

民事信託・家族信託においては，受託者は信託銀行・信託会社といった，プロではない受託者を活用する仕組みにしている。

一番多いのは，親族・知人などの近縁者を受託者とするケースであるが，このような受託者は，当然信託の引受けの営業をしている訳ではなく（していたら信託業法違反である。），信託の引受けについては無報酬であったり，信託の引受けを1回限りで行っているというものである。

その結果，受託者の義務が疎かになったり，必要な信託事務をこなすことができないなどの問題が生ずることがあり，信託契約上も，義務規定の再掲や，信託事務処理の第三者への委託（信託法28条）の許容などの手当が必要となる。

しかし，ある程度長期の受託を想定する民事信託・家族信託において，近縁者を受託者とする場合の一番の問題は，それらの受託者が死亡したり，無能力になったりして，受託者として機能しなくなるおそれである。

2 後継受託者を定めておく必要性

このようなおそれに対処するため，民事信託・家族信託においては，当初受託者のみならず，第2次以降の受託者についても規定を置き，一定の事由が生じた場合には後継受託者に受託者業務を引き継ぐ旨を定めることが多い。

信託法においても，受託者が欠ける等の状況は想定しているが（信託法56条～87条），このような規定によって適切な受託者が得られるか不明であり，円滑な受託者業務の引継ぎも困難であると予想されるほか，結局適任の受託者が得られず信託が終了してしまうこともあり得る（信託法163条3号）。

よって，将来受託者が受託者業務を遂行できない事態が生ずる可能性のある信託においては，適任の後継受託者についての規定をおいておくべきである。

3　後継受託者への引継ぎの実務的問題

しかし，単に後継受託者予定者やその選定方法，どのような場合に後継へ引き継ぐかの要件等を規定するだけでは，後継受託者への引継ぎが円滑に行われるとは限らない。

例えば，信託財産に不動産があった場合はどうか。当初受託者が受託者業務の処理に限界を感じ，後継受託者にその地位を譲ることが信託行為に規定されており，共同申請で信託財産について移転登記ができればよいが，例えば，当初受託者が急に倒れたような場合は，それもままならない。この場合，客観的には当初受託者は後見相当になっていると思われるが，当初受託者について後見人が選任されなければ，双方申請の移転登記はできない。

ただ，当初受託者について，保佐開始・後見開始審判がされれば，後継受託者は自らを受託者とする所有権移転登記申請を単独申請ですることができる（不動産登記法100条）。

しかしこれとて，保佐開始・後見開始の審判があったことが前提であるから，これら後見制度の利用について適切迅速な動きがない限りはどうしようもない。

もっと困難なのは，銀行預金等である。

受託者が預金していた金員を新受託者に移そうにも，預金先金融機関に対して引き出し等の手続ができるのは，旧受託者である。その成年後見人・代理権のある保佐人であれば引き出し引継ぎの手続はできるかも知れないが，不動産登記法のような明示の条文がないので，後継受託者のみにて手続をとることは不可能であると思われる。

4　解決方法

このような問題を避け，あるいは解決するにはどうしたらいいか。

一つは，死亡・能力減退喪失等の問題が生じない法人を受託者とすることである。信託銀行・信託会社等が使えないのであれば，親族等で一般社団法人を設立し，それを活用する方法も広く用いられている。この場合には，法人の意思決定方法の定めなどを信託目的の実現に資するように作り込む必要がある。

　次いで，これは社会的な動きが必要だが，受託者変更に伴って名義変更ができる預金口座の開発や，信託銀行の預金類似の合同運用金銭信託商品を受託者からの再信託先として，元信託の受託者変更に柔軟に応じるような仕組みを構築することである。後者については，既に，家族向け信託商品を開発販売し，また，受託者口座開設等で受託者業務を支援する方向の検討が始まっている以上，さほど困難なものとは思われない。

　あとは，任意後見を用いた引継ぎの仕組みなど，現状においても活用可能な方策もあると思われるが，今後の研究を待ちたい。

【事例6】親族の生活の安定を目的とする信託
　　　　　―自己信託の活用2

1　事　例

> 　相談者X（76）は，独身の女性であり，相談者Xが所有する居宅で，姉A（80）及び姉Aの子B（知的障害，50）と共同生活をしている。
> 　相談者Xは，自己所有のアパートを経営しており，主としてその家賃収入が相談者X，姉A及びその子Bの生活費となっていて，自己のみならず姉A及びその子Bが亡くなるまではアパートの家賃収入で安定した暮らしをしたいと考えている。
> 　相談者Xは，今は自分が一切を取り仕切っているが，この先自分が衰えたときには甥の1人（弟の子）であるC（40）に全てを任せたいと考えているものの，半面，甥Cを信用しきれないところもあり，当面は引き続き自分がアパート経営を続けることにしている。
> 　なお，相談者Xの兄弟は多いが，自分の資産が兄弟相続で分散されることは望んでおらず，最終的には甥Cに引き継がせたいと考えている。

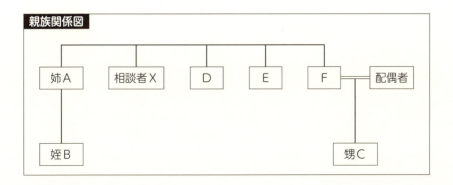

親族関係図

164 第4章 信託契約書の作成事例

2 検 討

(1) 特定贈与信託

障害者のための信託としては，まず，特定贈与信託がある。特定贈与信託は，特定障害者の生活の安定を図ることを目的に，その親族等が金銭等の財産を信託銀行等に信託し，信託銀行等は，信託財産を管理・運用して，特定障害者の生活費や医療費として定期的に金銭を交付するものであり，特別障害者（重度の心身障がい者）については6000万円，特別障害者以外の特定障害者（中程度の心身障がい者及び障害等級2級または3級の精神障がい者等）については3000万円を限度として贈与税が非課税となる（相続税法21条の4）。

ただし，受託者が信託銀行等に限られており，信託銀行等を受託者としない場合には，非課税にはならない。また，法令上は，信託財産は金銭に限られず，有価証券や「継続的に相当の対価を得て他人に使用させる不動産」も信託できる財産に含まれているが（相続税法施行令4条の11），実際には，信託銀行が収益不動産を信託財産とする特定贈与信託を締結することはなく，信託会社でも収益不動産を信託財産とする特定贈与信託を締結する例は限られているのが現状である。

そこで，本事例では，収益不動産を信託財産とする障害者のための民事信託の利用を検討する。

(2) 受益者複数の民事信託における税務

扶養義務者権利者間における生活費または教育費に充てるための贈与で通常必要と認める範囲であれば，贈与税の課税対象にはならない（相続税法21条の3第1項2号）。そこで，障害者を複数受益者の一人としつつも，その受益権に関し「（委託者の）扶養義務の範囲」とする記載方法も考えられるが，このような文言は不明確なものであり，権利内容の特定に欠けることから，信託行為の文言としては適当ではない。

(3) 委託者兼受託者兼受益者の自己信託（受益者複数）における受益者の利益保護

受託者が単独受益者である信託は1年間で終了してしまうことから（信託法163条2号），委託者兼受託者兼受益者の自己信託では，信託を存続させる

ためには受益者を複数とせざるを得ない。なお，委託者兼受託者兼受益者と他の受益者との間には定型的に利益相反の関係が認められるので，他の受益者の利益保護の観点からは，受託者の忠実義務と公平義務を強調しておくことが適切である。

(4) 信託制度の利用

当初は，相談者X自身が受託者として財産の管理を行うが，いずれは，若い甥Cに財産の管理を任せたいと考えている。本スキームは，信託を活用し，財産の権利者を高齢者である相談者Xから若い甥Cに転換することにより，財産の長期的管理を実現しようとするものである。

3 基本的事項及びスキーム図

(1) 信託目的
相談者X，姉A，及び姪Bの安心・安全な生活の実現と資産承継

(2) 信託行為
相談者Xの自己信託（信託宣言）

(3) 信託財産
不動産（アパート），金銭

(4) 当事者等

ア	委託者	相談者X	
イ	受託者	当初受託者	相談者X
		後継受託者	甥C
ウ	受益者	受益者	相談者X，姉A，姪B
		第二次受益者	甥C
エ	残余財産受益者		甥C
オ	受益者代理人		弁護士

(5) 信託期間
相談者X，姉A及び姪Bが全員死亡したとき。

(6) スキーム図

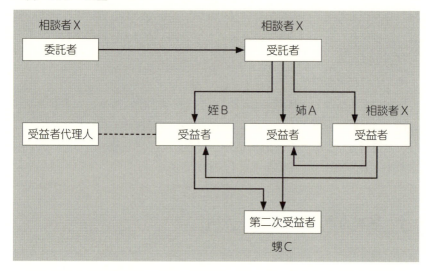

4 信託条項の検討

(1) 本事例のポイント

本事例において，委託者Xが当初受託者と主要な受益者を兼ねていることから，通常以上に，他の受益者の利益が害されないよう配慮する必要がある。また，甥Cについては信用しきれない面もあり，また，障害者である姪Bが自己の権利を適切に行使することは期待できないので，受益者代理人を置き受益者である姪Bの利益を確保しておく必要性が高い。

(2) 信託目的

ア　信託目的の意義，信託法の規定及び検討事項については，【基本事例】（高齢者の財産保護）33頁を参照。

イ　条項例

（信託目的）
第1条　本信託の信託目的は，以下のとおりである。
　　受託者が信託財産目録記載の財産（以下「本件信託財産」という。）

を管理または処分等することにより

(1) 受益者Ｘ，受益者Ａ及び受益者Ｂの生涯にわたる安心・安全な生活及び福祉を図ること。

(2) 第二次受益者（兼残余財産受益者）Ｃへの資産承継を実現すること。

(3) 信託行為

ア 信託行為の意義，信託法の規定及び検討事項については，【基本事例】（高齢者の財産保護）38頁を参照。

イ 自己信託（信託宣言）の意義，信託法の規定については，【事例5】（子どものための財産の保全―自己信託の活用1）151頁を参照。

(4) 信託財産

ア 信託財産の意義，信託法の規定及び検討事項については，【基本事例】（高齢者の財産保護）39頁を参照。

イ 本事例の検討

（ア）自己信託における預金の移動

自己信託では預金の権利者が変わるわけではない。しかし，信託としての機能を発揮させるために，信託専用の口座を開設して，当該口座に預金を移動することが望ましい。

（イ）自己信託の場合の登記

自己信託では権利の移転は伴わないが，固有財産だった財産が信託財産に属することになる点で，権利の変更（不動産登記法3条）に該当し，信託財産となった旨の権利の変更の登記を要する。また，自己信託による権利の変更の登記の申請は，受託者が単独で申請する。

なお，自己信託に係る信託の登記は，当該権利の変更の登記と同時にすべきこととされ（不動産登記法98条1項），信託登記の申請と権利変更登記の申請とは，同時（一の申請情報）にしなければならない（不動産登記令5条2項）。

168   第4章   信託契約書の作成事例

エ　条項例

（信託財産―預金）

第3条　委託者は，本意思表示後，遅滞なく，信託財産目録記載3の預金を払い戻す。

2　受託者は，前項の払戻金を第15条の区分に応じて分別管理する。

（信託財産―信託不動産）

第4条　受託者は，本信託後直ちに，単独で，信託財産目録記載1及び2の信託不動産（以下「本件信託不動産」という。）が信託財産となった旨の権利の変更の登記申請を行う。

2　受託者は，前項の登記申請と同時に，信託の登記の申請を行う。

3　前2項の登記費用は，受託者が信託財産から支出する。

(5)　**委託者**

委託者の意義，信託法の規定及び検討事項については，【基本事例】（高齢者の財産保護）45頁を参照。

(6)　**受託者**

**ア　**受託者の意義，信託法の規定及び検討事項については，【基本事例】（高齢者の財産保護）50頁を参照。

イ　本事例の検討

（ア）後継受託者の必要性

受託者Xが死亡，後見開始又は保佐開始の審判を受けたことにより信託事務を行えなくなった場合にも，他の受益者が存在する限り本信託を存続させる必要がある。委託者兼受託者兼受益者X，受益者A及び受益者B全員が死亡するまでは信託が存続することからすると，当初受託者Xのみならず後継の受託者Cが必要となる。[1]

1）実際の受託者の交代手続を簡素化するためには，一般社団法人を受託者として，定款に代表理事の交代手続を明示しておく方法も考えられる。なお，一般社団法人を受託者とする信託に関しては，【事例7】（受託者に一般社団法人を活用するケース）182頁参照。

（イ）受益者が複数の場合の受託者の義務

受託者を含む複数の受益者が存在する場合には，忠実義務及び公平義務を強調する必要性が高いので，これらの義務を明示した独立の条項を設けることが適切である。

（忠実義務）

信託法30条　受託者は，受益者のため忠実に信託事務の処理その他の行為をしなければならない。

（利益相反行為の制限）

信託法31条　受託者は，次に掲げる行為をしてはならない。

一　信託財産に属する財産（当該財産に係る権利を含む。）を固有財産に帰属させ，又は固有財産に属する財産（当該財産に係る権利を含む。）を信託財産に帰属させること。

二　信託財産に属する財産（当該財産に係る権利を含む。）を他の信託の信託財産に帰属させること。

三　第三者との間において信託財産のためにする行為であって，自己が当該第三者の代理人となって行うもの

四　信託財産に属する財産につき固有財産に属する財産のみをもって履行する責任を負う債務に係る債権を被担保債権とする担保権を設定することその他第三者との間において信託財産のためにする行為であって受託者又はその利害関係人と受益者との利益が相反することとなるもの

2　前項の規定にかかわらず，次のいずれかに該当するときは，同項各号に掲げる行為をすることができる。ただし，第2号に掲げる事由にあっては，同号に該当する場合でも当該行為をすることができない旨の信託行為の定めがあるときは，この限りでない。

一　信託行為に当該行為をすることを許容する旨の定めがあるとき。

二　受託者が当該行為について重要な事実を開示して受益者の承認を得たとき。

三　相続その他の包括承継により信託財産に属する財産に係る権利が固有財産に帰属したとき。

四　受託者が当該行為をすることが信託の目的の達成のために合理的に必要と認められる場合であって，受益者の利益を害しないことが明らかであるとき，又は当該行為の信託財産に与える影響，当該行為の目的及び態様，受託者の受益者との実質的な利害関係の状況その他の事情に照らして正当

170　第4章　信託契約書の作成事例

> な理由があるとき。
> 3〜7　省略
> **信託法32条**　受託者は，受託者として有する権限に基づいて信託事務の処理と
> してすることができる行為であってこれをしないことが受益者の利益に反す
> るものについては，これを固有財産又は受託者の利害関係人の計算でしては
> ならない。
> 2　前項の規定にかかわらず，次のいずれかに該当するときは，同項に規定す
> る行為を固有財産又は受託者の利害関係人の計算ですることができる。ただ
> し，第2号に掲げる事由にあっては，同号に該当する場合でも当該行為を固
> 有財産又は受託者の利害関係人の計算ですることができない旨の信託行為の
> 定めがあるときは，この限りでない。
> 一　信託行為に当該行為を固有財産又は受託者の利害関係人の計算ですること
> とを許容する旨の定めがあるとき。
> 二　受託者が当該行為を固有財産又は受託者の利害関係人の計算ですること
> について重要な事実を開示して受益者の承認を得たとき。
> 3〜5　省略
> （公平義務）
> **信託法33条**　受益者が2人以上ある信託においては，受託者は，受益者のため
> に公平にその職務を行わなければならない。

　　ウ　条項例

（受託者）

第9条　本信託の受託者は，委託者Xである。

　　　　当初受託者　住所　　　東京都○○市○○町△−△−△

　　　　　　　　　　氏名　　　Ｘ

　　　　　　　　　　生年月日　昭和○○年○月○日

　2　当初受託者が死亡し，後見開始若しくは保佐開始の審判を受け，そ
　　の他信託事務を行えなくなった場合またはXが受託者の交代を希望し
　　た場合には，以下の者を後継受託者に指名する。[2]

2）後継受託者の指名の条項に関しては，あえて信託法の条文を引用する条項例も考えら
　れる。条項例「Xが受託者の交代を希望した場合又は受託者Xについて死亡，後見若し

【事例6】 4 信託条項の検討 171

後継受託者　住所　　　○○県○○市○○町△－△－△

　　　　　　氏名　　　C

　　　　　　生年月日　昭和○○年○月○日

（忠実義務）

第13条　受託者は，受益者らに対し，忠実に，信託財産の管理，処分その他の信託事務を処理しなければならない。

（公平義務）

第14条　受託者は，受益者らに対し，公平に，信託財産の管理，処分その他の信託事務を処理しなければならない。

---

(7)　受益者

　　ア　受益者の意義，信託法の規定及び検討事項については，【基本事例】（高齢者の財産保護）65頁を参照。

　　イ　検　討

　　（ア）姉A及び姪Bの受益権割合

　当初受託者であるXを唯一の受益者とすることはできないので（信託法163条2号参照），姉Aと姪Bを当初受益者に入れざるをえないが，[3] 姉Aと姪Bの受益権割合をどうするかは問題であり，贈与税の課税も視野に入れた慎重な検討が必要である。本件では，現在行われている相談者Xの姉Aに対する扶養及び姉Aから姪Bに対する扶養が継続されることを前提に，最小限の受益権を姉Aと姪Bに与えることを念頭に，受益権割合を明確に定めた。

　　（イ）第二次受益者の指定

　また，委託者兼受託者兼受益者Xより先に姉A及び姪Bが死亡した場合には，Xが単独受益者となる結果，受託者と受益者が同一人となり，信託が終了しないようにするため受託者の変更を迫られることは望ましくない（信託

　くは保佐の審判を受ける等信託法56条1項に定める『受託者の任務の終了事由』が生じた場合の後継受託者として以下の者を指定する。」

3）姉A及び姪Bを当初受益者としているため，信託開始時点で贈与税が発生する点に留意しなければならない。

172　第4章　信託契約書の作成事例

法163条2号参照）。そこで，姉A・姪Bが死亡した後には甥Cを第二次受益
者とすることとした。

　　ウ　条項例

（受益者）

第19条　本信託の受益者として，委託者兼受託者X，A及びBを指定し，
　　　Xは8割，Aは1割，Bは1割の割合による受益権を取得する。

　　　　　　受益者　　　住所　　　　　○○県○○市○○町△－△－△

　　　　　　　　　　　　氏名　　　　　A

　　　　　　　　　　　　生年月日　　昭和○○年○月○日

　　　　　　受益者　　　住所　　　　　○○県○○市○○町△－△－△

　　　　　　　　　　　　氏名　　　　　B

　　　　　　　　　　　　生年月日　　平成○○年○月○日

2　受益者Xが死亡したときは，同人が有していた受益権は消滅し，他
　の当初受益者が消滅した受益権と同じ割合の受益権を取得する。他の
　受益者が複数の場合には，均等の割合で受益権を取得する。

3　当初受益者A又は当初受益者Bが死亡したときは，同人が有してい
　た受益権は消滅し，以下の者が消滅した受益権と同じ割合の受益権を
　取得する。

　　　　　第二次受益者　　住所　　　　○○県○○市○○町△－△－△

　　　　　　　　　　　　　氏名　　　　C

　　　　　　　　　　　　　生年月日　　昭和○○年○月○日

⑻　その他の検討が必要な条項─信託関係人

　　ア　信託監督人及び受益者代理人の意義，信託法の規定及び検討事項に
　　　ついては，【基本事例】（高齢者の財産保護）71頁を参照。

　　イ　信託法の規定

　受益者代理人が選任されると，その受益者代理人に代理される受益者は信
託法92条各号に掲げる権利及び信託行為に定めた権利を除いて，権利を行使
することができなくなる。

【事例6】 4 信託条項の検討　173

> （受益者代理人の権限等）
> 信託法139条　1～3　省略
> 4　受益者代理人があるときは，当該受益者代理人に代理される受益者は，第
> 92条各号に掲げる権利及び信託行為において定めた権利を除き，その権利を
> 行使することができない。

ウ　本事例の検討

知的障害の姪Bには自発的な権利行使が期待しにくい。そこで，姪Bには受益者代理人を就け，適切な受益権の行使ができるようにすべきである。高齢の姉Aについても同様である。

(9)　その他の検討が必要な条項—信託の計算

信託の計算の意義，信託法の規定及び検討事項については【基本事例】（高齢者の財産保護）77頁を参照。

(10)　その他の検討が必要な条項—信託の変更

ア　信託の変更の意義，信託法の規定及び検討事項は，【基本事例】（高齢者の財産保護）80頁を参照。

(11)　その他の検討が必要な条項—信託の終了

ア　信託の終了の意義，信託法の規定及び検討事項については【基本事例】（高齢者の財産保護）82頁を参照。

イ　本事例の検討

本事例では，当初受益者（相談者X，姉A，姪B）が全員死亡したときに信託終了とすることとした。

ウ　条項例

> （信託の終了事由）
> 第26条　本信託は，X，A及びBの死亡により終了する。

174 第4章 信託契約書の作成事例

5 自己信託設定公正証書例

自己信託設定公正証書

　本公証人は，信託設定者X（以下「委託者」または「委託者X」という。）
の嘱託により，次の法律行為に関する陳述の趣旨を録取し，この証書を作成す
る。

【信託目的】
（信託目的）
第1条　本信託の信託目的は，以下のとおりである。
　　受託者が信託財産目録記載の財産（以下「本件信託財産」という。）を管理
　　または処分等することにより
　⑴　受益者X，受益者A及び受益者Bの生涯にわたる安心・安全な生活及び
　　　福祉を図ること。
　⑵　第二次受益者（兼残余財産受益者）Cへの資産承継を実現すること。
【信託行為】
（自己信託設定の意思表示）
第2条　委託者は，平成○○年○月○日，前条の目的に従い，第3条及び第4
　　条記載の財産について，自己を信託の受託者として，受益者のために，当該
　　財産の管理，処分およびその他本信託目的の達成のための必要な行為を行う
　　ものとして信託する（以下，「本信託」という。）。
2　本信託は，本公正証書作成と同時に効力が発生するものとする。
【信託財産】
（信託財産—預金）
第3条　委託者は，本意思表示後，遅滞なく，信託財産目録記載3の預金を払
　　い戻す。
2　受託者は，前項の払戻金を第15条の区分に応じて分別管理する。
（信託財産—信託不動産）
第4条　受託者は，本信託後直ちに，単独で，信託財産目録記載1及び2の信
　　託不動産（以下「本件信託不動産」という。）が信託財産となった旨の権利

の変更の登記申請を行う。

2　受託者は，前項の登記申請と同時に，信託の登記の申請を行う。

3　前2項の登記費用は，受託者が信託財産から支出する。

（信託不動産の瑕疵に係る責任）

第5条　受託者は，信託期間中及び信託終了後，信託不動産の瑕疵及び瑕疵より生じた損害について責任を負わない。

（信託の追加）

第6条　委託者は，受託者の同意を得て，金銭を本信託に追加することができる。

【委託者】

（委託者）

第7条　本信託の委託者は，X（昭和〇〇年〇月〇日生，住所：東京都〇〇市〇〇町△-△-△）である。

（委託者の地位の不承継）

第8条　委託者が死亡した場合，委託者の権利は消滅し相続人に承継されない。

【受託者】

（受託者）

第9条　本信託の受託者は，委託者Xである。

　　　　　当初受託者　　住所　　　　東京都〇〇市〇〇町△-△-△

　　　　　　　　　　　　氏名　　　　X

　　　　　　　　　　　　生年月日　　昭和〇〇年〇月〇日

2　当初受託者が死亡，後見開始若しくは保佐開始の審判を受け，その他信託事務を行えなくなった場合またはXが受託者の交代を希望した場合には，以下の者を後継受託者に指名する。

　　　　　後継受託者　　住所　　　　〇〇県〇〇市〇〇町△-△-△

　　　　　　　　　　　　氏名　　　　C

　　　　　　　　　　　　生年月日　　昭和〇〇年〇月〇日

（受託者の信託事務）

第10条　受託者は，以下の信託事務を行う。

　(1)　信託財産目録記載1及び2の信託不動産を管理，処分すること。

　(2)　上記1号に基づく信託不動産の管理，処分に関し金融機関より借入を行

うこと（当該借入ために信託不動産に担保権を設定することを含む。）。

⑶　信託財産目録記載2の信託不動産について火災保険等の保険を付すること（当該保険金請求権に担保権を設定することを含む。）。

⑷　信託財産目録記載2の信託不動産を第三者に賃貸し，第三者から賃料を受領すること。

⑸　前号によって受領した賃料を，上記1号の信託不動産を管理するために支出すること。

⑹　上記1号，2号及び4号において売却代金，受領した借入金及び賃料を管理し，受益者の生活費，医療費及び介護費用等に充てるため支出すること。

⑺　信託財産に属する金銭及び預金を管理し，受益者の生活費，医療費及び介護費用等に充てるために支出すること。

⑻　その他信託目的を達成するために必要な事務を行うこと。

（信託事務処理の第三者への委託）

第11条　受託者は，本件信託不動産の管理を第三者に委託することができる。

（善管注意義務）

第12条　受託者は，信託財産の管理，処分その他の信託事務について善良な管理者の注意をもって処理しなければならない。

（忠実義務）

第13条　受託者は，受益者らに対し，忠実に，信託財産の管理，処分その他の信託事務を処理しなければならない。

（公平義務）

第14条　受託者は，受益者らに対し，公平に，信託財産の管理，処分その他の信託事務を処理しなければならない。

（分別管理義務）

第15条　受託者は，信託財産に属する金銭及び預金と受託者の固有財産とを，以下の各号に定める方法により，分別して管理しなければならない。

⑴　金銭　信託財産に属する財産と受託者の固有財産とを外形上区別することができる状態で保管する方法

⑵　預金　信託財産に属する預金専用の口座を開設する方法

（帳簿等の作成・報告・保存義務）

第16条　本信託の計算期間は，毎年1月1日から6月30日まで及び7月1日から12月31日までとする。ただし，第1期の計算期間は，信託開始日から平成○○年12月31日までとする。

2　受託者は，信託事務に関する計算を明らかにするため，信託財産に属する財産及び信託財産責任負担債務の状況を記録しなければならない。

3　受託者は，信託財産に関し，第1項の信託期間に対応する信託財産目録及び収支計算書を当該計算期間が満了した月の翌月末日までに作成しなければならない。

4　受託者は，信託財産目録記載2の信託不動産を第三者に賃貸することに関し，賃借人の退去，新たな賃借人の入居及び賃料並びに管理費の変更など賃貸借契約の当事者及び内容等に変更があった場合には，その経過報告書を作成しなければならない。

5　受託者は，第3項記載の信託財産目録及び収支計算書を，第3項により決められた期日までに，受益者代理人に提出しなければならない。

6　受託者は，第4項記載の経過報告書を，その作成の都度，受益者代理人に提出しなければならない。

7　受託者は，第2項に基づき作成した帳簿は作成の日から10年間，第5項並びに前項に基づき受益者代理人に提出した書類は信託の清算の結了の日までの間，保存しなければならない。

（信託費用の償還）

第17条　受託者は，信託事務処理に係る費用を，直接，信託財産から償還を受けることができる。

2　受託者は，受益者から信託事務処理に係る費用の償還または前払いを受けることができる。

（信託報酬）

第18条　受託者は無報酬とする。

【受益者】

（受益者）

第19条　本信託の受益者として，委託者兼受託者X，A及びBを指定し，Xは8割，Aは1割，Bは1割の割合による受益権を取得する。

　　　　受益者　　住所　　　○○県○○市○○町△－△－△

178 第4章 信託契約書の作成事例

```
              氏名      A
              生年月日   昭和○○年○月○日
      受益者    住所      ○○県○○市○○町△－△－△
              氏名      B
              生年月日   平成○○年○月○日
```

2 受益者Xが死亡したときは,同人が有していた受益権は消滅し,他の当初受益者が消滅した受益権と同じ割合の受益権を取得する。他の受益者が複数の場合には,均等の割合で受益権を取得する。

3 当初受益者A又は当初受益者Bが死亡したときは,同人が有していた受益権は消滅し,以下の者が消滅した受益権と同じ割合の受益権を取得する。

```
      第二次受益者    住所      ○○県○○市○○町△－△－△
                  氏名      C
                  生年月日   昭和○○年○月○日
```

（受益権）

第20条 受益者は,受益権として以下の内容の権利を有する。

⑴ 信託財産目録記載2の信託不動産を第三者に賃貸したことによる賃料から給付を受ける権利

⑵ 本件信託不動産が処分された場合には,その代価から給付を受ける権利

⑶ 信託財産に属する預金及び現金から給付を受ける権利

（給付方法）

第21条 受託者は,受益者の生活,医療,介護等の需要に応じるため,下記のとおり,定期又は随時に,信託財産から受益者に金銭を給付する。ただし,当初受益者Bに対する給付は,随時給付のみとする。[4]

⑴ 定期給付

受託者は,本信託に係る計算期間に対応した決算を行い,収入から費用を控除した収益の○○％に受益権割合を乗じた金額を,決算後2月以内に,指定された受益者名義の銀行口座に振り込む。[5]

4）姪Bに対する交付を随時交付に限定しているのは,姪Bの相続に関しては相続人不存在で国庫帰属となる可能性があるので（民法959条）,姪Bのところに多額の財産が貯まることは望ましくないとの判断からである。

5）受託者には,各受益者に対する給付金額が各受益者の受益割合に合致するように努め

【事例6】 5 自己信託設定公正証書例 179

(2) 随時給付

医療，介護，生活，娯楽等正当な事由に基づく金銭給付の必要性があり，受託者が相当であると判断したときは，受託者は，その都度，必要額を受益者名義の銀行口座に振り込み，または，適切な方法で支出する。

（受益権の譲渡禁止）

第22条 受益者は，受益権を譲渡又は質入れすることはできない。

【信託関係人】

（受益者代理人）

第23条 当初受益者A及びBの受益者代理人として，以下の弁護士を指定する。

　　　　住所　　　東京都○○区○○△丁目△番△号　○○○法律事務所

　　　　職業　　　弁護士

　　　　氏名　　　G

　　　　生年月日　昭和○○年○月○日　省略

（受益者代理人の辞任）

第24条 B以外の受益者が存在する場合，受益者代理人は，B以外の受益者及び受託者の同意を得て辞任することができる。

2 B以外の受益者が存在しない場合，受益者代理人は，受託者の同意を得て辞任することができる。

第25条 受益者代理人の報酬は，以下のとおりとする。

　　　　　　略

【信託期間，信託の終了】

（信託の終了事由）

第26条 本信託は，X，A及びBの死亡により終了する。

（残余財産受益者等）

第27条 第二次受益者Cを本信託の残余財産受益者に指定する。

2 X，A，及びBが同時に死亡した場合，Cを帰属権利者として指定する。

信 託 財 産 目 録

（省略）

る努力義務が課されるものと考えられるが，努力のうえで受益割合に合致しない結果のまま本信託が終了したとしても，義務違反にはならないものと考えられる。

180　第4章　信託契約書の作成事例

コラム

税務調書

1　相続税法上の信託に関する受益者別（委託者別）調書

　平成19年度の信託税制の改正において，信託に関する受益者別（委託者別）調書の提出義務者の範囲が拡大され，原則として全ての受託者が提出しなければならなくなった。また，信託設定時のみならず，受益者等を変更した時や信託の終了時等にも調書を提出することになった（相続税法59条2項本文）。

　ただし，信託設定時の調書提出に関し，「委託者と受益者等とが同一である信託」は，適用除外とされている（相続税法59条2項ただし書。相続税法施行規則30条3項5号イ(4)）。

　したがって，委託者が受益者でもある自益信託の場合，信託設定時点で受託者は信託に関する受益者別（委託者別）調書を提出する必要はない。

　これに対し，自益信託が委託者兼受益者の死亡により終了せず，第二次受益者へ変更したときには相続税法59条2項2号により，また，自益信託が委託者兼受益者の死亡により終了した場合には相続税法59条2項3号により，調書の提出が必要となる。

　また，当初より委託者と受益者が異なる他益信託の場合には，信託設定時点から，受託者は信託に関する受益者別（委託者別）調書を提出する必要がある。

2　所得税法上の信託の計算書

　信託財産に係る収益の額の合計額がその年で3万円を超える場合には，受託者は，翌年の1月31日までに信託の計算書及びその合計表を受託者の住所地の税務署に提出する必要がある（所得税法227条，所得税法施行規則96条2項）。

　また，所得税法上の信託の計算書については，適用除外が定められておらず，自益信託の場合にも，受託者に提出義務が認められて

いる。

　そもそも，相続税法上の調書は，受益者の贈与税・相続税を捕捉する目的で受託者に提出義務が課されているものとみられる。しかるに，自益信託の設定時点では，受益者に贈与税・相続税が発生しないため，適用除外にされているものと解される。

　これに対し，所得税法上の調書が受益者の所得を捕捉する目的で受託者に提出義務が課されているものだとして，自益信託でも受益者には所得税が発生する。したがって，自益信託が適用除外とされる理由はないと解される。

3　信託条項

　受託者に税務調書の提出義務がある場合には，信託契約書には，受託者の義務として，相続税法上の信託に関する受益者別（委託者別）調書や所得税法上の信託の計算書の作成・税務署への提出を記載しておくことも検討すべきである。

【事例7】受託者に一般社団法人を活用するケース

1 事 例

> 相談者X（40）の父A（65）は，先祖から受け継いだ多数の不動産を有している。
> 相談者Xは，父Aから不動産の管理を委託されているが，相談者Xは海外での仕事も多いため，自らに万が一のことがあった場合，不動産の管理が滞るのではないか心配である。また，相談者Xには，弟B（38）と弟C（35）がいるが，不動産の処遇については，兄弟で相談して決めたいとも考えている。一方，父Aには，長い付き合いの顧問弁護士Dがいて，弁護士Dも参画してもらいたいと考えている。

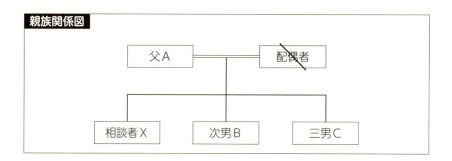

親族関係図

2 検 討

(1) 受託者としての一般社団法人の利用

信託を組成する際に，受託者の人選が問題点として浮上する場合がある。例えば，受託者が成年後見状態に陥ってしまった場合や，死亡した場合には信託のスキームが麻痺してしまうことになる。そこで，受託者に法人を選定することが考えられる。

この点，一般的には，株式会社を受託者にすることはできない。法人は，定款で定められた目的の範囲内において権利を有し，義務を負う（民法34

条）が，株式会社が行う信託の引受けは，「信託の引受けを行う営業」となってしまい（会社法5条，信託業法2条1項），信託業の免許（信託業法3条）または登録（信託業法7条）を受けない限り，「信託の引受け」を目的とすることができないからである。

そこで，ある信託における一回限りの信託の引受けを目的とした一般社団法人を設立し，当該一般社団法人を受託者とすることが考えられる。

一般社団法人には，意思決定機関としての社員総会と，執行機関としての理事が置かれる。本事例のような場合，Xは，海外にいるために，信託事務の執行はできない。しかし，一般社団法人を設立し，その社員として信託の意思決定に参加することができる。

また，理事会設置一般社団法人を除く一般社団法人では，その組織，運営，管理その他一般社団法人に関する一切の事項は社員総会で決議し（一般社団法人及び一般財団法人に関する法律（以下，「一般法人法」という）35条1項），その決議では，原則として，総社員の議決権の過半数を有する社員が出席し，出席した社員の議決権の過半数をもって行うとされている（一般法人法49条1項）。本事例のように，家族間で話し合って信託の方向性を決めたい場合には，一般社団法人の利用が有用である。

(2) 一般社団法人を用いる場合の注意点

前述のように，受託者として一般社団法人を用いることにより，受託者が成年後見状態になることや死亡することから生じる信託スキームの停滞を防止することができる。また，一般社団法人は死亡することがないので，長期間にわたる信託スキームの構築も可能となる。

しかしながら，一般社団法人を設立したにもかかわらず，社員総会が全く開催されず，受託者たる一般社団法人の財産と委託者の財産が分別管理されていないなどの場合には，信託の成立自体が認められない可能性もあるため注意を要する。

一般社団法人が機能している場合でも，社員総会の決議において，社員の意見が割れてしまった場合には，受託者としての意思決定が行えないという事態に陥る。このような場合に備えて，議決権の数（一般法人法48条）や社員総会の決議（一般法人法49条1項）について定款に別段の定めを設けてお

184 第4章 信託契約書の作成事例

くことも有用である。

　さらに，一般社団法人を受託者に用いるスキームでは，信託の終了時期と併せて一般社団法人自体の終了時期・終了事由も検討すべきである。

(3)　一般社団法人の設立手続

　一般社団法人を設立するためには，定款を作成し（一般法人法10条），公証人の認証を受け（一般法人法13条），設立の登記をしなければならない（一般法人法301条1項）。

　通例，一般社団法人の設立については，司法書士に依頼することになる（信託に適した定款の作成が必要になるため，信託実務に精通した司法書士が望ましい。）。

(4)　信託制度の活用

　本スキームは，信託を活用し，財産の権利者を高齢者である父Aから一般社団法人に転換することにより，財産の長期的管理を実現するものである。

(5)　課税関係

　一般的に，一般社団法人は，公益目的事業を主たる目的とするものではなく（公益社団法人及び公益財団法人の認定等に関する法律2条4号），また，非営利型法人にも該当しないため（法人税法2条9の2号，法人税法施行令3条），普通法人として法人の全ての所得が課税対象となる。

　しかし，信託において，課税は，原則として受益者に対して行われる。信託された財産の所有権は，委託者から受託者である一般社団法人に移転するが，税法上は，実質的な信託財産の所有権は，受益者にあると考えられる（所得税法12条）ためである。

　したがって，税法上，信託の受益者（受益者としての権利を現に有するものに限る。）は，当該信託の信託財産に属する資産及び負債を有するものとみなし，かつ，当該信託財産に帰せられる収益及び費用は当該受益者の収益及び費用とみなされる（所得税法13条1項）。

3 基本的事項及びスキーム図

(1) 信託目的

父Aの福祉の確保並びに父Aが先代から受け継いだ財産の管理及び円滑な子孫への承継

(2) 信託行為

父Aと一般社団法人Yとの間の信託契約

(3) 信託財産

自宅不動産，賃貸不動産，金銭

(4) 当事者

　ア　委託者　父A
　イ　受託者　一般社団法人Y
　ウ　受益者　父A（自益信託）

(5) 信託期間

委託者Aが死亡するまで。

(6) スキーム図

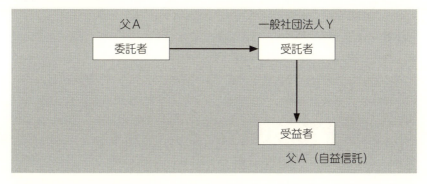

4 信託条項の検討

(1) 本事例のポイント

本事例では，受託者が法人である場合の信託法上の諸規定，法人の理事に専門職が就任することの適否について検討することになる。

186   第4章　信託契約書の作成事例

⑵　信託目的

信託目的の意義，信託法の規定及び検討事項については，【基本事例】（高齢者の財産保護）33頁を参照。

⑶　信託行為

信託行為の意義，信託法の規定及び検討事項については，【基本事例】（高齢者の財産保護）38頁を参照。

⑷　信託財産

信託財産の意義，信託法の規定及び検討事項については，【基本事例】（高齢者の財産保護）39頁を参照。

⑸　委託者

委託者の意義，信託法の規定及び検討事項については，【基本事例】（高齢者の財産保護）45頁を参照。

⑹　受託者

　ア　受託者の意義，信託法の規定及び検討事項については，【基本事例】（高齢者の財産保護）50頁を参照するほか，受託者が法人の場合の信託法の規定を確認する。

　イ　信託法の規定

本件では，一般社団法人を受託者としているが，このように，法人を受託者とすることもできる（信託法41条ほか）。

そこで，ここでは，受託者が法人である場合の信託法の規律をまとめる。

まず，法人受託者の理事，取締役もしくは執行役またはこれらに準じる者は，法人が信託法40条の損失のてん補または原状の回復をする責任を負う場合において，法人の行った法令または信託行為の定めに違反する行為につき悪意または重大な過失があるときは，受益者に対して，法人と連帯して，損失のてん補または原状の回復をする責任を負う（信託法41条）。[1] 受益者はこの責任を免除することができ（信託法42条2号），当該責任に係る債権には10年の消滅時効（信託法43条2項）と20年の除斥期間（信託法43条4項）が定められている。

1）当該損失のてん補又は原状の回復の請求権は，信託行為の定めをもってしても制限することはできない（信託法92条10号）。

> **（法人である受託者の役員の連帯責任）**
> **信託法41条** 法人である受託者の理事，取締役若しくは執行役又はこれらに準
> ずる者は，当該法人が前条の規定による責任を負う場合において，当該法人
> が行った法令又は信託行為の定めに違反する行為につき悪意又は重大な過失
> があるときは，受益者に対し，当該法人と連帯して，損失のてん補又は原状
> の回復をする責任を負う。
>
> **（損失てん補責任等の免除）**
> **信託法42条** 受益者は，次に掲げる責任を免除することができる。
> 一 第40条の規定による責任
> 二 前条の規定による責任
>
> **（損失てん補責任等に係る債権の期間の制限）**
> **信託法43条** 第40条の規定による責任に係る債権の消滅時効は，債務の不履行
> によって生じた責任に係る債権の消滅時効の例による。
> 2 第41条の規定による責任に係る債権は，10年間行使しないときは，時効に
> よって消滅する。
> 3 省略
> 4 前項に規定する債権は，受託者がその任務を怠ったことによって信託財産
> に損失又は変更が生じた時から20年を経過したときは，消滅する。

　ウ　本事例の検討

　一般社団法人を受託者としても，信託条項上特別の規定を設ける場合は少
ない。

　一般社団法人を受託者とした場合は，むしろ一般社団法人内部での規律や
意思決定方法が重要になってくるため，定款や社員間契約で統制することに
なる。

　(7)　**受益者**

　受益者の意義，信託法の規定及び検討事項については，【基本事例】（高齢
者の財産保護）65頁を参照。

　(8)　**その他の検討が必要な条項―信託関係人**

　ア　信託関係人

　信託関係人としては，信託監督人，受益者代理人等がある。信託監督人及

188　第4章　信託契約書の作成事例

び受益者代理人の意義，信託法の規定及び検討事項については，【基本事例】（高齢者の財産保護）71頁を参照。

　イ　本事例の検討

　一般社団法人の運営について，専門的知見を活用するため，弁護士や税理士などの専門職が理事として参画することによって，信託の監理監督をすることができる。

　一般社団法人では，業務執行機関として理事を設置する（一般法人法76条1項）。理事の資格については，法人や成年被後見人はなれないなどの一定の制限はあるが（一般法人法65条），専門職が就任できないとの規定はない。

　もっとも，信託監督人のように，専門職が単独で受託者を監督するための権限（信託法92条参照）を行使することができるわけではなく，あくまで受託者たる一般社団法人の内部の統制に留まる。

　(9)　その他の検討が必要な条項──信託の計算

　信託の計算の意義，信託法の規定及び検討事項については【基本事例】（高齢者の財産保護）77頁を参照。

　(10)　その他の検討が必要な条項──信託の変更

　信託の変更の意義，信託法の規定及び検討事項は，【基本事例】（高齢者の財産保護」80頁を参照。

　(11)　その他の検討が必要な条項──信託の終了

　信託の終了の意義，信託法の規定及び検討事項については【基本事例】（高齢者の財産保護）82頁を参照。

5　信託契約書例

　委託者Ａと受託者Ｙは，以下のとおり，信託契約を締結した。

【信託目的】

第1条　本信託の信託目的は，以下のとおりである。

　　委託者の信託財産を受託者が管理または処分等することにより

　(1)　受益者の幸福な生活と福祉を確保し，もって生涯にわたる受益者の安定

【事例7】 5 信託契約書例 189

した生活と最善の福祉を確保するための支援等を行うこと。

(2) 信託財産が，Aが先代から受け継いできた財産であることに鑑み，適切な管理を行い，A家の子孫に円滑に承継されること。

【信託行為】

（信託契約）

第2条 委託者は，本契約の締結の日（以下「信託開始日」という。）に，前項の目的に基づき，別紙信託財産目録記載の財産（以下「信託財産」という。）を受託者に信託し，受託者はこれを引き受けた（以下本契約に基づく信託を「本信託」という。）。

【信託財産】

（信託財産─預金）

第3条 委託者は，信託契約締結後，遅滞なく，信託財産目録4記載の預金を払い戻し，当該払戻金を受託者に引き渡す。

2 受託者は，前項の払戻金を第13条の区分に応じて分別管理する。

（信託財産─信託不動産）

第4条 信託財産目録1ないし3記載の信託不動産の所有権は，本信託開始日に，受託者に移転する。

2 委託者及び受託者は，本契約後直ちに，前項信託不動産について所有権移転の登記申請を行う。

3 受託者は，前項の登記申請と同時に，信託の登記の申請を行う。

4 前2項の登記費用は，受託者が信託財産から支出する。

（信託不動産の瑕疵に係る責任）

第5条 受託者は，信託期間中及び信託終了後，信託不動産の瑕疵及び瑕疵により生じた損害について責任を負わない。

（信託の追加）

第6条 委託者は，受託者の同意を得て，金銭を本信託に追加することができる。

【委託者】

（委託者）

第7条 本信託の委託者は，A（住所：東京都○○区×××○丁目○番○号，生年月日：昭和○年○月○日）である。

第8条　委託者が死亡した場合，委託者の権利は消滅し相続人に承継されない。

【受託者】

（受託者）

第9条　本信託の受託者は，以下のとおりとする。

　　主たる事務所：東京都○○区×××○丁目○番○号

　　名称　　一般社団法人Ｙ

（受託者の信託事務）

第10条　受託者は，以下の信託事務を行う。

⑴　信託財産目録記載１，２及び３の信託不動産を管理，処分すること。

⑵　信託財産目録記載２の信託不動産を第三者に賃貸し，第三者から賃料を受領すること。

⑶　前号によって受領した賃料を，上記１号の信託不動産を管理するために支出すること。

⑷　上記１号及び２号において受領した売却代金及び賃料を管理し，受益者の生活費，医療費及び介護費用等に充てるため支出すること。

⑸　信託財産に属する金銭及び預金を管理し，受益者の生活費，医療費及び介護費用等に充てるために支出すること。

⑹　信託財産目録記載３の信託不動産の売却代金を管理し，受益者の生活費，医療費及び介護費用等に充てるために支出すること。

⑺　その他信託目的を達成するために必要な事務を行うこと。

（信託事務処理の第三者への委託）

第11条　受託者は，信託財産目録記載２の不動産の管理を第三者に委託することができる。

（善管注意義務）

第12条　受託者は，信託財産の管理，処分その他の信託事務について善良な管理者の注意をもって処理しなければならない。

（分別管理義務）

第13条　受託者は，信託財産に属する金銭及び預金と受託者の固有財産とを，以下の各号に定める方法により，分別して管理しなければならない。

⑴　金銭　　信託財産に属する財産と受託者の固有財産とを外形上区別することができる状態で保管する方法

(2) 預金　　信託財産に属する預金専用の口座を開設する方法

（帳簿等の作成・報告・保存義務）

第14条　本信託の計算期間は，毎年１月１日から６月30日まで及び７月１日から12月31日までとする。ただし，第１期の計算期間は，信託開始日から平成○○年12月31日までとする。

2　受託者は，信託事務に関する計算を明らかにするため，信託財産に属する財産及び信託財産責任負担債務の状況を記録しなければならない。

3　受託者は，信託財産に関し，第１項の信託期間に対応する信託財産目録及び収支計算書を当該計算期間が満了した月の翌月末日までに作成しなければならない。

4　受託者は，信託財産目録記載２の信託不動産を第三者に賃貸することに関し，賃借人の退去，新たな賃借人の入居及び賃料並びに管理費の変更など賃貸借契約の当事者及び内容等に変更があった場合には，その経過報告書を作成しなければならない。

5　受託者は，第３項記載の信託財産目録及び収支計算書を，第３項により決められた期日までに，受益者に提出しなければならない。

6　受託者は，第４項記載の経過報告書を，その作成の都度，受益者に提出しなければならない。

7　受託者は，第２項に基づき作成した帳簿は作成の日から10年間，第５項並びに前項に基づき受益者に提出した書類は信託の清算の結了の日までの間，保存しなければならない。

（信託費用の償還）

第15条　受託者は，信託財産から信託事務処理に係る費用の償還を受けることができる。

2　受託者は，受益者から信託事務処理に係る費用の償還または前払いを受けることができる。

（信託報酬）

第16条　受託者は無報酬とする。

【受益者】

（受益者）

第17条　本信託の受益者は，委託者Ａである。

192 第4章 信託契約書の作成事例

（受益権）

第18条　受益者は，受益権として以下の内容の権利を有する。

⑴　信託財産目録記載2の信託不動産を第三者に賃貸したことによる賃料から給付を受ける権利

⑵　信託目録記載1及び2の信託不動産が処分された場合には，その代価から給付を受ける権利

⑶　信託財産目録記載3の信託不動産を生活の本拠として使用する権利

⑷　前号の信託不動産が処分された場合には，その代価から給付を受ける権利

⑸　信託財産目録記載4の預金から給付を受ける権利

（受益権の譲渡・質入れの禁止）

第19条　受益者は，受益権を譲渡又は質入れすることはできない。

【信託の変更】

（信託の変更）

第20条　本信託において，信託目的に反しないこと及び受益者の利益に適合することが明らかであるときに限り，受託者の書面による意思表示により，信託を変更することができる。

【信託の終了】

（信託の終了事由）

第21条　本信託は，受益者の死亡により終了する。

（残余財産受益者）

第22条　受益者の法定相続人を本信託の残余財産受益者として指定する。

6　一般社団法人の定款

⑴　総　論

　一般社団法人を設立するには，社員となろうとする者が定款を作成し，全員が署名または記名押印し（一般法人法10条1項），公証人の認証を受けなければならない（一般法人法13条）。

　一般社団法人の定款には，①目的，②名称，③主たる事務所の所在地，④

設立時社員の氏名または名称及び住所，⑤社員の資格の得喪に関する規定，⑥公告方法，⑦事業年度を記載しなければならない（一般法人法11条1項）。

(2) 注意点

社員に剰余金または残余財産の分配を受ける権利を与える旨の定款の定めは，その効力を有しない（一般法人法11条2項）。

社員たる資格を得る方法については，必要的記載事項ではないが，社員の閉鎖性を保ちたい場合には，記載しておくとよい（定款5条参照）。

理事が自己または第三者のために一般社団法人の事業の部類に属する取引をしようとするとき，または一般社団法人と理事の利益が相反する取引をするときは，理事は，社員総会において，当該取引について重要な事実を開示し，その承認を得なければならない（一般法人法84条）が，受託者たる一般社団法人では，社員が理事に就任し，理事たる社員は，その親族たる受益者のために取引をすることも多いため，定款で，「競業及び利益相反取引については，社員総会の承認を要しない」と規定することも考えられる。

(3) 一般社団法人定款例

一般社団法人Y定款

第1章　総　則

（名　称）

第1条　当法人は，一般社団法人Yと称する。

（目　的）

第2条　当法人は，Aの幸福な生活と福祉を確保し，もって生涯にわたるAの安定した生活と最善の福祉を確保するための支援等を行うことを目的とし，以下の事業を行う。

（1）　AからAの財産を信託財産とする信託の引受け

（2）　前号に附帯する一切の業務

（主たる事務所の所在地）

第3条　当法人は，主たる事務所を東京都○○区△△○丁目○番○号に置く。

（公告の方法）

第4条　当法人の公告は，官報に掲載してこれを行う。

194　第4章　信託契約書の作成事例

第2章　社　員

（社員の資格の得喪に関する事項）

第5条　社員たる資格の得喪については，以下のとおりとする。

　⑴　当法人の成立後に入社しようとする者は，総社員の同意がなければ社員
　　たる資格を得ることができない。

　⑵　社員は，当法人に対しその1年前までに書面にて予告していた場合に限
　　り，別に定める退社届を理事に提出して，任意に退社することができる。
　　ただし，やむを得ない事由があるときは，社員はいつでも退社することが
　　できる。

　⑶　前号のほか，社員は，次に掲げる事由の発生によって当然に退社する。

　　①　総社員の同意

　　②　死亡または失踪宣言を受けたとき。

　　③　後見開始，保佐開始または補助開始の審判または任意後見監督人選任
　　　の審判があったこと。

第3章　社　員　総　会

（社員総会）

第6条　当法人の定時社員総会は，各事業年度末日の翌日より3か月以内にこ
　れを開催し，臨時社員総会は，必要に応じて開催するものとする。

（招　集）

第7条　当法人の社員総会は，法令に別段の定めがある場合を除き，理事がこ
　れを招集するものとする。

2　社員総会を招集するには，会日より5日前までに，各社員に対して，その
　通知を発することを要する。ただし，社員全員の同意があるときは，招集の
　手続を省略して総会を開くことができる。

（議　長）

第8条　社員総会の議長は，代表理事がこれにあたる。

（決議の方法）

第9条　社員総会の決議は，法令または定款に別段の定めがある場合を除き，
　総社員の議決権の過半数を有する社員が出席し，出席した社員の議決権の過

半数をもって決定する。

2　当法人は，信託財産のうち不動産を処分する場合には，社員総会における総社員の同意による決議を要するものとする。

（議決権）

第10条　社員は，各1個の議決権を有する。

（書面決議等）

第11条　社員総会に出席しない社員は，理事が別に定める議決権行使書をもって議決権を行使することができる。この場合において，その議決権の数は前条の議決権の数に算入する。

2　社員は，委任状を理事に提出して，代理人によって議決権を行使することができる。この場合において，第9条の規定の適用については，その社員は総会に出席したものとみなす。

3　理事または社員が，総会の目的である事項について提案した場合において，その提案につき社員の全員が書面または電磁的記録により同意の意思表示をしたときは，その提案を可決する旨の総会の決議があったものとみなす。

（決議事項の通知）

第12条　社員総会において決議した事項は，各社員に通知する。

（議事録）

第13条　社員総会の議事については，法務省令に定めるところにより，議事録を作成しなければならない。

第4章　役　員

（役員の種別及び定数）

第14条　当法人には，理事4名以内を置く。

（役員の選任）

第15条　当法人の理事は，社員総会の決議において選任するものとする。

2　代表理事は，社員総会によって選定する。

（業務の執行）

第16条　当法人の業務執行は，理事が数人あるときはその過半数をもって決定する。

2　代表理事は，当法人を代表し，業務を統括する。

196　第4章　信託契約書の作成事例

（役員の任期）

第17条　理事の任期は，選任後2年以内に終了する事業年度のうち最終のもの
　　に関する定時社員総会終結の時までとする。

2　任期満了前に退任した理事の補欠として選任された理事または増員により
　　選任された理事の任期は，前任者または他の在任理事の任期の残存期間と同
　　一とする。

（報酬等）

第18条　理事は無報酬とする。ただし，社員総会において定める総額の範囲内
　　で，社員総会において定める報酬等の支給の基準に従って算定した報酬等と
　　して支給することができる。

2　理事に対して，その職務を行うために要する費用を弁償することができる。

3　前2項に関し必要な事項は，社員総会の決議により別に定める。

第5章　計　算

（事業年度）

第19条　当法人の事業年度は，毎年1月1日に始まり，同年12月31日に終わる。

第6章　定款の変更及び解散

（定款の変更）

第20条　この定款は，社員総会において総社員の半数以上であって総社員の議
　　決権の3分の2以上の決議を得なければ変更することができない。

（解散）

第21条　当法人は，一般社団法人及び一般財団法人に関する法律に規定する事
　　由によるほか第2条で定めた目的たる業務の成功の不能が確定した場合，解
　　散する。

（残余財産の帰属）

第22条　解散に伴い債務を完済した後に，当法人に残余財産があるときには，
　　社員総会の決議により，残余財産の帰属を定める（ただし，その存否または
　　額について争いのある債権に係る債務についてその弁済をするために必要と
　　認められる財産を留保した場合を除く。）。この場合，社員総会は，社員及び
　　解散の時において基金の返還に係る債権の債権者であった者に対して残余財

【事例7】 7 社員間契約 197

産を分配する旨を決議してはならないものとする。

第10章 附 則

（最初の事業年度）

第23条 当法人の最初の事業年度は，当法人成立の日から平成○○年12月31日
までとする。

（設立時の社員の氏名及び住所）

第24条 当法人の設立時社員の氏名及び住所は，次のとおりである。

　　　東京都○○区×××○丁目○番○号　　　A

　　　東京都△△区△△△○丁目○番○号　　　X

　　　東京都○○区◎◎◎○丁目○番○号　　　B

　　　東京都○○区●●●○丁目○番○号　　　C

（設立時の理事の氏名及び住所）

第25条 当法人の設立時の理事及び設立時代表理事は，以下のとおりとする。

　　　東京都△△区△△△○丁目○番○号　　　X

　　　東京都○○区◎◎◎○丁目○番○号　　　B

　　　東京都○○区●●●○丁目○番○号　　　C

　　　東京都××区▲▲▲○丁目○番○号　　　D

　　　設立時代表理事　　X

（法令の準拠）

第26条 この定款に定めのない事項は，全て一般社団法人及び一般財団法人に
関する法律その他の法令によるものとする。

7 社員間契約

(1) 総 論

前述のとおり，理事会設置一般社団法人を除く一般社団法人では，その組
織，運営，管理その他一般社団法人に関する一切の事項は社員総会で決議し，
その決議では，原則として，総社員の議決権の過半数を有する社員が出席し，
出席した社員の議決権の過半数をもって行うとされている。

198　第4章　信託契約書の作成事例

　しかし，信託契約及び一般社団法人の定款だけでは，どのような場合に理事の変更をするか，信託財産はどのように管理処分するか，又は信託給付の決定方法などが明らかでない。

　そこで，一般社団法人の意思決定に資するため，社員間契約を締結しておくことが有用である。

(2)　社員間契約例

社員間契約

　一般社団法人Y（以下「当法人」という。）の人事，運営並びに当法人がAから受託する信託財産の管理，処分及び運用方法について，当法人の社員であるX，A，B及びCの4名は，以下のとおり契約する。

（当法人の理事の選任）

第1条　当法人設立時の理事は，X，B，C及びDとする。

（当法人の代表理事の選任）

第2条　当法人の代表理事は，Xとする。

（理事の変更）

第3条　当法人の理事に，以下の事由が生じたときは，理事を変更することとし，新たな理事を社員総会において選任することができる。

　①　死亡

　②　事理を弁識する能力を欠く常況に至ったとき。

　③　事理を弁識する能力が著しく不十分になったとき。

　④　辞任

（代表理事の変更）

第4条　当法人の代表理事に，以下の事由が生じたときは，代表理事を変更することとし，新たな代表理事を社員総会において選任する。ただし，②及び③の事由については，医師の診断書により当該事由の存在が確認できる場合に限る。

　①　死亡

　②　事理を弁識する能力を欠く常況に至ったとき。

　③　事理を弁識する能力が著しく不十分になったとき。

（受益権の給付及び給付の変更）

第5条　委託者Aと受託者当法人との間で締結する別紙信託契約書（以下「本件信託契約書」という。）第18条に定める受益権に係る給付は，代表理事が，各理事に対し，受益権に係る給付を提案し，理事の過半数の同意を得た場合に行うこととする。

2　前項の受益権に係る給付の変更に際しては，代表理事が，各理事に対し，受益権に係る給付の変更をすることを提案し，理事の過半数の同意を得て，受益権に係る給付の変更を決定することとする。

（信託財産の管理，処分及び運用方法）

第6条　本件信託契約書第10条の定めに基づく当法人の信託財産の管理及び処分等は，当法人定款第9条第2項の場合を除いて理事の過半数の同意を得た場合に行うこととする。

（信託事務の第三者への委託）

第7条　本件信託契約書第11条の定めに基づき，当法人が相当と認める第三者に信託事務を委任する場合，信託事務を委任すること及び信託事務を委託する第三者は，理事の過半数の同意により決定することとする。

コ・ラ・ム

収益不動産を信託財産とする場合の実務上の注意点

　不動産から生じる賃料収入を受益者に給付することを主眼として，収益不動産（賃貸アパート，事業用ビル等）を信託財産とするケースも多い。ここでは，収益不動産を信託財産とする場合の注意点を指摘する。

　信託法14条では，「登記又は登録をしなければ権利の得喪及び変更を第三者に対抗することができない財産については，信託の登記又は登録をしなければ，当該財産が信託財産に属することを第三者に対抗することができない」とされている。一方，不動産の第三者対抗要件は登記である（民法177条）。したがって，不動産に関しては，委託者（不動産所有者）から受託者へ，所有権移転登記を行うことになる。

　委託者は，賃貸借契約の賃貸人である。不動産の所有権の移転に伴って，賃貸借契約の賃借人の承諾がなくとも，不動産の旧所有者（委託者）から新所有者（受託者）に，賃貸人の地位は移転する（最高裁判所昭和46年4月23日判決・最高裁判所民事判例集25巻3号388頁）。

　そうすると，受託者は，賃料を収受する権利（民法601条）を取得する一方で，賃借物の修繕義務（民法606条1項）や，費用償還義務（民法608条）などを負担することになるほか，不動産の固定資産税等の納付義務（地方税法343条1項・2項）を負担することになる。ただし，不動産取得税は賦課されない（地方税法73条の7第3号，形式的な所有権の移転等に関する非課税）。

　また，不動産から得られた賃料収入は，信託財産を構成する（信託法16条1号「信託財産に属する財産の管理……により受託者が得た財産」）。

　一方，賃貸人の地位の移転に関し，賃借人の承諾を得る必要がないことは前述のとおりであるが，実務上は，賃借人には，賃貸人が

変更したことを通知すべきである。なぜなら，賃料の受取人が委託者から受託者に変更になることを，賃借人に確知させる必要があるからである。一般的には，賃料を預貯金口座への振込で受領していることが多いと考えられるが，この場合，変更後の入金口座を通知することになる。

収益不動産に火災保険等を付保している場合，保険契約者の変更手続も必要になる。

不動産に係る敷金返還債務は，信託財産責任負担債務となる（信託法21条1項2号）。事業用不動産など，多額の敷金の預託を受けている場合には，賃貸借契約の終了による敷金の返還に備えて敷金相当額の現金を信託財産に拠出する必要がある。

なお，収益不動産から得られる収益は，それを享受する受益者が，所得として確定申告及び納税する必要がある。

【事例8】死後事務委任のための信託

1 事 例

> 相談者X（女性，70）は，子がおらず，兄弟は妹A（65）と弟C（62）である。
> 相談者Xは，自分が亡くなった後の葬儀，納骨及び3回忌までの年忌を妹Aの長男である甥B（35）に委任したいと考えている。
> また，相談者Xは，自分の葬儀の内容や費用について，自分の望むとおりに決めたいと考えている。相談者Xの死後，相談者Xと疎遠になっている弟Cが葬儀や納骨の費用などについて反対することを心配しており，Xの希望を理解してくれている妹Aと甥BがXの希望どおりに葬儀や年忌を執り行ってくれることを望んでいる。

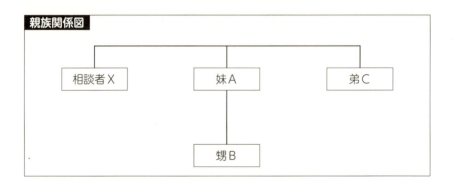

2 検 討

(1) 死後事務の委任

相談者Xは，子がいないため，自身の葬儀，納骨及び3回忌までの年忌を甥Bに執り行ってもらうことを望んでいる。このような場合，相談者Xを委任者，甥Bを受任者として，相談者Xの死後に生じる葬儀，納骨などの事務を委任する委任契約を締結することが考えられる。

民法は，委任の終了事由として委任者の死亡を定めている（民法653条1号）。しかし，この規定は任意規定と解されているので，委任契約において委任者の死亡によって契約が終了しないことを定めた場合には，委任契約は委任者の死亡によって終了せず，委任者の地位は相続人に承継される。[1]

もっとも，委任者の死後，委任者の地位が相続人に承継されるので，相続人が委任契約を解除する可能性がある。これを防ぐためには，委任契約に委任者が解除権を放棄する条項を入れることが望ましい。[2]

(2) 事務処理に必要な費用の支払を確実にするための信託の活用

死後事務の処理に必要な費用や報酬の支払を確実に行うために，必要な資金を信託する方法が考えられる。

信託により，死後事務に必要な資金を信託財産として委託者の財産から独立して管理することが可能になり，死後事務に必要な費用や報酬の支払に明確な根拠を与えることができる。[3]

本スキームは，受益者の利益享受を時間的に転換することにより，相談者Ｘの葬儀，納骨等が確実に行われることを実現しようとするものである。

(3) 受託者及び受益者の選定

まず，受益者の選択について，契約時から受益者を妹Ａとする選択肢もあるが，本事例では贈与税の課税を避けるため，当初受益者は相談者Ｘとした。

次に，受託者の選択について，相談者Ｘは甥Ｂを信頼しており，甥Ｂに死後事務を委任する意向である。死後事務の受任者である甥Ｂに必要な資金を信託することが費用を円滑に支払う観点から合理的であることから，受託者は甥Ｂとし，受益者は，妹Ａが葬儀の喪主となる可能性が高いことから妹Ａ

1）最高裁判所平成4年9月22日判決（金融法務事情1358号55頁）は，委任者が，受任者に対し，委任者の葬式を含む法要の施行とその費用の支払などを依頼する旨の契約を締結した事案について，自己の死後の事務を含めた法律行為等の委任契約が，委任者の死亡によっても契約を終了させない旨の合意を包含する趣旨のものであり，民法653条の法意がかかる合意の効力を否定するものではないと判示している。

2）解除権放棄の条項を委任契約に入れた場合でも，委任契約によって事務処理費用や報酬を受領すると定められた者に対し，相続人から遺留分減殺請求がなされる可能性はある。

3）ただし，信託を行う場合であっても，死後事務の処理に必要な費用が高額となる場合には，遺留分侵害の問題が生じる可能性があることには留意する必要がある。

204 第4章 信託契約書の作成事例

とした。

⑷ 第二次受益者が死亡した場合

相談者Xが死亡した時，既に妹Aが死亡していた場合，または相談者Xが死亡した後に妹Aが死亡した場合，甥Bを第三次受益者とすることも考えられる。しかし，甥Bは受託者であり，受託者Bが受益権の全部を保有する状態が1年間継続すると信託の終了事由となる（信託法163条2号）。相談者Xは甥Bを信頼しており，相談者Xより先に妹Aが死亡していた場合又は相談者Xの死亡後に妹Aが死亡した場合には，甥Bが相談者Xの葬儀などを執り行ってくれると約束していることから，相談者X及び妹Aの両名が死亡した時点で信託契約を終了させ，残余財産は甥Bに帰属させることとし，甥Bが相談者Xの葬儀などを執り行うスキームとした。

⑸ 課税関係

相談者Xが死亡した際に，第二次受益者となる妹Aには相続税を課税されることになる（相続税法9条の2第1項）。相談者Xと妹Aとの間には，配偶者または一親等の血族の親族関係がないため，相続税額は2割加算される（相続税法18条）。また，妹Aが死亡し信託が終了した際に，帰属権利者となる甥Bにも改めて相続税が課税される（相続税法9条の2第4項）。

3 基本的事項及びスキーム図

⑴ 信託目的
相談者Xの葬儀，納骨，法要が確実に執り行われるようにすること。

⑵ 信託行為
相談者Xと甥Bとの間の信託契約

⑶ 信託財産
金銭

⑷ 当事者等
　ア　**委託者**　相談者X

　イ　**受託者**　甥B

　ウ　**受益者**　受益者　　　　相談者X（当初，自益信託）

第二次受益者　妹A
　　エ　帰属権利者　甥B
(5)　信託期間
死後事務の処理が終了したとき。
(6)　スキーム図
　　ア　死後事務委任契約

　　イ　信託契約

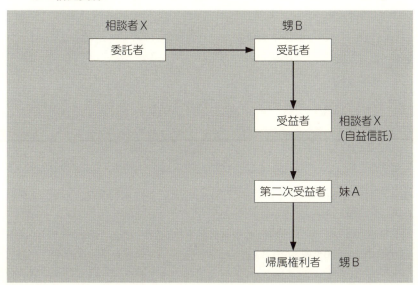

4　信託条項の検討

(1)　本事例のポイント
　信託契約とは別に，相談者Xと甥Bとの間で死後事務委任契約を締結することになる。そして，本信託契約及び死後事務委任契約の内容は，矛盾が生じないようにリンクさせる必要がある。

206　第4章　信託契約書の作成事例

(2)　信託目的

ア　信託目的の意義，信託法の規定及び検討事項については，【基本事例】（高齢者の財産保護）33頁を参照。

イ　条項例

（信託目的）

第1条　本信託の信託目的は，以下のとおりである。

　　委託者の死後に執り行われる委託者の葬儀，納骨，法要に必要な費用を信託することにより，これらの費用の支払を確保し，委託者の葬儀，納骨，法要が確実に執り行われるようにすること。

---

(3)　信託行為

信託行為の意義，信託法の規定及び検討事項については，【基本事例】（高齢者の財産保護）38頁を参照。

(4)　信託財産

信託財産の意義，信託法の規定及び検討事項については，【基本事例】（高齢者の財産保護）39頁を参照。

(5)　委託者

委託者の意義，信託法の規定及び検討事項については，【基本事例】（高齢者の財産保護）45頁を参照。

(6)　受託者

受託者の意義，信託法の規定及び検討事項については，【基本事例】（高齢者の財産保護）50頁を参照。

(7)　受益者

受益者の意義，信託法の規定及び検討事項については，【基本事例】（高齢者の財産保護）65頁を参照。

(8)　その他の検討が必要な条項―信託関係人

ア　信託監督人及び受益者代理人の意義，信託法の規定及び検討事項については，【基本事例】（高齢者の財産保護）71頁を参照。

イ　本事例の検討

本事例では，相談者Ｘの死後，信託期間は長くても3年であること，また，

受託者が受託する金銭は多額ではないことから，信託監督人等の監督機関は設置しないこととした。

(9)　その他の検討が必要な条項─信託の計算

信託の計算の意義，信託法の規定及び検討事項については，【基本事例】（高齢者の財産保護）77頁を参照。

(10)　その他の検討が必要な条項─信託の変更

ア　信託の変更の意義，信託法の規定及び検討事項については，【基本事例】（高齢者の財産保護）80頁を参照。

イ　本事例の検討

本事例では，相談者Xの生前，相談者Xは死後事務委任契約を解除することによって，後述のとおり，本信託を終了させることができるとされている。そこで，相談者Xが，自由に信託の変更をできることとした。

ウ　条項例

（信託の変更）
第15条　委託者は，いつでも，信託の変更をすることができる。

(11)　その他の検討が必要な条項─信託の終了

ア　信託の変更の意義，信託法の規定及び検討事項については，【基本事例】（高齢者の財産保護）82頁を参照。

イ　本事例の検討

（ア）死後事務委任契約の終了

本事例は，委託者の死後事務の委任のための財産を信託するものであるから，死後事務委任契約が委託者（委任者）の解除により終了したときは，本信託をすることも必要なくなるため，本信託も終了し，残余財産は委託者に帰属させることとした。

（イ）その他の本信託の終了事由

甥Bが死後事務を終えた場合には信託契約を継続させる必要がないことから，死後事務の終了により，本信託契約も終了させることとした。

208　第4章　信託契約書の作成事例

ウ　条項例

第16条　本信託は，前条の場合のほか，以下のいずれかの事由が生じた時点で終了する。

⑴　委託者が，受託者との間で別途締結した死後事務委任契約を解除したとき。

⑵　委託者が，受託者との間で別途締結した死後事務委任契約が委任事務の終了により終了したとき。

⑶　委託者及び受益者Ａの両名が死亡したとき。

（残余財産の帰属）

第17条　前条1号により本信託が終了したときは，残余財産は委託者に帰属する。

2　前条2号により本信託が終了したときは，受益者Ａを残余財産受益者に指定する。

3　前条3号により本信託が終了したときは，以下の者を帰属権利者に指定する。

　　　　住所　　　　○○県○○市○○町△－△－△

　　　　氏名　　　　Ｂ

　　　　生年月日　平成○○年○月○日

5　信託契約書例

委託者Ｘと受託者Ｂは，以下のとおり，信託契約を締結した。

【信託目的】

（信託目的）

第1条　本信託の信託目的は，以下のとおりである。

　　委託者の死後に執り行われる委託者の葬儀，納骨，法要に必要な費用を信託することにより，これらの費用の支払を確保し，委託者の葬儀，納骨，法要が適時に確実に執り行われるようにすること。

【信託行為】

（信託契約）

第2条　委託者は，本契約の締結の日（以下「信託開始日」という。）に，前条の目的に基づき，別紙信託財産目録記載の財産（以下「信託財産」という。）を受託者に信託し，受託者はこれを引き受けた（以下本契約に基づく信託を「本信託」という。）。

【信託財産】

（信託財産―金銭）

第3条　委託者は，本信託開始日に，信託財産目録記載の財産を受託者に引き渡す。

2　受託者は，前項の信託財産を第8条の区分に応じ分別管理する。

【委託者】

（委託者）

第4条　本信託の委託者は，Ｘ（住所：東京都〇〇区×××〇丁目〇番〇号，生年月日：昭和〇年〇月〇日）である。

【受託者】

（受託者）

第5条　本信託の受託者は，以下の者とする。

　　　　住所　　　　〇〇県〇〇市〇〇町△－△－△

　　　　氏名　　　　Ｂ

　　　　生年月日　　昭和〇〇年〇月〇日

（受託者の信託事務）

第6条　受託者は，以下の信託事務を行う。

　　　　委託者の葬儀，納骨，法要に必要な費用を受益者に給付すること。

（善管注意義務）

第7条　受託者は，信託財産の管理その他の信託事務について善良な管理者の注意をもって処理しなければならない。

（分別管理義務）

第8条　受託者は，信託財産に属する金銭及び預金と受託者の固有財産とを，以下の各号に定める方法により，分別して管理しなければならない。

　(1)　金銭　　　信託財産に属する財産と受託者の固有財産とを外形上区別する

210　第4章　信託契約書の作成事例

　　　　　　　　ことができる状態で保管する方法
　(2)　預金　　信託財産に属する預金専用の口座を開設する方法
（帳簿等の作成・報告・保存義務）
第9条　本信託の計算期間は，毎年1月1日から6月30日まで及び7月1日か
　　ら12月31日までとする。ただし，第1期の計算期間は，信託開始日から平成
　　○○年12月31日までとする。
2　受託者は，信託事務に関する計算を明らかにするため，信託財産に属する
　　財産及び信託財産責任負担債務の状況を記録しなければならない。
3　受託者は，信託財産に関し，第1項の信託期間に対応する信託財産目録及
　　び収支計算書を当該計算期間が満了した月の翌月末日までに作成しなければ
　　ならない。
4　受託者は，前項記載の信託財産目録及び収支計算書を，前項により決めら
　　れた期日までに，受益者に提出しなければならない。
5　受託者は，第2項に基づき作成した帳簿は作成の日から10年間，前項に基
　　づき受益者に提出した書類は信託の清算の結了の日までの間，保存しなけれ
　　ばならない。
（信託費用の償還）
第10条　受託者は，信託財産から信託事務処理に係る費用の償還を受けること
　　ができる。
（信託報酬）
第11条　受託者は無報酬とする。
【受益者】
（受益者）
第12条　本信託の当初受益者は，委託者Xである。
2　受益者Xが死亡した場合には，第二次受益者として次の者を指定する。
　　　　　住所　　　　○○県○○市○○町△-△-△
　　　　　氏名　　　　A
　　　　　生年月日　昭和○○年○月○日
（受益権）
第13条　受益者は，受益権として以下の内容の権利を有する。
　信託財産から給付を受ける権利

（受益権の譲渡・質入れの禁止）

第14条　受益者は，受益権を譲渡又は質入れすることはできない。

【信託の変更】

第15条　委託者は，いつでも，信託の変更をすることができる。

【信託の終了】

第16条　本信託は，前条の場合のほか，以下のいずれかの事由が生じた時点で終了する。

　(1)　委託者が，受託者との間で別途締結した死後事務委任契約を解除したとき。

　(2)　委託者が，受託者との間で別途締結した死後事務委任契約が委任事務の終了により終了したとき。

　(3)　委託者及び受益者Ａの両名が死亡したとき。

（残余財産の帰属）

第17条　前条１号により本信託が終了したときは，残余財産は委託者に帰属する。

2　前条２号により本信託が終了したときは，受益者Ａを残余財産受益者に指定する。

3　前条３号により本信託が終了したときは，以下の者を帰属権利者に指定する。

　　　　住所　　　○○県○○市○○町△－△－△

　　　　氏名　　　Ｂ

　　　　生年月日　平成○○年○月○日

6 死後事務委任契約書例

死後事務委任契約書

（死後事務の委任）

第1条　委任者Ｘ（以下「委任者」という。）は，受任者Ｂ（以下「受任者」
　　という。）に対し，委任者の死後における本契約第3条に定める事務を委任
　　し，受任者はこれを受任する（以下「本委任契約」という。）。

（委任者の死後の契約の継続）

第2条　本委任契約は，委任者の死亡により終了せず，委任者の死後，委任者
　　の相続人は本委任契約を解除することができないものとする。

（委任事務）

第3条　委任者は，受任者に対し，次の事務（以下「本件事務」という。）を
　　委任する。

　⑴　菩提寺及び親族等関係者への連絡事務

　⑵　通夜，告別式，火葬，納骨，年忌法要（3回忌まで）に関する事務

　⑶　行政官庁等への諸届出事務

　⑷　家財道具，生活用品等委任者の動産の処分に関する事務

　⑸　各種未処理事務の処理

　⑹　上記各事務に要する費用の支払

2　受任者は，本件事務を処理するにあたり，復代理人または事務代行者を選
　　任することができる。

3　受任者は，委任者が死亡した後，直ちに本件事務に着手するものとする。

4　本件事務の具体的な処理は，受任者が適当と認める方法により行うものと
　　する。

（連絡先）

第4条　委任者が死亡したときは，受任者は，委任者が生前に受任者に交付し
　　た名簿に記載された関係者に対し，委任者が死亡したこと並びに通夜及び告
　　別式の日時・会場を連絡するものとする。

（通夜・告別式）

第5条　委任者の通夜及び告別式の会場並びに読経の依頼先について，委任者

【事例8】　6　死後事務委任契約書例　213

が受任者に対して生前に指定したときは，受任者は委任者の指定に従うもの
とする。ただし，委任者の指定に従うことができない事情があるときは，受
任者の判断により定めることができる。

2　通夜，告別式及び読経の費用の総額は，金○○○万円を超えないものとす
る。

（納骨）

第6条　委任者の納骨は，委任者が生前に指定した場所において行う。ただし，
委任者の指定に従うことができないやむを得ない事情があるときは，受任者
が相当と判断した場所において行うことができる。

（委任事務に要する費用）

第7条　本件事務に要する費用の支出については，本日，XとBとの間で別途
締結する信託契約において定める。

（契約の解除）

第8条　委任者は，委任者の生前，いつでも本委任契約を解除することができ
る。

（契約の終了）

第9条　本委任契約は，以下のいずれかの事由が生じた時点で終了し，受任者
の義務は消滅する。

(1)　本件事務の処理を終えたとき。

(2)　委任者の死後，本契約第7条1項の信託契約において定められた本件事
務に要する費用を支出する財産が消滅したとき。

【事例9】ペットのための信託

1 事 例

> 相談者X（女性・85）は，たまたま自宅の庭に迷い込んできた猫Aを飼うこととなった。猫Aには特殊な持病があり，与えられるペットフードも高価なものが必要で，また定期的に獣医の診療を受ける必要があるため相当額の医療費がかかっている。相談者Xは高齢であり，また自分自身も持病があるので，猫Aより先に亡くなることを心配している。猫Aについては，猫Aも懐いている近所に住む年の離れた相談者Xの友人B（45）に託したいと考えており，エサ代・医療費などに充てるため500万円程度のお金を準備している。しかし，友人Bがそのお金を使ってしまったり，騙されて取られたりすることが少し心配なので，姪Y（50）を頼ることも考えた。しかし，姪Yの住所は遠方で，猫Aを引き取ることには難色を示している。

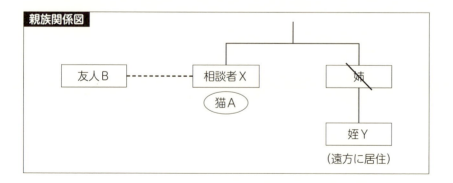

親族関係図

2 検 討

(1) 目的信託は利用しない

猫Aは自然人でも法人でもなく，権利能力を持たないので受益権の帰属主体である受益者にはできない。

猫Aの利益を図ることを目的とする信託は，信託法上は「受益者の定めの
ない信託」（講学上「目的信託」とも言われる。）とされ，第11章（信託法258条
～261条）に規定が置かれている。目的信託は，存続期間が20年に制限され
（信託法259条），第一次的に受託者を監督する立場にある受益者がいないため，
監督権限等を委託者や信託管理人にシフトさせることを主な内容とする。

また，目的信託の受託者は，信託法附則3項・施行令3条により，純資産
額が5000万円を超える法人等に限定されている。

信託会社であれば目的信託としてペットのための信託を受託することは可
能であるが，税務上の問題等[1]もあり，目的信託としての受託をする信託会
社は見受けられない。

そこで，本事例においては，目的信託は採用せず，いずれかの者を受益者
とする信託の仕組みを考えることとする。[2]

本スキームでは，財産の権利者を高齢者から高齢者以外の者に転換するこ
とにより，ペットの継続的な飼育を実現しようとするものである。

(2) 受益者の構成と課税問題

本事例においては，猫Aの飼育について費用を負担する者が，その費用に
充てる金銭の給付を受けることを受益とみることができるから，基本的に，
猫A飼育の費用負担者を受益者とする構成を取ることにする。

相談者X存命中は，猫Aの所有者は相談者Xであり，その飼育費用は相談
者Xが負担すべきものであるから，相談者X自身を受益者とする自益信託と
する。

相談者Xの死後は，猫Aは相談者Xの資産として相続の対象となるが，相
談者Xが遺言を準備し，相談者Xの死後の飼育を行う友人Bに猫Aを遺贈し
ておけば，その後は，友人Bが猫Aの所有者として飼育を行い，その費用に
充てるための金銭を受益者として受け取ると構成できる。友人Bについては
経費だけでなく，謝礼の趣旨の金額を与えることも可能である。この場合，

---

1) 目的信託は，法人課税信託となり，信託を法人とみなして法人税，法人住民税，法人
　事業税が課税される。

2) ペット大国のアメリカでは，ほとんどの州で目的信託方式のペット信託に関する法整
　備がなされている。

相談者Xの死亡時に友人Bが受益権を取得するので，Bには相続税が課税される（相続税法9条の2第2項）。[3]

相談者Xの存命中に，猫Aの飼育が事実上難しくなり，友人Bが相談者Xに代わって猫Aを飼育することとなることも考えられるが，この段階で猫Aの所有権を友人Bに譲り，友人Bが受益権を取得することとすると，友人Bに贈与税が課税されることになってしまう。そこで，このような段階でも，猫Aの所有者はあくまでも相談者Xのままとして，友人Bは相談者Xからの委託を受けて猫Aを飼育し，相談者Xが友人Bに対して負う飼育に関する経費・報酬等を支払うこととして，受益者は相談者Xのまま変更がないこととする。

(3) 受益者の権限

相談者Xの死亡後の友人Bは，信託の上では受益者であるが，猫Aの飼育に責任を負う点で，単純に利益を受ける者ではない。むしろ，猫Aの適切な飼育について監督を受けるべき立場にあり，受益者としての権限について，適切な制限を検討すべきである。

(4) 受託者の選択

信託会社自体がまだ少なく，ペットのための信託を扱う信託会社はごく僅かである。本事例では，遠方ではあるが，姪のYが受託可能であるので，現実の猫Aの世話は友人Bに委ねつつ，信託財産については姪Yを受託者とする。

(5) 信頼できる里親の確保

なお，ペットのための信託は，あくまでもペットの飼育費用等を確保するための手段であり，ペットの安心な飼育環境の実現には，信頼できる里親を選び出すことが一番重要な問題である。そして，適任な里親が見つかれば費用の心配も起こらないこともあり得る。この問題に関し，様々な社会活動の発展が望まれる。

3）相続税の基礎控除（3000万円＋600万円×法定相続人の数）により，そもそも相談者Xの相続において相続税が課税されないこともままあると思われる。

3 基本的事項及びスキーム図

(1) 信託目的
　Xが飼育する猫A（雉虎猫雌5歳）の将来の飼育費用等を保全すること，猫Aが終生適切な環境で飼育されるように，愛情を持って猫Aを飼育する者に対し，飼育費用等を給付すること。
(2) 信託行為
　相談者Xと姪Yとの間の信託契約
(3) 信託財産
　金銭
(4) 当事者等
　　ア　委託者　　　相談者X
　　イ　受託者　　　相談者Xの姪Y
　　ウ　受益者　　　受益者　　　相談者X（当初，自益信託）
　　　　　　　　　　第二次受益者　相談者Xの友人B
　　エ　帰属権利者　動物愛護を目的とする公益法人
(5) 信託期間
　猫Aが死亡するまで。
(6) スキーム図

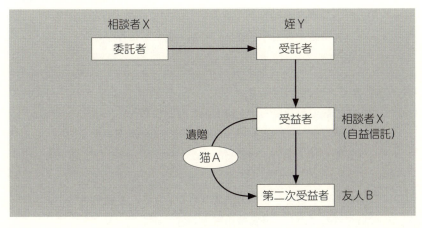

218　第4章　信託契約書の作成事例

4　信託条項の検討

⑴　本事例のポイント

　本事例では，猫Aの里親の選択が一番重要であるため，第二次受益者はいつでも変更することができるようにしている。また，相談者Xの死亡後においても，相談者Xの意向を反映させるため，第二次受益者である友人B単独の意思によって信託の変更はできないようにした。

⑵　信託目的

　　ア　信託目的の意義，信託法の規定及び検討事項については，【基本事例】（高齢者の財産保護）33頁を参照。

　　イ　**本事例の検討**

　本信託においては，猫Aの幸福な生活の確保が究極目的であるが，それ自体を信託の目的とすると目的信託とみなされるおそれがある。

　信託法にいう信託目的は，あくまでも猫Aを引き取り，飼育する者への資金援助として規定する必要がある。

　ただし，友人Bが猫Aの飼育を放棄するなどの事態も想定するなら，その場合には信託を終了させ，残余財産を動物愛護団体などに寄付するなどの対処が必要となることも想定される。そのため，信託の終了についての規定を設けるほか，信託目的としては，「猫Aが終生適切な環境で飼育されるように，愛情を持って猫Aを飼育する者に対し，飼育費用等を給付すること。」等，友人Bへの援助が無条件でないことを規定することが考えられる。

　　ウ　**条項例**

（信託目的）

第1条　本信託の信託目的は，以下のとおりである。

　　　委託者から託された金銭を受託者が管理または処分等することにより，

　⑴　Xが飼育する猫A（雑虎猫雌5歳）の将来の飼育費用等を保全すること。

　⑵　猫Aが終生適切な環境で飼育されるように，愛情を持って猫Aを飼育する者に対し，飼育費用等を給付すること。

【事例9】　4　信託条項の検討　　219

(3)　信託行為

　　ア　信託行為の意義，信託法の規定及び検討事項については，【基本事
　　　例】（高齢者の財産保護）38頁を参照。

　　イ　本事例の検討

　本事例においては，相談者Xの死後に着目すると，遺言による信託も考え
られるところである。猫A自体を友人Bに遺贈する遺言も必要であるので，
それと一体に信託を組成することも考えられる。

　しかし，相談者Xの生前においても猫Aの飼育を友人Bに委ねる必要があ
る場合も十分想像され，その場合の費用支出の仕組みも整える必要もある。
そこで，相談者Xの存命中の猫Aの飼育に係る費用の確保も併せて，信託契
約により信託を組成することとした。

(4)　信託財産

　　ア　信託財産の意義，信託法の規定及び検討事項については，【基本事
　　　例】（高齢者の財産保護）39頁を参照。

　　イ　本事例の検討

　信託財産は，猫Aの飼育に必要な一定額の金銭とする。

　アメリカのペット信託においては，猫A自体も信託財産とされているが，
目的信託との解釈を避け，猫Aを飼育する者への費用の給付を受益と構成す
る必要上，猫Aの所有権はそれを飼育する者に帰属することとし，相談者X
から友人Bへの猫Aの所有権移転は，別途，遺言にて遺贈することとした。

(5)　委託者

　　ア　委託者の意義，信託法の規定及び検討事項については，【基本事
　　　例】（高齢者の財産保護）45頁を参照。

　　イ　本事例の検討

　相談者Xに法定相続人がある場合は，委託者の地位は相続される。しかし，
相続人が承継した委託者の地位に基づき本信託に口出しすることは好ましく
ないから，委託者の地位の消滅について規定する必要がある。

　なお，後述するように，委託者が存在しなくなったことに伴い，後述する
ように，受託者の解任，信託の変更及び信託の終了についても，それに対応
する規定が必要となる場合がある。

220　第4章　信託契約書の作成事例

ウ　条項例

> （委託者の地位の不承継）
> 第4条　委託者が死亡した場合，委託者の権利は消滅し相続人に承継されない。

(6)　受託者

ア　受託者の意義及び信託法の規定については，【基本事例】（高齢者の財産保護」50頁を参照。

イ　本事例の検討

（ア）受託者の選択

本事例では，姪のYにおいて受託が可能であるので，受託者は姪Yとする。なお，信託期間等に鑑み，後継受託者の規定は置かないこととした。

（イ）受益者による受託者の解任

受託者の解任については，信託法58条1項に委託者と受益者の合意による解任の規定があるが，友人Bが受益者となった段階では委託者Xは死亡しており，また，本信託においては委託者の権利がX死亡で消滅することになっているから，委託者は現に存しないこととなる。その場合，同条8項で1項の適用が排除されているので，受益者となったBによる解任はできず，別段の対処は不要となる。

（ウ）新受託者の選任

新受託者の選任については，信託法62条1項に委託者と受益者の合意による選任の規定があるが，委託者が現に存しない場合には受益者単独で選任ができることとなる。しかし，そもそも受託者の解任ができないこととなっている以上，友人Bによる信託への介入という事態はそれほど重視する必要はないと思われるから，この点はそのままでよいと考える。

> （受託者の解任）
> 信託法58条　委託者及び受益者は，いつでも，その合意により，受託者を解任することができる。
> 2　委託者及び受益者が受託者に不利な時期に受託者を解任したときは，委託

【事例9】 4　信託条項の検討　221

者及び受益者は，受託者の損害を賠償しなければならない。ただし，やむを
得ない事由があったときは，この限りでない。

3 ～ 7 　省略

8 　委託者が現に存しない場合には，第1項及び第2項の規定は，適用しない。

（新受託者の選任）

信託法62条　第56条第1項各号に掲げる事由により受託者の任務が終了した場
合において，信託行為に新たな受託者（以下「新受託者」という。）に関す
る定めがないとき，又は信託行為の定めにより新受託者となるべき者として
指定された者が信託の引受けをせず，若しくはこれをすることができないと
きは，委託者及び受益者は，その合意により，新受託者を選任することがで
きる。

2 ～ 7 　省略

8 　委託者が現に存しない場合における前各項の規定の適用については，第1
項中「委託者及び受益者は，その合意により」とあるのは「受益者は」と，
第3項中「委託者及び受益者」とあるのは「受益者」と，第4項中「同項の
合意に係る協議の状況」とあるのは「受益者の状況」とする。

(7)　**受益者**

　ア　受益者の意義，信託法の規定及び検討事項については，【基本事
例】（高齢者の財産保護）65頁を参照。

　イ　**本事例の検討**

　　（ア）**受益者の権限の制限**

信託法92条所定の受益者の監督権は制限できないが，受託者の解任，新受
託者の選任，信託の変更，信託の終了等の重要な変更等における受益者の権
限については検討を要する。

　　（イ）**新受託者の選任方法**

委託者Xの死後の受益者は友人Bとしているが，猫Aの飼育者として友人
Bが適任でなくなった場合には，これを変更できるものとし，その決定及び
新受益者の選任は受託者である姪Yに委ねることとした。[4]

---

4 ）この場合，新受益者には贈与税が課税されることになるが，やむを得ないと考える。

222　第4章　信託契約書の作成事例

　（ウ）受益者への給付方法

　飼育費等の給付方法について，①委託者Ｘが猫Ａを飼育している段階においては，委託者Ｘから要求があった場合に給付することとし，②Ｘの生前に友人Ｂに猫Ａの飼育を委託した段階においては，受益者Ｘが友人Ｂに支払うべき飼育費用を直接Ｂに支払うこととし，③委託者Ｘの死後においては，新たに受益者となる友人Ｂその他の者に必要な額を給付することとした。

　（エ）受託者に対する報告義務

　委託者Ｘ以外が受益者となった場合，受託者Ｙにおいて飼育費用等を適切に支出しているかどうかの確認する必要があるので，金員の使途などを受託者に対し報告する義務を受益者に課する規定を置くこととした。

　ウ　条項例

（受益者）

第12条　本信託の受益者は，委託者Ｘである。

　2　当初受益者Ｘが死亡したときは，第二次受益者として，猫Ａの遺贈を受け飼育するＢ（昭和○○年○月○日生，住所：東京都○○区○○町△－△－△）を指定する。

（受益者の変更）

第13条　委託者は，いつでも，前条2項の受益者を変更することができる。

　2　委託者Ｘが前項の受益者変更の意思表示ができず，かつ，第二次受益者Ｂが猫Ａの飼育に適しない状況になった場合は，受託者Ｙが受益者を変更することができる。

（給付方法）

第15条　受託者は，猫Ａの飼育に必要な費用を，次のとおり給付する。

　⑴　委託者Ｘが受益者である場合は，Ｘの求めに応じて，ＸまたはＸが指定した支払先に直接給付する。

　⑵　Ｂその他の者が受益者となった場合は，受託者Ｙの判断で，受益者または受益者が指定した支払先に直接給付する。

（給付額の決定方法）

第16条　前条の給付額は，受託者Ｙが，猫Ａの年齢，健康状態，飼育状況及び信託財産の状況を勘案し，適切に定める。

2　Ｘ以外の者が受益者である場合には，前項の受託者Ｙの判断に資するため，受益者は給付を受けた金員の使途，支出した金額及び残額を，毎月１回，受託者Ｙに報告しなければならない。

⑻　その他の検討が必要な条項─信託関係人

　　ア　信託監督人及び受益者代理人の意義，信託法の規定並びに検討事項については，【基本事例】（高齢者の財産保護）71頁を参照。

　イ　本事例の検討

本事例においては，受託者である姪Ｙを信頼していることから，敢えて，信託監督人または受益者代理人は置かないこととした。

⑼　その他の検討が必要な条項─信託の計算

信託の計算の意義，信託法の規定及び検討事項については，【基本事例】（高齢者の財産保護）77頁を参照。

⑽　その他の検討が必要な条項─信託の変更

　　ア　信託の変更の意義，信託法の規定及び検討事項については，【基本事例】（高齢者の財産保護）80頁を参照。

　イ　本事例の検討

信託の変更については，受益者Ｂが信託法149条３項２号に基づいて，信託の変更をできる余地はある。しかし，受益者Ｂが単独で信託の変更ができるとすることは好ましくないので，受益者Ｂが単独で信託の変更はできないこととした。

（関係当事者の合意等）

信託法149条　信託の変更は，委託者，受託者及び受益者の合意によってすることができる。この場合においては，変更後の信託行為の内容を明らかにしてしなければならない。

2　前項の規定にかかわらず，信託の変更は，次の各号に掲げる場合には，当

224　第4章　信託契約書の作成事例

該各号に定めるものによりすることができる。この場合において，受託者は，第1号に掲げるときは委託者に対し，第2号に掲げるときは委託者及び受益者に対し，遅滞なく，変更後の信託行為の内容を通知しなければならない。
一　信託の目的に反しないことが明らかであるとき　受託者及び受益者の合意
二　信託の目的に反しないこと及び受益者の利益に適合することが明らかであるとき　受託者の書面又は電磁的記録によってする意思表示
3　前2項の規定にかかわらず，信託の変更は，次の各号に掲げる場合には，当該各号に定める者による受託者に対する意思表示によってすることができる。この場合において，第2号に掲げるときは，受託者は，委託者に対し，遅滞なく，変更後の信託行為の内容を通知しなければならない。
一　受託者の利益を害しないことが明らかであるとき　委託者及び受益者
二　信託の目的に反しないこと及び受託者の利益を害しないことが明らかであるとき　受益者
4　前3項の規定にかかわらず，信託行為に別段の定めがあるときは，その定めるところによる。
5　委託者が現に存しない場合においては，第1項及び第3項第1号の規定は適用せず，第2項中「第1号に掲げるときは委託者に対し，第2号に掲げるときは委託者及び受益者に対し」とあるのは，「第2号に掲げるときは，受益者に対し」とする。

　ウ　条項例

（信託の変更）
第18条　本信託において，信託法149条3項2号の定めにかかわらず，信託の目的に反しないこと及び受託者の利益を害しないことが明らかであるときであっても，受益者は信託の変更をすることはできない。

⑾　その他の検討が必要な条項─信託の終了
　　ア　信託の終了の意義，信託法の規定及び検討事項については，【基本事例】（高齢者の財産保護）82頁を参照。
　　イ　本事例の検討
　　（ア）信託の終了事由

本スキームの信託の目的に鑑み，猫Ａの死亡により本信託は終了すること
を規定した。

猫Ａの葬儀・納骨等まで信託を存続させ，それらの費用も支出してから信
託を終了することも考えられる。

　（イ）帰属権利者の選択

猫Ａを終生飼育してくれた友人Ｂに報いる趣旨で帰属権利者を友人Ｂとす
ることも考えられる。ただ，そのようなスキームにした場合，猫Ａが早期に
死亡するほど友人Ｂが取得できる残余財産が増えるというモラルハザードが
生じかねない。

そこで，委託者Ｙから友人Ｂに対し毎月の経費に若干の謝礼を加えるよう
にする方法[5]を採ることを前提にして，最終的な帰属権利者は友人Ｂ以外の
者（条項例では，動物愛護に関する活動をするNPO法人）を指定することにした。

5　信託契約書例

委託者Ｘと受託者Ｙは，以下のとおり，信託契約を締結した。

【信託目的】

（信託目的）

第1条　本信託の信託目的は，以下のとおりである。

　　委託者から託された金銭を受託者が管理または処分等することにより，

　(1)　Ｘが飼育する猫Ａ（雄虎猫雌5歳）の将来の飼育費用等を保全すること。

　(2)　猫Ａが終生適切な環境で飼育されるように，愛情をもって猫Ａを飼育す
　　　る者に対し，飼育費用等を給付すること。

【信託行為】【信託財産】

（信託契約・信託財産）

第2条　委託者は，本契約の締結の日（以下「信託開始日」という。）に，前
　　　項の目的に基づき，現金500万円（以下「信託財産」という。）を受託者に信

5）このような方法を取れば，猫Ａが長生きした方が友人Ｂの利益になるため，モラルハ
　　ザードの問題は生じることはない。

226 第4章 信託契約書の作成事例

託し，受託者はこれを引き受けた（以下本契約に基づく信託を「本信託」という。）。

【委託者】

（委託者）

第3条 本信託の委託者は，次の者である。

　　　氏名　　　　X

　　　住所　　　　東京都△△△区○○町○丁目○番○号

　　　生年月日　　昭和○○年○月○日

（委託者の地位の不承継）

第4条 委託者が死亡した場合，委託者の権利は消滅し相続人に承継されない。

【受託者】

（受託者）

第5条 本信託の受託者は，次の者とする。

　　　氏名　　　　Y（Xの姪）

　　　住所　　　　愛知県名古屋市○○△丁目△番△号

　　　生年月日　　昭和○○年○月○日

（受託者の信託事務）

第6条 受託者は以下の信託事務を行う。

　⑴　信託財産を適切に管理し，猫Aの飼育費用に充てるために支出すること。

　⑵　その他信託目的を達成するために必要な行為を行うこと。

（善管注意義務）

第7条 受託者は，信託財産の管理，処分その他の信託事務について善良な管理者の注意をもって処理しなければならない。

（分別管理義務）

第8条 受託者は，信託財産に属する金銭と受託者の固有財産とを，信託財産に属する預金専用の口座を開設する方法により，分別して管理しなければならない。

（帳簿等の作成・報告・保存義務）

第9条 本信託の計算期間は，毎年1月1日から6月30日まで及び7月1日から12月31日までとする。ただし，第1期の計算期間は，信託開始日から平成○○年12月31日までとする。

2　受託者は，信託事務に関する計算を明らかにするため，信託財産に属する財産及び信託財産責任負担債務の状況を記録しなければならない。

3　受託者は，信託財産に関し，第1項の信託期間に対応する信託財産目録及び収支計算書を当該計算期間が満了した月の翌月末日までに作成しなければならない。

4　受託者は，第3項記載の信託財産目録及び収支計算書を，第3項により決められた期日までに，受益者に提出しなければならない。

5　受託者は，第2項に基づき作成した帳簿は作成の日から10年間，前項に基づき受益者に提出した書類は信託の清算の結了の日までの間，保存しなければならない。

（信託費用の償還）

第10条　受託者は，信託事務処理に係る費用を，直接，信託財産から償還を受けることができる。

（信託報酬）

第11条　受託者は無報酬とする。

【受益者】

（受益者）

第12条　本信託の受益者は，委託者Xである。

2　当初受益者Xが死亡したときは，第二次受益者として，猫Aの遺贈を受け飼育するB（昭和○○年○月○日生，住所：東京都○○区○○町△－△－△）を指定する。

（受益者の変更）

第13条　委託者は，いつでも，前条2項の受益者を変更することができる。

2　委託者Xが前項の受益者変更の意思表示ができず，かつ，第二次受益者Bが猫Aの飼育に適しない状況になった場合は，受託者Yが受益者を変更することができる。

（受益権の内容）

第14条　受益者の受益権の内容は，次のとおりとする。

　　信託財産である預金から給付を受ける権利

（給付方法）

第15条　受託者は，猫Aの飼育に必要な費用を，次のとおり給付する。

228　第4章　信託契約書の作成事例

　⑴　委託者Ｘが受益者である場合は，Ｘの求めに応じてＸまたはＸが指定した支払先に直接給付する。

　⑵　Ｂその他の者が受益者となった場合は，受託者Ｙの判断で受益者または受益者が指定した支払先に直接給付する。

（給付額の決定方法）

第16条　前条の給付額は，受託者Ｙが，猫Ａの年齢，健康状態，飼育状況及び信託財産の状況を勘案し，適切に定める。

2　Ｘ以外の者が受益者である場合には，前項の受託者Ｙの判断に資するため，受益者は給付を受けた金員の使途，支出した金額及び残額を，毎月1回，受託者Ｙに報告しなければならない。

（受益権の譲渡・質入れの禁止）

第17条　受益者Ｂは，受益権を譲渡または質入れすることはできない。

【信託の変更】

（信託の変更）

第18条　本信託において，信託法149条3項2号の定めにかかわらず，信託の目的に反しないこと及び受託者の利益を害しないことが明らかであるときであっても，受益者は信託の変更をすることはできない。

【信託期間・信託の終了事由】

（信託の終了事由）

第19条　本信託は，猫Ａの死亡により終了する。

（帰属権利者）

第20条　次の団体を本信託の帰属権利者として指定する。

　　　名称　　公益法人○○○

　　　所在地　東京都○○○

【事例10】信託を利用した不動産の活用と相続税対策

1 事例

> 相談者X（75）は多額の資産（預貯金，不動産）を有しており，妻には先立たれていて，長男A（47），長女B（45）の2人の子どもがいる。相談者Xは，相続税の基礎控除が縮小するなどの改正があったことを聞き，2人の子どものために相続税対策を検討している。
>
> 具体的には，相談者Xは，銀行から融資を受け，相談者Xが保有している土地にマンションを建てることを考えているが，相談者Xは既に高齢であり，全ての手続を自分で行う自信はない。

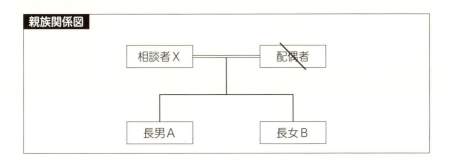

2 検討

(1) 信託による土地の活用

　高齢の相談者Xが保有している土地を活用して賃貸建物を建築しようとする場合，自身の体力や判断能力の衰えや建物建築，建築資金の融資などの事務を自ら行うことを避けたいということから，信頼できる者に必要な事務を任せたいと希望することが想定される。このような望みに応えるには，相談者Xが保有している土地を信頼できる子どもを受託者として信託し，受託者である子が建築資金の借入れを行い，建物を建築して，建築後の建物の管理を行うスキームが考えられる。

230 第4章 信託契約書の作成事例

本スキームにおいて，財産の権利者を高齢者である相談者Xから高齢者以外の者に転換することにより，土地の有効活用を実現しようとするものである。

(2) 相続税対策

ア 土地の評価減

相談者Xが保有する土地に賃貸マンションを建設すると，相続税の課税価格を算定する際，当該土地は「貸家建付地」として評価されるため，更地と比べ評価額が低くなり，相続税額を低減させる効果がある。[1]

イ 建物の評価減

また，相続税の課税価格の算定に関し，建物の評価は固定資産税評価額を基に算出される。[2] 一般的に建物の固定資産税評価額は新築時の建築価格の6〜7割程度となっているため，建物を建築すると財産を現金で保有しているより，相続税の評価額が低減される。

ウ 小規模宅地等の特例

さらに，個人が，相続又は遺贈により取得した財産のうち，その相続の開始の直前において被相続人等の事業の用に供されていた宅地のうち，200平方メートルまでの部分（小規模宅地等）については，相続税の課税価格に算入すべき価額を50％に減額するという小規模宅地等の特例がある（租税特別措置法69条の4第2項）。[3]

エ 相続財産からの債務控除

賃貸マンションの建設資金を金融機関から借り入れた場合，相談者Xの借入金は相続財産の総額から差し引くことができる。[4] その結果，相談者Xが借入れをすることで相続税額を低減させることができる。

1）国税庁タックスアンサー No.4614
　（http://www.nta.go.jp/taxanswer/hyoka/4614.htm）
2）国税庁タックスアンサー No.4602
　（http://www.nta.go.jp/taxanswer/sozoku/4602.htm）
3）国税庁タックスアンサー No.4124
　（http://www.nta.go.jp/taxanswer/sozoku/4124.htm）
4）国税庁タックスアンサー No.4126
　（http://www.nta.go.jp/taxanswer/sozoku/4126.htm）

(3) 後見制度との関係

　仮に，相談者Xの認知機能に問題が生じると，相談者Xが有効に契約を締結することができなくなり，計画がとん挫してしまう懸念がある。相談者Xのために，相談者Xに後見人が付いたとしても，後見人のもとでは，相続税対策のために，賃貸マンションを建築することやそのために金融機関から借入れを行うことはできなくなる。[5]

　しかし，本スキームを組んだ場合には，相談者Xの土地は信託財産として受託者が管理し，また，その受託者が金融機関から借入れを行うことになるため，相談者Xの認知機能に問題が生じた場合でも，また，相談者Xに後見人が付いたとしても，それらのことに影響を受けることなく，当初の計画を進めることができる。

　そのため，本スキームは，相談者Xの認知機能に問題が生じたときの対策としても有効である。

3 　基本的事項及びスキーム図

(1) 信託目的
　① 　委託者の財産管理の負担を軽減すること。
　② 　委託者の不動産を信託財産として有効に活用することにより経済的な利益を生じさせること。

(2) 信託行為
相談者Xと長男Aとの間の信託契約

(3) 信託財産
土地，金銭

(4) 当事者等
　ア　委託者　相談者X
　イ　受託者　長男A
　ウ　受益者　受益者　　　　　相談者X（当初，自益信託）

5）後見制度は，あくまでも被後見人のために財産の管理を行う制度であり，推定相続人の利益のために行われる相続税対策は，その趣旨に反することになるからである。

　　　　　　第二次受益者　長男A，長女B
　エ　残余財産受益者　長男A，長女B
　オ　信託監督人
(5)　**信託期間・信託の終了事由**
本信託の開始から20年間。
(6)　**スキーム図**

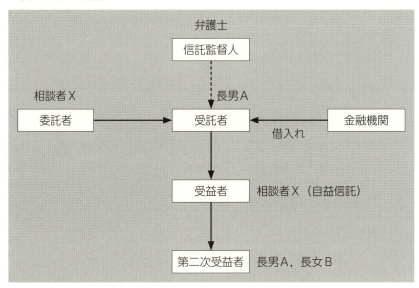

4　信託条項の検討

(1)　**本事例のポイント**
　本事例では，信託土地上にマンションを建築することや，そのために金融機関から借入れを行うことは受託者の事務となるため，受託者の事務として，受託者が行わなければならないことを詳細に規定した。
(2)　**信託目的**
　ア　信託目的の意義，信託法の規定及び検討事項については，【基本事例】（高齢者の財産保護）33頁を参照。

イ　条項例

（信託目的）
第1条　本信託の信託目的は，以下のとおりである。
　　　委託者所有の不動産及び預金の一部を受託者が管理または処分等することにより，
　(1)　委託者の財産管理の負担を軽減すること。
　(2)　委託者の不動産を信託財産として有効に活用することにより経済的な利益を生じさせること。

(3)　信託行為
　信託行為の意義，信託法の規定及び検討事項については，【基本事例】（高齢者の財産保護）38頁を参照。
(4)　信託財産
　　ア　信託財産の意義，信託法の規定及び検討事項については，【基本事例】（高齢者の財産保護）39頁を参照。
　　イ　本事例の検討
　本事例では，受託者が信託不動産である土地上に賃貸マンションを建築することを予定しており，「受託者」の項において後述するとおり，受託者が信託不動産に抵当権を設定して建築資金の借入れを行うことが受託者の事務として定められている。
　したがって，マンションの建築資金として金融機関から借り入れる債務は，「信託財産のためにした行為であって受託者の権限に属するものによって生じた権利」（信託法21条1項5号）に該当し，信託法上，当然に信託財産責任負担債務になる。
　信託契約書に上記借入債務を信託財産責任負担と明記することは必須ではないが，契約条項例では，この点を明示するため，上記の借入債務が信託財産責任負担債務になる旨を定めた。

234　第4章　信託契約書の作成事例

ウ　条項例

（信託財産責任負担債務）
第7条　以下の債務は，信託財産責任負担債務とする。
　　信託不動産上に建物を建築するために受託者が金融機関から借入れ
を行った場合の当該金融機関に対する債務

(5)　**委託者**

委託者の意義，信託法の規定及び検討事項については，【基本事例】（高齢者の財産保護）45頁を参照。

(6)　**受託者**

受託者の意義，信託法の規定及び検討事項については，【基本事例】（高齢者の財産保護）50頁を参照。

(7)　**受益者**

ア　受益者の意義，信託法の規定及び検討事項については，【基本事例】（高齢者の財産保護）65頁を参照。

イ　本事例の検討

本事例では，相談者Ｘの生存中は，相談者Ｘを受益者とし，相談者Ｘが死亡したときは，第二次受益者として相談者Ｘの長男Ａ，長女Ｂの2名を指定した。なお，遺留分侵害の問題が生じることを避けるため，受益権の割合は均等とした。

(8)　**その他の検討が必要な条項—信託関係人**

信託監督人及び受益者代理人の意義，信託法の規定及び検討事項については，【基本事例】（高齢者の財産保護）71頁を参照。

(9)　**その他の検討が必要な条項—信託の計算**

信託の計算の意義，信託法の規定及び検討事項については【基本事例】（高齢者の財産保護）77頁を参照。

(10)　**その他の検討が必要な条項—信託の変更**

信託の変更の意義，信託法の規定及び検討事項については，【基本事例】（高齢者の財産保護）80頁を参照。

【事例10】 5 信託契約書例 235

(11) その他の検討が必要な条項—信託の終了

　ア　信託の終了の意義，信託法の規定及び検討事項については【基本事例】（高齢者の財産保護）82頁を参照するほか，受託者が複数の場合の信託法の規定を確認する。

　イ　本事例の検討

　本事例では，相談者Xの長男A，長女Bがそれぞれ40代半ばであり，20年を超える長期の信託期間を定めると，長男A，長女Bの健康状態などの予測が困難な状況が生じることが懸念されることから，信託期間を20年間とし，信託期間の満了により信託が終了することとした。

　なお，残余財産受益者は，各受益者長男A及び長女Bと定めた。

　ウ　条項例

（信託期間）

第24条　本信託の信託期間は，信託開始日から20年間とする。

（残余財産受益者）

第25条　受益者を残余財産受益者とする。

5　信託契約書例

相談者Xと受託者Aは，以下のとおり，信託契約を締結した。

【信託目的】

（信託目的）

第1条　本信託の信託目的は，以下のとおりである。

　　委託者所有の不動産及び預金の一部を受託者が管理または処分等することにより，

　(1)　委託者の財産管理の負担を軽減すること。

　(2)　委託者の不動産を信託財産として有効に活用することにより経済的な利益を生じさせること。

【信託行為】

（信託契約）

第2条　委託者は，本契約の締結の日（以下「信託開始日」という。）に，前条の目的に基づき，別紙信託財産目録記載の財産（以下「信託財産」という。）を受託者に信託し，受託者はこれを引き受けた（以下本契約に基づく信託を「本信託」という。）

【信託財産】

（信託財産—不動産）

第3条　別紙信託財産目録1記載の不動産（以下「信託土地」という。）の所有権は，信託開始日に，受託者に移転する。

2　委託者及び受託者は，本契約後直ちに，信託不動産について本信託を原因とする所有権移転の登記申請を行う。

3　受託者は，前項の登記申請と同時に，信託の登記の申請を行う。

4　前2項の登記費用は，受託者が信託財産から支出する。

（信託不動産の瑕疵に係る責任）

第4条　受託者は，信託期間中及び信託終了後，信託不動産の瑕疵及び瑕疵により生じた損害について責任を負わない。

（信託財産—金銭）

第5条　委託者は，本信託開始日に，信託財産目録2記載の金銭を受託者に引き渡す。

（信託の追加）

第6条　委託者は，受託者の同意を得て，金銭を本信託に追加することができる。

（信託財産責任負担債務）

第7条　以下の債務は，信託財産責任負担債務とする。

　　　信託不動産上に建物を建築するために受託者が金融機関から借入れを行った場合の当該金融機関に対する債務

【委託者】

（委託者）

第8条　本信託の委託者は，X（住所：東京都○○区×××○丁目○番○号，生年月日：昭和○年○月○日）である。

（委託者の地位の不承継）

第9条　委託者が死亡した場合，委託者の権利は消滅し相続人に承継されない。

【事例10】 5 信託契約書例　237

【受託者】

（受託者）

第10条　本信託の受託者は，以下の者とする。

　　　　住所　　　　○○県○○市○○町△－△－△

　　　　氏名　　　　A

　　　　生年月日　　昭和○○年○月○日

（受託者の信託事務）

第11条　受託者は，以下の信託事務を行う。

　⑴　信託不動産を管理すること。

　⑵　信託土地上に建物を建築すること。

　⑶　前号の建物を建築するために金融機関から借入れを行うこと。

　⑷　前号の借入れを行うため信託不動産に抵当権を設定すること。

　⑸　信託土地上に建築した建物に火災保険等の保険を付すること及び当該保険金請求権に担保権を設定すること。

　⑹　信託土地上に建築した建物を第三者に賃貸し，第三者から賃料を受領すること。

　⑺　信託された金銭及び前号によって受領した賃料を，信託不動産を管理するため支出すること。

　⑻　信託された金銭及び第6号によって受領した賃料を管理し，受益者に給付すること。

　⑼　その他信託目的を達成するために必要な事務を行うこと。

（信託事務の第三者への委託）

第12条　受託者は，信託不動産の管理を第三者に委託することができる。

（善管注意義務）

第13条　受託者は，信託財産の管理その他の信託事務について善良な管理者の注意をもって処理しなければならない。

（分別管理義務）

第14条　受託者は，信託財産に属する金銭及び預金と受託者の固有財産とを，以下の各号に定める方法により，分別して管理しなければならない。

　⑴　金銭　　　信託財産に属する財産と受託者の固有財産とを外形上区別することができる状態で保管する方法

(2) 預金 信託財産に属する預金専用の口座を開設する方法

（帳簿等の作成・報告・保存義務）

第15条 本信託の計算期間は，毎年1月1日から6月30日まで及び7月1日から12月31日までとする。ただし，第1期の計算期間は，信託開始日から平成〇〇年12月31日までとする。

2 受託者は，信託事務に関する計算を明らかにするため，信託財産に属する財産及び信託財産責任負担債務の状況を記録しなければならない。

3 受託者は，信託財産に関し，第1項の信託期間に対応する信託財産目録及び収支計算書を当該計算期間が満了した月の翌月末日までに作成しなければならない。

4 受託者は，信託不動産を第三者に賃貸することに関し，賃借人の退去，新たな賃借人の入居及び賃料並びに管理費の変更など賃貸借契約の当事者及び内容等に変更があった場合には，その経過報告書を作成しなければならない。

5 受託者は，第3項記載の信託財産目録及び収支計算書を，第3項により決められた期日までに，受益者及び信託監督人に提出しなければならない。

6 受託者は，第4項記載の経過報告書を，その作成の都度，受益者及び信託監督人に提出しなければならない。

7 受託者は，第2項に基づき作成した帳簿は作成の日から10年間，第5項並びに前項に基づき受益者に提出した書類は信託の清算の結了の日までの間，保存しなければならない。

（信託費用の償還）

第16条 受託者は，信託財産から信託事務処理に係る費用の償還を受けることができる。

2 受託者は，受益者から信託事務処理に係る費用の償還または前払いを受けることができる。

（信託報酬）

第17条 受託者に対する報酬は無報酬とする。

【受益者】

（受益者）

第18条 本信託の受益者は，委託者とする。

2 委託者が死亡したときは，以下の者を第二次受益者に指定する。なお各人

の受益権割合は均等とする。

第二次受益者　住所　　　○○県○○市○○町△－△－△

氏名　　　受託者A

生年月日　昭和○○年○月○日

第二次受益者　住所　　　○○県○○市○○町△－△－△

氏名　　　B

生年月日　昭和○○年○月○日

（受益権）

第19条　受益者は，受益権として，信託財産から，金銭の給付を受ける権利を有する。

【信託関係人】

（信託監督人）

第20条　本信託の信託監督人として，以下の者を指定する。

住所　　　東京都○○区○○△丁目△番△号　○○○法律事務所

職業　　　弁護士

氏名　　　△△△△

（信託監督人の辞任）

第21条　信託監督人は，受益者及び受託者の同意を得て辞任することができる。

（信託監督人の報酬）

第22条　信託監督人の報酬は，以下のとおりとする。

（省略）

【信託の変更】

（信託の変更）

第23条　本信託において信託監督人が存在する場合には，受託者，受益者及び信託監督人全員の合意により，信託の変更をすることができる。

2　本信託において信託監督人が存在しない場合には，受託者及び受益者の合意により，信託を変更することができる。

【信託期間】

（信託期間）

第24条　本信託の信託期間は，信託開始日から20年間とする。

（残余財産受益者）

240   第4章　信託契約書の作成事例

第25条　本信託の受益者を残余財産受益者とする。[6]

6）信託の終了により，信託不動産は長男Ａと長女Ｂの共有状態になる。共有関係の解消
　をするためには，共有物の分割手続を行わなければならないため，予め，信託契約に，
　長男Ａ及び長女Ｂが残余財産受益者として取得する財産を明記することも考えられる。

コ・ラ・ム

信託と相続税の「節税」

1　相続税節税の仕組み

【事例10】（信託を利用した不動産の活用と相続税対策）では，金銭等の額面どおりの評価がされる資産を不動産に組み替えることや，借入債務を生じさせることなどによる相続税の節税を説明した。

この節税効果は，信託という方式が生み出したものではなく，金銭と不動産の財産評価上のギャップが生んだものであり，信託はその組換えプロジェクトを円滑に進めるために活用されているものである。

2　受益権化自体による相続税節税？

財産評価の仕組みを活用するのであれば，実物財産を信託受益権に転換すること自体によって，節税が実現できないだろうか。

財産からの利益を受ける受益権は債権であり，財産自体とは性質が異なっている。そのギャップを何とか使えないか。財産を受益権という形に押し込めたことで，財産の評価が下がらないか。

しかし，こういう点については，税法は完璧に手を打っている。

本来の財産自体は，使用収益できるだけでなく，当然に市場価格での譲渡もできるのとは異なり，信託財産は委託者の意向により相当期間処分できないこととされているため，受益権の価値は，本来の財産自体より価値が低下しているとの主張にも一理ある。

しかし，相続税法9条の3においては，受益者連続型信託について，「当該受益者連続型信託の利益を受ける期間の制限その他の当該受益者連続型信託に関する権利の価値に作用する要因としての制約が付されているものについては，当該制約は，付されていないものとみなす。」と規定する。要は，受益者連続型信託においては，中間の受益者は，処分した代価を丸々得る可能性がなくても，死亡により受益は終了することになっていても，一度対象財産を丸々得

たと同じとする，ということである。

　そのため，例えば自宅居住用不動産について，委託者死亡当初は再婚した妻に居住利益を与え，当該妻死亡後には前妻との間の子に権利を帰属させるという仕組みの場合，委託者から再婚した妻への相続（当該妻は当該不動産を100％取得したとみなされる。），その再婚した妻から前妻との間の子への遺贈（これも当該不動産を100％取得したこと前提に課税される上に，税額が2割加算される（相続税法18条）。）の2回の課税がされる。

　これをもって，当初，前婚の子に全部相続させるが，再婚した妻を住まわせるという負担付の遺贈は課税機会が1回になるので優れているという見解もあるが，配偶者は法定相続分を超えて相続しても，1億6000万円までは課税されないので（相続税法19条の2第1項），再婚した妻への相続税は，現実に課税されないことも多く，課税の点で大きな差はないことが多いのではないかと思われる（再婚した妻から前妻との間の子への相続税額2割加算は除く。）。

3　受益権複層化による「節税」

　ところが全く別の考え方での課税もある。

　相続税法9条の3が適用されるのは，信託法91条の受益者連続型信託の場合である。それ以外の場合で，収益受益権と元本受益権を分属させる，いわゆる受益権の複層化が行われた場合は，財産評価基本通達202※)によると，信託期間中の収益総体を現価計算してそれを収益受益権の価額とし，信託財産の価額からその収益受益権価額を控除した残額を元本受益権の価額とする。

　この評価方法を活用して，資産を比較的高利の外貨債に替え，それを信託したうえで，収益受益権を親に残し，元本受益権を子に贈与し，子が贈与税を払う（資産の状況により相続時に相続税を払うより税負担が軽くなる場合がある。）などの「節税策」が提案されている。高利の収益受益権の評価額が相当額に上れば，残余の元本受益権の評価額が少なくなり，相続税より贈与税の方が低くなるという

訳である。

　この方法が，収益不動産などの資産にも活用できるか，いまだ不明な点も多い。

4　安易な「節税」に飛びつかない

　税法の世界では，基本的に，信託を利用したことで節税ができるような仕組みになどなっていないので，「こうすれば節税できる」という類いの話には注意が必要である。

　資産構成の変更などによる相続税評価の低減などについても，そのために信託を活用して，思わぬ落とし穴がないかという点にこそ，気をつけるべきであろう。近時大流行を見せている相続税対策としてのアパート建設プロジェクトを家族信託で実現するなどの方法も，そもそも賃貸経営自体に相当のリスクがあることを軽視していないかが懸念される。

　少なくとも，信託契約条項の検討が疎かになり，死亡に起因しない受益権の移転や信託終了による残余財産の帰属などが発生し，贈与税が課税されるようなことのないように，十分な注意が必要である。

※)（信託受益権の評価）

　202　信託の利益を受ける権利の評価は，次に掲げる区分に従い，それぞれ次に掲げるところによる。（平11課評2-12外・平12課評2-4外改正）

　(1) 元本と収益との受益者が同一人である場合においては，この通達に定めるところにより評価した課税時期における信託財産の価額によって評価する。

　(2) 元本と収益との受益者が元本及び収益の一部を受ける場合においては，この通達に定めるところにより評価した課税時期における信託財産の価額にその受益割合を乗じて計算した価額によって評価する。

　(3) 元本の受益者と収益の受益者とが異なる場合においては，次に掲げる価額によって評価する。

　　イ　元本を受益する場合は，この通達に定めるところにより評価した課税時期における信託財産の価額から，ロにより評価した収益受益者に帰属する信託の利益を受ける権利の価額を控除した価額

244　第4章　信託契約書の作成事例

　　ロ　収益を受益する場合は，課税時期の現況において推算した受益者が
　　　将来受けるべき利益の価額ごとに課税時期からそれぞれの受益の時期
　　　までの期間に応ずる基準年利率による複利現価率を乗じて計算した金
　　　額の合計額

【事例11】 委託者の債務を受託者が借り換えるケース

1 事 例

　相談者X（80）は，金融機関から2億円を借り入れて自己が所有する都心の一等地にマンションを建築し，その家賃収入で生活している。相談者Xの配偶者は既に亡くなっているが，長男A（53）及び長女B（51）がいる。マンションでは，相談者X，長男A及び長男Aの妻D（48）が暮らしており，主として，長男Aの妻Dが相談者Xの面倒を見ている。相談者Xは長男Aの妻Dを実の子同様に信頼している。

　長男Aとその妻Dとの間に子供はなく，長女Bには子C（23）がいる。

　相談者Xは，マンションの今後の運営を長男Aに任せようと考えており，金利上のメリットを考えて金融機関に対し債務者の変更，借換えを打診した。また，相談者Xは，自分の死後も，マンションの家賃収入で家族が生活することを望んでいる。

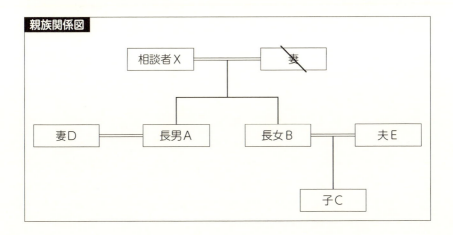

親族関係図

2 検 討

(1) 受託者に対する融資

従前の金融機関の取扱いでは，不動産の所有者であっても受託者に対する融資は認められていなかった。しかし，近年，信託に対する関心が高まり，受託者に対する融資に取り組む金融機関が増えてきた。また，金融機関にとっても，民事信託の受託者に対する融資は顧客の世代交代を促すメリットがあると認識され始めている。

(2) 債務の借換えのメリット

特に，現在の低金利時代においては，借換えに対する関心が高い。長期間の借入れを可能とする子ども世代への融資は，高齢化が進む従前の顧客（委託者），早期に不動産事業の承継をすることができる子ども世代（受託者），債務者の世代交代を望んでいる金融機関それぞれにメリットがある。そこで，信託財産となる不動産に十分な担保価値がある限り，信託と借換えを組み合わせるスキームは，拡大が見込まれると思われる。

(3) 一般社団法人に対する融資

従前，一般社団法人に対する融資も認められていなかったが，最近では，受託者が一般社団法人であるという理由だけで融資を拒絶しない金融機関も現れ始めている。なお，受託者である一般社団法人に対する融資が認められた場合でも，委託者や受益者が連帯保証を求められることが多いであろう。

(4) 信託制度の利用

本スキームでは，信託を活用し，財産の権利者を高齢者である相談者Xから第三者に転換することにより，財産の長期的管理を実現するものである。

(5) 課税関係

本スキームでは，当初，委託者と受益者が同一人となっている自益信託を採用しているので，相談者Xが受益者である間には贈与税等の課税はない。

ただし，相談者Xが死亡した時点では，第二次受益者は適正な対価を負担せずに受益権を取得することになるため，第二次受益者には相続税が課税されることになる（相続税法9条の2第2項，同法1条の3第1項1号）。

第三次受益者が受益権を取得した場合も同様である。

3 基本的事項及びスキーム図

(1) 信託目的
委託者の財産管理の負担を低減すること，委託者の家族が安心かつ快適な生活を送れるようにすること，確実に財産の承継を実現すること。

(2) 信託行為
相談者Xと長男Aとの間の信託契約

(3) 信託財産
賃貸不動産（マンション），金銭

(4) 当事者

ア　委託者　相談者X

イ　受託者　　受託者　　　　　長男A

後継受託者　　　長男Aの妻D

後々継受託者　　長女Bの子C

ウ　受益者　　受益者　　　　　相談者X（当初，自益信託）

第二次受益者　　長男A，長男Aの妻D，長女B

第三次受益者　　長女Bの子C

エ　残余財産受益者　長女Bの子C

(5) 信託期間
長男A，長女B及びD全員が死亡するまで。

(6) スキーム図

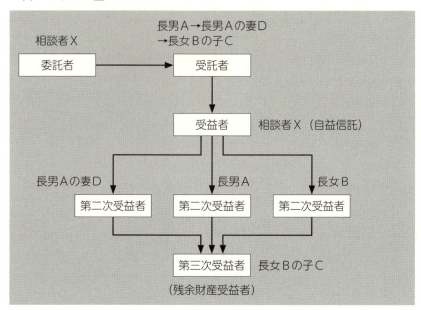

4 信託条項の検討

(1) 本事例のポイント

本事例では，受託者の信託事務の条項のほか，借換えとその前提となる信託財産責任負担債務及び債務引受等の事務と権限を適切に記載しておく必要がある。また，本事例は，孫世代（長女Bの子C）へ資産承継をするため長期間に亘ることが想定される信託であり，後継受託者に関する規定を設けた。当初自益信託だったものが後に他益信託になることから，詳細な給付条項を設けることにした。

(2) 信託目的

ア　信託目的の意義，信託法の規定及び検討事項については，【基本事例】（高齢者の財産保護）33頁を参照。

イ　条項例

【事例11】 4 信託条項の検討 249

（信託目的）

第1条　本信託の信託目的は，以下のとおりである。

　　委託者の主な財産を受託者が管理または処分等することにより，

(1)　委託者の財産管理の負担を低減すること。

(2)　委託者の家族がゆとりのある，安心かつ快適な生活を送れるようにすること。

(3)　確実に財産の承継を実現すること。

---

(3)　**信託行為**

信託行為の意義，信託法の規定及び検討事項については，【基本事例】（高齢者の財産保護）38頁を参照。

(4)　**信託財産**

　ア　信託財産の意義，信託法の規定及び検討事項については，【基本事例】（高齢者の財産保護）39頁を参照。

　イ　**債務引受及び信託財産責任負担債務**

債務の借換えの前提として，受託者が委託者の債務を自己の債務として弁済するためには，受託者が委託者の債務を債務引受したうえで，[1] その債務を信託財産責任負担債務にしておく必要がある。[2]

なお，債務引受は，信託行為とは別の法律行為であるため，民法の一般原則に従って，債務引受の手続をすることは必要である。[3]

---

1) 債務引受には，免責的債務引受と重畳的債務引受がある。免責的債務引受の効力を生じさせるためには，債権者の同意が必要である。これに対し，債権者の同意がない場合には，重畳的債務引受けの効力が生じるにすぎない（寺本昌広『逐条解説　新しい信託法』88頁（商事法務，補訂版，2008））。

2) 信託法21条2項は信託財産限定責任負担債務について規定している。この信託財産限定責任負担債務は，受託者が信託財産に属する財産のみによって履行する責任を負う債務である。この信託法21条2項の反対解釈から，同条項に規定された債務を除き，信託法21条1項に規定する信託財産責任負担債務（「限定」が付いていない。）については，受託者の信託財産に属する財産と固有財産に属する財産が共に責任財産となる（受託者の無限責任）。

3) 寺本・前掲注1) 84頁

250　第4章　信託契約書の作成事例

（定義）

信託法2条　この法律において「信託」とは，次条各号に掲げる方法のいずれかにより，特定の者が一定の目的（専らその者の利益を図る目的を除く。同条において同じ。）に従い財産の管理又は処分及びその他の当該目的の達成のために必要な行為をすべきものとすることをいう。

2～8　省略

9　この法律において「信託財産責任負担債務」とは，受託者が信託財産に属する財産をもって履行する責任を負う債務をいう。

10～12　省略

（信託財産責任負担債務の範囲）

信託法21条　次に掲げる権利に係る債務は，信託財産責任負担債務となる。

一　省略

二　信託財産に属する財産について信託前の原因によって生じた権利

三　信託前に生じた委託者に対する債権であって，当該債権に係る債務を信託財産責任負担債務とする旨の信託行為の定めがあるもの

四～九　省略

2　信託財産責任負担債務のうち次に掲げる権利に係る債務について，受託者は，信託財産に属する財産のみをもってその履行の責任を負う。

一～四　省略

　エ　条項例

（債務引受，信託財産責任負担債務及び借換え）[4]

第6条　委託者と受託者は，債務目録記載の債務について，免責的債務

4）条項例は，債務の借換えの前後で債権者（金融機関）が変わらない等，事前の根回しによって委託者の債権者（金融機関）が債務引受に同意しており，受託者からの弁済を受領することが見込める場合のものである。仮に，委託者の債権者（金融機関）が信託の設定を承認しない場合には，信託による不動産の所有者の変更により金融機関の約款上期限の利益を喪失することや受託者の債務引受に同意しない委託者の債権者（金融機関）は受託者からの弁済を受領しない事態も予想される。このような場合には，債権者（金融機関）から新たに借り入れる際に，委託者及び受託者を連帯債務者とする借入れを行うことにより委託者が借入金を受領したうえで，委託者から債権者である金融機関に対して弁済を行う方法が考えられる。

引受のために必要な手続を行う。

2　受託者が債務引受をした前項の債務は，信託財産責任負担債務とする。

3　受託者は，債務目録記載1の債務の借入条件より有利な条件で新たな借入れを行い，当該借入金で債務引受をした債務目録記載1の債務を弁済する。

(5)　**委託者**

委託者の意義，信託法の規定及び検討事項については，【基本事例】（高齢者の財産保護）45頁を参照。

(6)　**受託者**

ア　受託者の意義，信託法の規定及び検討事項については，【基本事例】（高齢者の財産保護）50頁を参照。

イ　**後継受託者の必要性**

当初受益者Xの死亡後も信託が存続し，子世代の長男A，長女B及び長男Aの妻Dの全員が死亡した時点で信託が終了することとしていることから，信託は長期間継続することが想定される。そこで，当初受託者長男Aの後継受託者が必要であり，後継受託者としては長男Aの妻D，その後は長女Bの子Cを受託者とした。

ウ　**受託者の権限**

受託者が債務の借換えを実行するためには，受託者として借入権限，担保設定権限などが必要となるが，受託者はデフォルトルールとして，これらの権限を有しており，敢えて信託条項に記載する必要はない。

エ　**条項例**

（受託者）

第10条　本信託の受託者は，以下のとおりである。

受託者　　　　　住所　　　○○県○○市○○町△-△-△

　　　　　　　　氏名　　　A

　　　　　　　　生年月日　昭和○○年○月○日

252　第4章　信託契約書の作成事例

2　信託が終了する前に前項の受託者が死亡その他の原因により信託事
　務を行えなくなった場合には，以下の者を後継受託者に指名する。[5]
　　　後継受託者　　住所　　　○○県○○市○○町△－△－△
　　　　　　　　　　氏名　　　D
　　　　　　　　　　生年月日　昭和○○年○月○日
3　信託が終了する前に前項の受託者が死亡その他の原因により信託事
　務を行えなくなった場合には，以下の者を後継受託者に指名する。
　　　後々継受託者　住所　　　○○県○○市○○町△－△－△
　　　　　　　　　　氏名　　　C
　　　　　　　　　　生年月日　平成○○年○月○日

（受託者の信託事務）
第11条　受託者は，以下の信託事務を行う。
　⑴　信託財産目録記載1及び2の信託不動産を管理，処分すること。
　⑵　金融機関より借入れを行うこと及び当該借入れのための信託不動
　　産に担保権を設定すること。[6]
　⑶　信託財産目録記載2の信託不動産について火災保険等の保険を付
　　すること及び保険金請求権に担保権を設定すること。
　⑷　信託財産目録記載2の信託不動産を第三者に賃貸し，第三者から
　　賃料を受領すること。
　⑸　前号によって受領した賃料を，上記1号の信託不動産を管理する
　　ために支出すること。
　⑹　上記1号及び4号において受領した売却代金及び賃料を管理し，
　　受益者の生活費，医療費及び介護費用等に充てるため支出すること。
　⑺　信託財産に属する金銭及び預金を管理し，受益者の生活費，医療

5）後継受託者の指名条項については，信託法の条文を引用する次のような条項例も考え
　られる。条項例「受託者Aについて，死亡，後見，保佐等信託法56条1項各号に定める
　受託者の任務の終了事由が生じた場合には，後継受託者として下記の者を指定する。」
6）新たな借入れ，担保権設定，付保険は不動産の管理・処分に含まれるかもしれないが，
　明確性の観点から，受託者の信託事務を明示するための独立の項目を設けた。

費及び介護費用等に充てるために支出すること。

(8) その他信託目的を達成するために必要な事務を行うこと。

(7) **受益者**

　受益者の意義，信託法の規定及び検討事項については，【基本事例】（高齢者の財産保護）65頁を参照。

(8) **その他の検討が必要な条項─信託関係人**

　　ア　信託監督人及び受益者代理人の意義，信託法の規定及び検討事項については，【基本事例】（高齢者の財産保護）71頁を参照。

　　イ　**本事例の検討**

　本事例においては，当初受益者Ｘの死亡後には，複数の第二次受益者の存在が予定され，受託者に対する十分な監督が実現できると考えられるため，敢えて，信託監督人等を設置しなかった。

(9) **その他の検討が必要な条項─信託の計算**

　信託の計算の意義，信託法の規定及び検討事項については【基本事例】（高齢者の財産保護）77頁を参照。

(10) **その他の検討が必要な条項─信託の変更**

　信託の変更の意義，信託法の規定及び検討事項は，【基本事例】（高齢者の財産保護）80頁を参照。

(11) **その他の検討が必要な条項─信託の終了**

　　ア　信託の終了の意義，信託法の規定及び検討事項については【基本事例】（高齢者の財産保護）82頁を参照。

　　イ　**本事例の検討**

　本事例においては，子世代（長男Ａ，長女Ｂ，長男Ａの配偶者Ｄ）が全員死亡したときに，信託は終了するとした。

5　信託契約書例

　委託者兼当初受益者Ｘと受託者Ａは，以下のとおり，信託契約を締結した。

254　第4章　信託契約書の作成事例

【信託目的】

(信託目的)

第1条　本信託の信託目的は，以下のとおりである。

　　委託者の主な財産を受託者が管理または処分等することにより，

(1)　委託者の財産管理の負担を低減すること。

(2)　委託者の家族がゆとりのある，安心かつ快適な生活を送れるようにすること。

(3)　確実に財産の承継を実現すること。

【信託行為】

(信託契約)

第2条　委託者は，本契約の締結の日（以下「信託開始日」という。）に，前条の目的に基づき，別紙信託財産目録記載の財産（以下「信託財産」という。）を受託者に信託し，受託者はこれを引き受けた（以下本契約に基づく信託を「本信託」という。）。

【信託財産】

(信託財産─預金)

第3条　委託者は，信託契約締結後，遅滞なく，信託財産目録記載3の預金を払戻し，当該払戻金を受託者に引き渡す。[7]

2　受託者は，前項の金銭を第14条の区分に応じ分別管理する。

(信託財産─信託不動産)

第4条　信託財産目録記載1及び2の信託不動産の所有権は，本信託開始日に，受託者に移転する。

2　委託者及び受託者は，本契約後直ちに，前項信託不動産について本信託を原因とする所有権移転の登記申請を行う。

3　受託者は，前項の登記申請と同時に，信託の登記の申請を行う。

4　前2項の登記費用は，受託者が信託財産から支出する。

7）委託者が賃貸不動産の管理専用の預金口座を有していない場合には，委託者が賃借人から預かっている敷金等について，「委託者は，本契約締結日において，受託者に対し，信託財産目録記載2の信託不動産の賃貸借契約に係る敷金，保証金及び共益費その他賃借人から受領している金銭を信託財産として交付する。」という条項を入れることを検討する。

【事例11】 5 信託契約書例 255

（信託不動産の瑕疵に係る責任）

第5条 受託者は，信託期間中及び信託終了後，信託不動産の瑕疵及び瑕疵に
より生じた損害について責任を負わない。

（債務引受，信託財産責任負担債務及び借換え）

第6条 委託者と受託者は，債務目録記載の債務について，免責的債務引受の
ために必要な手続を行う。

2 受託者が債務引受をした前項の債務は，信託財産責任負担債務とする。

3 受託者は，債務目録記載1の債務の借入条件より有利な条件で新たな借入
れを行い，当該借入金で債務引受をした債務目録記載1の債務を弁済する。

（信託の追加）

第7条 委託者は，受託者の同意を得て，金銭を本信託に追加することができ
る。

【委託者】

（委託者）

第8条 本信託の委託者は，X（昭和○○年○月○日生，住所：東京都○○区
○○町△－△－△）である。

（委託者の地位の不承継）

第9条 委託者が死亡した場合，委託者の権利は消滅し相続人に承継されない。

【受託者】

（受託者）

第10条 本信託の受託者は，以下のとおりである。

　　　　　受託者　　　　住所　　　　○○県○○市○○町△－△－△

　　　　　　　　　　　　氏名　　　　A

　　　　　　　　　　　　生年月日　昭和○○年○月○日

2 信託が終了する前に前項の受託者が死亡その他の原因により信託事務を行
えなくなった場合には，以下の者を後継受託者に指名する。

　　　　　後継受託者　　住所　　　　○○県○○市○○町△－△－△

　　　　　　　　　　　　氏名　　　　D

　　　　　　　　　　　　生年月日　昭和○○年○月○日

3 信託が終了する前に前項の受託者が死亡その他の原因により信託事務を行
えなくなった場合には，以下の者を後継受託者に指名する。

　　　　後々継受託者　住所　　　　〇〇県〇〇市〇〇町△－△－△

　　　　　　　　　　氏名　　　C

　　　　　　　　　　生年月日　平成〇〇年〇月〇日

（受託者の信託事務）

第11条　受託者は，以下の信託事務を行う。

⑴　信託財産目録記載1及び2の信託不動産を管理，処分すること。

⑵　金融機関より借入れを行うこと及び当該借入れのための信託不動産に担保権を設定すること。

⑶　信託財産目録記載2の信託不動産について火災保険等の保険を付すること及び保険金請求権に担保権を設定すること。

⑷　信託財産目録記載2の信託不動産を第三者に賃貸し，第三者から賃料を受領すること。

⑸　前号によって受領した賃料を，上記1号の信託不動産を管理するために支出すること。

⑹　上記1号及び4号において受領した売却代金及び賃料を管理し，受益者の生活費，医療費及び介護費用等に充てるため支出すること。

⑺　信託財産に属する金銭及び預金を管理し，受益者の生活費，医療費及び介護費用等に充てるために支出すること。

⑻　その他信託目的を達成するために必要な事務を行うこと。

（信託事務処理の第三者への委託）

第12条　受託者は，信託財産目録記載1及び2の信託不動産の管理を第三者に委託することができる。

（善管注意義務）

第13条　受託者は，信託財産の管理，処分その他の信託事務について善良な管理者の注意をもって処理しなければならない。

（分別管理義務）

第14条　受託者は，信託財産に属する金銭及び預金と受託者の固有財産とを，以下の各号に定める方法により，分別して管理しなければならない。

⑴　金銭　　信託財産に属する財産と受託者の固有財産とを外形上区別することができる状態で保管する方法

⑵　預金　　信託財産に属する預金専用の口座を開設する方法

（帳簿等の作成・報告・保存義務）

第15条　本信託の計算期間は，毎年1月1日から6月30日まで及び7月1日から12月31日までとする。ただし，第1期の計算期間は，信託開始日から平成○○年12月31日までとする。

2　受託者は，信託事務に関する計算を明らかにするため，信託財産に属する財産及び信託財産責任負担債務の状況を記録しなければならない。

3　受託者は，信託財産に関し，第1項の信託期間に対応する信託財産目録及び収支計算書を当該計算期間が満了した月の翌月末日までに作成しなければならない。

4　受託者は，信託財産目録記載2の信託不動産を第三者に賃貸することに関し，賃借人の退去，新たな賃借人の入居及び賃料並びに管理費の変更など賃貸借契約の当事者及び内容等に変更があった場合には，その経過報告書を作成しなければならない。

5　受託者は，第3項記載の信託財産目録及び収支計算書を，第3項により決められた期日までに，受益者に提出しなければならない。

6　受託者は，第4項記載の経過報告書を，その作成の都度，受益者及び信託監督人に提出しなければならない。

7　受託者は，第2項に基づき作成した帳簿は作成の日から10年間，第5項並びに前項に基づき受益者に提出した書類は信託の清算の結了の日までの間，保存しなければならない。

（信託費用の償還）

第16条　受託者は，信託事務処理に係る費用を，直接，信託財産から償還を受けることができる。

2　受託者は，受益者から信託事務処理に係る費用の償還または前払いを受けることができる。

（信託報酬）

第17条　受託者は無報酬とする。

【受益者】

（受益者）

第18条　本信託の当初受益者は，委託者Xである。

2　当初受益者Xが死亡したときは，以下の者を第二次受益者に指定する。な

お，各人の受益権割合は均等なものとする。

第二次受益者	住所	東京都○○区○○△-△-△
	氏名	A
	生年月日	昭和○○年○月○日
第二次受益者	住所	東京都○○市○○町△-△-△
	氏名	B
	生年月日	昭和○○年○月○日
第二次受益者	住所	○○県○○市○○町△-△-△
	氏名	D
	生年月日	昭和○○年○月○日

3 第二次受益者A，B又はDが死亡したときは，以下の者を第三次受益者に指定する。

第三次受益者	住所	東京都○○区○○△-△-△
	氏名	C
	生年月日	平成○○年○月○日

（受益権）

第19条　受益者は，受益権として以下の内容の権利を有する。

(1)　信託財産目録記載2の信託不動産を生活の本拠として使用する権利

(2)　信託財産である預金から給付を受ける権利

（給付方法）

第20条　受託者は，受益者の生活，医療，介護等に必要な資金として次のとおり定期にまたは実際の必要に応じて随時に，信託財産である金銭を受益者に対し給付する。

(1)　当初受益者Xに対する給付

①　定期給付

受託者は，毎月○万円を指定された受益者X名義の銀行口座に振り込む。

②　随時給付

当初受益者Xの生活，医療，介護等に要する費用について，当初受益者Xから給付の要求があり，受託者が相当であると判断したときは，受託者は，その都度，必要額を受益者X名義の銀行口座に振り込む。

【事例11】 5 信託契約書例 259

(2) その他の受益者に対する給付[8]

① 定期給付

受託者は，本信託に係る計算期間に対応した決算を行い，収入から費用を控除した収益の○○％に受益権割合を乗じた金額を，決算後2月以内に，指定された各受益者名義の銀行口座に振り込む。

② 随時給付

各受益者の生活，医療，介護等に要する費用について，各受益者から給付の要求があり，受託者が相当であると判断したときは，受託者は，その都度，必要額を各受益者名義の銀行口座に振り込む。

（受益権の譲渡・質入れの禁止）

第21条 受益者らは，受益権を譲渡又は質入れすることはできない。

【信託の変更】

（信託の変更）

第22条 本信託において委託者が存在する場合には，受託者及び委託者が協議し，両名の合意により，信託の変更をすることができる。

2 本信託において委託者が存在しない場合には，信託目的に反しないこと及び受益者らの利益に適合することが明らかであるときに限り，受託者の書面による意思表示により，信託を変更することができる。

【信託期間，信託の終了】

（信託の終了事由）

第23条 本信託は，受益者X，A，B及びDの死亡により終了する。

（残余財産受益者）

第24条 第三次受益者を本信託の残余財産受益者に指定する。

信託財産目録

（省略）

---

8) 自益信託である当初受益者に対する給付内容と他益信託となるその他の受益者に対する給付内容とでは，その意義が異なるものであることから，給付条項も自益信託と他益信託とで分けた。

260　第4章　信託契約書の作成事例

債務目録

1　債 務 者　委託者X

　　債 権 者　金融機関名・担当支店

　　抵当権者　金融機関・担当支店

　　借入日時

　　借入金額

　　借入利率

　　返済期間

　　平成　　年　　月　　日時点の残高

2　信託財産目録記載2の建物の各賃貸借契約に関する各敷金返還債務

コラム

抵当権の被担保債権に係る債務と信託財産責任負担債務

　委託者における賃貸不動産の建築資金等のための借入金は一般に当該賃貸不動産に対して設定された抵当権によって担保されているが，この抵当権の被担保債権に係る債務が信託法21条1項2号によって当然に信託財産責任負担債務になるわけではない。

　たしかに，信託法21条1項2号の「権利」については，「例えば，既に抵当権が設定されている不動産につき信託行為によって当該不動産が信託財産となった場合における当該抵当権のことである」とされている。[1] しかし，「債権・権利に係る債務」の債権・権利と債務は表裏一体の同じ法律関係を指す用語であるが，抵当権の被担保債権は必ずしも抵当権の実行だけによって弁済されるものではなく，抵当権と抵当権の被担保債権に係る債務とは表裏一体の法律関係とはいえない。また，仮に，抵当権の被担保債権に係る債務が当然に信託財産責任負担債務になることを肯定すると，抵当不動産以外の信託財産まで，抵当権の被担保債権の責任財産となることを認めることになり不合理である。

　したがって，抵当権の被担保債権に係る債務を信託財産責任負担債務にするためには，信託法21条1項3号の「当該債権に係る債務を信託財産責任負担債務とする旨の信託行為の定め」が必要である。

　さらに，信託法では信託の対象となる財産は積極財産に限られ，消極財産（債務）自体が信託財産に含まれるものではない。それゆえ，前述の信託法21条1項3号に基づき，当該債権に係る債務を信託財産責任負担債務とする旨の信託行為の定めがある場合にも，委託者が負担する債務が当然に受託者に移転するわけではなく，民法の一般原則に従って債務引受の手続を取ることが必要である。そして，債務引受の手続を取ることによって免責的債務引受の効力を生じさせるためには債権者の同意が必要であり，債権者の同意がない

場合には重畳的債務引受の効力が生じるにすぎない。[2]

1）寺本昌広『逐条解説 新しい信託法』84頁（商事法務，補訂版，2008)
2）寺本・前掲注1）84頁

【事例12】事業承継―後継者の育成

1 事 例

　相談者X（60）は中小企業（株式会社Y）を経営している。相談者Xには長男A（30）がおり，将来的に，長男Aを後継者にしたいと考えている。ただ，現時点では，長男Aは経営者としての経験が少なく，長男Aが経営者として成長するまで，しばらくは相談者Xが経営を見ていたい。
　なお，株式会社Yには，相談者Xが信頼する番頭B（55）がいる。

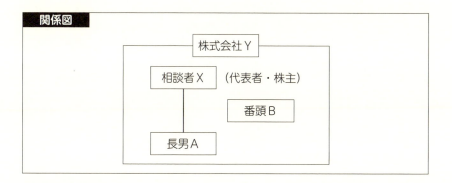

2 検 討

(1) 中小企業における自社株の承継の問題
　中小企業において，経営者は，自社株式（イコール経営権）の委譲時期に苦心する場合が多い。成長時期にある企業の場合，自社株式の株価が年々増加し，経営者の死亡時（相続時）まで待っていたので，後継者たる相続人が莫大な相続税を支払わなければならないという場合がある。一方，後継者側でも，相続時まで，自分が後継者になれるかどうかわからないようだとすると，モチベーションの低下につながるおそれがある。
　そこで，現時点で，自社株式を後継者に委譲することが考えられるが，株

式の譲渡は，経営権の譲渡につながる。もっとも，後継者が十分な経営能力を有するに至っていない場合には，現経営者としても，まだ経営に関与していきたいという要望もある。

(2) 解決策としての信託の利用

そこで，株式は後継者に譲渡するが，経営権は現経営者に残しておくためのスキームが検討されることになる。

まず，拒否権付種類株式（会社法108条1項8号）を発行し，当該拒否権付種類株式を現経営者に保持させて，他の株式を後継者に譲渡する方法が考えられる。しかしながら，拒否権付種類株式の発行によった場合，現経営者は，積極的に経営に関与するというものではなく，後継者の経営に消極的にストップをかけるというスキームになるという点では注意が必要である。なお，株式会社において，この拒否権付種類株式を導入する場合，定款変更の手続（会社法466条，309条2項11号）を要し，登記をしなければならない（会社法911条3項7号）。

ここで，より積極的に経営に関与したい経営者のために，信託を用いた事業承継スキームを組成することができる。このスキームでは，自社株式を信託財産として受託者（本事例では番頭B）に信託する。株主権のうち，自益権（剰余金配当請求権など）を受益権として後継者に与え，一方，共益権は株式名義人たる受託者が行使することになる。そして，議決権の行使については，現経営者を指図権者として定め，現経営者が，指図権者として，議決権の行使について，受託者に指図をすることによって経営に参画することができる。

(3) 税制上の注意点

後継者が，経済産業大臣の認定を受けた非上場会社の株式を現経営者から相続又は贈与により取得した場合において，一定割合の相続税又は贈与税の納税が猶予される特例（いわゆる事業承継税制）は，非上場株式を信託した場合には適用されない（租税特別措置法70条の7，70条の7の2）。

3 基本的事項及びスキーム図

(1) **信託目的**

株式会社Yにおける安定した経営の確保，Aの育成の支援及び経営権の円滑な承継。

(2) **信託行為**

相談者Xと番頭Bとの間の信託契約

(3) **信託財産**

自社株式

(4) **当事者等**

　ア　委託者　　相談者X
　イ　受託者　　番頭B
　ウ　受益者　　長男A（他益信託）
　エ　指図権者　相談者X

(5) **信託期間**

長男Aが経営者としての適格性を備えたとき又は相談者X死亡時等のいずれか早い時期。

(6) **スキーム図**

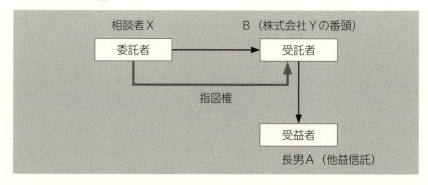

266　第4章　信託契約書の作成事例

4　信託条項の検討

(1)　本事例のポイント

本事例では，株式を信託財産とした場合の諸手続，指図権者に係る諸問題について検討する。

(2)　信託目的

ア　信託目的の意義，信託法の規定及び検討事項については，【基本事例】（高齢者の財産保護）33頁を参照。

イ　条項例

（信託目的）

第1条　本信託の信託目的は，以下のとおりである。

　　委託者の株式会社Y株式を受託者が管理その他本信託目的の達成のために必要な行為をすることにより，

(1)　株式会社Yの安定した経営の確保をすること。

(2)　株式会社Yの後継者たるAの育成を支援すること。

(3)　株式会社Y株式をAに円滑に承継させること。

---

(3)　信託行為

信託行為の意義，信託法の規定及び検討事項については，【基本事例】（高齢者の財産保護）38頁を参照。

(4)　信託財産

ア　信託財産の意義，信託法の規定及び検討事項については，【基本事例】（高齢者の財産保護）39頁を参照するほか，信託財産が株式の場合の法令の規定を確認する。

イ　会社法の規定

株式を信託財産とした場合でも，まずは，通常の株式譲渡と同様の手続が必要となる。すなわち，株主として株主名簿に記載されまたは記録された者と株式を取得した者が共同して，株式会社に対して，株主名簿に記載することを請求することになる（会社法133条）。

さらに，株式を信託財産とした場合，当該株式が信託財産に属する旨を株

主名簿に記載し，または記録しなければ，当該株式が信託財産に属すること
を株式会社その他の第三者に対抗することができない（会社法154条の2第1
項）。この場合，受託者が，株式会社に対し，株式が信託財産である旨を株
主名簿に記載し，または記録することを請求することができる（会社法154条
の2第2項）。

> **会社法154条の2** 株式については，当該株式が信託財産に属する旨を株主名
> 簿に記載し，又は記録しなければ，当該株式が信託財産に属することを株式
> 会社その他の第三者に対抗することができない。
> 2 第121条第1号の株主は，その有する株式が信託財産に属するときは，株
> 式会社に対し，その旨を株主名簿に記載し，又は記録することを請求するこ
> とができる。
> 3 株主名簿に前項の規定による記載又は記録がされた場合における第122条
> 第1項及び第132条の規定の適用については，第123条第1項中「記録された
> 株主名簿記載事項」とあるのは「記録された株主名簿記載事項（当該株主の
> 有する株式が信託財産に属する旨を含む。）」と，第132条中「株主名簿記載
> 事項」とあるのは「株主名簿記載事項（当該株主の有する株式が信託財産に
> 属する旨を含む。）」とする。
> 4 前3項の規定は，株券発行会社については，適用しない。

　なお，株券発行会社の場合，第三者対抗要件は，株券の交付となる（会社
法128条1項）。
　　ウ　本事例の検討
　信託条項では，当該会社法の規定を受けて，信託財産たる株式に関する手
続を規定することになる。
　　エ　条項例

（信託財産―株式）
第3条　委託者及び受託者は，本契約締結後直ちに，株式会社Yに対し
　　て，受託者の氏名及び住所を株式会社Yの株主名簿に記載するように
　　請求する。
　2　受託者は，前項の記載の終了後直ちに，信託目録○記載の株式につ

き，会社法第154条の２の規定による株式会社Ｙに対する信託財産に属する旨の株主名簿の記載の請求その他必要な手続を行う。

(5) **委託者**

委託者の意義，信託法の規定及び検討事項については，【基本事例】（高齢者の財産保護）45頁を参照。

(6) **受託者**

ア　受託者の意義，信託法の規定及び検討事項については，【基本事例】（高齢者の財産保護）50頁を参照するほか，指図権に関する規定を確認する。

イ　**指図権の規定**

信託法上，指図権及び指図権者に関する規定はない。

指図権者については，信託業法65条及び同法66条に規定がされている。信託業法の指図権者の規定は，民事信託において指図権条項を組成するうえでも参考になるので，信託業法の規定を概観する。

信託業法では，指図権者とは，「信託財産の管理又は処分の方法について指図を行う業を営む者」とされ，当該指図権者は，信託の本旨に従い，受益者のために忠実に当該信託財産の管理又は処分に係る指図を行わなければならないとされる（信託業法65条）。

その他，信託業法には，指図権者の行為準則の定めがある（信託業法66条）。

（指図権者の忠実義務）

信託業法65条　信託財産の管理又は処分の方法について指図を行う業を営む者（次条において「指図権者」という。）は，信託の本旨に従い，受益者のため忠実に当該信託財産の管理又は処分に係る指図を行わなければならない。

（指図権者の行為準則）

信託業法66条　指図権者は，その指図を行う信託財産について，次に掲げる行為をしてはならない。

一　通常の取引の条件と異なる条件で，かつ，当該条件での取引が信託財産に損害を与えることとなる条件での取引を行うことを受託者に指図すること。

二　信託の目的，信託財産の状況又は信託財産の管理若しくは処分の方針に照らして不必要な取引を行うことを受託者に指図すること。

三　信託財産に関する情報を利用して自己又は当該信託財産に係る受益者以外の者の利益を図る目的をもって取引（内閣府令で定めるものを除く。）を行うことを受託者に指図すること。

四　その他信託財産に損害を与えるおそれがある行為として内閣府令で定める行為

ウ　本事例の検討

受託者の信託事務として，信託財産としての株式の管理方法の規定が必要になる。本スキームの場合は，剰余金の受領及び受益者に対する交付が主となる（なお，本スキームでは，相談者Xが信頼する番頭Bを受託者とした。）。

また，議決権の行使に関して，指図権の規定を置くことになる。

エ　条項例

（指図権者）

第13条　本信託の指図権者は，以下のとおりとする。

　　　　住所　東京都○○区×××○丁目○番○号

　　　　氏名　X

（指図権の行使）

第14条　指図権者は，受託者に対し，信託財産目録記載1の株式の議決権の行使について指図し，受託者は，指図権者の指図に従わなければならない。

(7)　受益者

受益者の意義，信託法の規定及び検討事項については，【基本事例】（高齢者の財産保護）65頁を参照。

(8)　その他の検討が必要な条項─信託関係人

ア　信託監督人及び受益者代理人の意義，信託法の規定並びに検討事項については，【基本事例】（高齢者の財産保護）71頁を参照。

270　第4章　信託契約書の作成事例

　　イ　本事例の検討

　本事例では，相談者Xが指図権者となり，直接，受託者に指図を行うこと
になっているため，信託監督人又は受益者代理人の受託者を監督する機関は
設置しないこととした。

　⑼　その他の検討が必要な条項―信託の計算

　信託の計算の意義，信託法の規定及び検討事項については【基本事例】
（高齢者の財産保護）77頁を参照。

　⑽　その他の検討が必要な条項―信託の変更

　信託の変更の意義，信託法の規定及び検討事項は，【基本事例】（高齢者の
財産保護）80頁を参照。

　⑾　その他の検討が必要な条項―信託の終了

　信託の終了の意義，信託法の規定及び検討事項については【基本事例】
（高齢者の財産保護）82頁を参照。

5　信託契約書例

　委託者Xと受託者Bは，以下のとおり，信託契約を締結した。

【信託目的】

（信託目的）

第1条　本信託の信託目的は，以下のとおりである。

　　委託者の株式会社Y株式を受託者が管理その他本信託目的の達成のために
　必要な行為をすることにより，

　⑴　株式会社Yの安定した経営の確保をすること。

　⑵　株式会社Yの後継者たるAの育成を支援すること。

　⑶　株式会社Y株式をAに円滑に承継させること。

【信託行為】

（信託契約）

第2条　委託者は，本契約の締結の日（以下「信託開始日」という。）に，前
　項の目的に基づき，別紙信託財産目録記載の財産（以下「信託財産」とい
　う。）を受託者に信託し，受託者はこれを引き受けた（以下本契約に基づく

信託を「本信託」という。)。

【信託財産】

(信託財産―株式)

第3条　委託者及び受託者は，本契約締結後直ちに，株式会社Yに対して，受託者の氏名及び住所を株式会社Yの株主名簿に記載するように請求する。[1]

2　受託者は，前項の記載の終了後直ちに，信託目録○記載の株式につき，会社法第154条の2の規定による株式会社Yに対する信託財産に属する旨の株主名簿の記載の請求その他必要な手続を行う。

【委託者】

(委託者)

第4条　本信託の委託者は，X（住所：東京都○○区×××○丁目○番○号，生年月日：昭和○年○月○日）である。

(委託者の地位の不承継)

第5条　委託者が死亡した場合，委託者の権利は消滅し相続人に承継されない。

【受託者】

(受託者)

第6条　本信託の受託者は，以下のとおりとする。

　　　　住所　　東京都○○区△△△○丁目○番○号

　　　　氏名　　B

(受託者の信託事務)

第7条　受託者は，以下の信託事務を行う。

　⑴　信託財産目録記載1の株式を管理すること。

　⑵　信託財産目録記載1の株式に係る剰余金を受領し，受益者に交付すること。

　⑶　その他信託目的を達成するために必要な事務を行うこと。

(受託者の権限)

第8条　受託者は，信託財産目録1の株式を処分することができない。

(善管注意義務)

---

1) 信託財産たる株式が譲渡制限株式（会社法2条17号）の場合，株式の譲渡に係る承認手続（会社法第二編第二章第三節第二款）が必要となる。

272　第4章　信託契約書の作成事例

第9条　受託者は，信託財産の管理その他の信託事務について善良な管理者の
　　注意をもって処理しなければならない。

（信託費用の償還）

第10条　受託者は，信託財産から信託事務処理に係る費用の償還を受けること
　　ができる。

2　受託者は，受益者から信託事務処理に係る費用の償還または前払いを受け
　　ることができる。

（帳簿等の作成・報告・保存義務）

第11条　受託者は，信託事務に関する計算を明らかにするため，信託財産に属
　　する財産の状況を記録しなければならない。

2　受託者は，株式会社Ｙの事業年度の終了の日から4か月以内に，信託財産
　　に関する信託財産目録及び収支計算書を作成し，速やかに受益者に提出しな
　　ければならない。

3　受託者は，第1項に基づき作成した帳簿は作成の日から10年間，前項に基
　　づき受益者に提出した書類は信託の清算の結了の日までの間，保存しなけれ
　　ばならない。

（信託報酬）

第12条　受託者は無報酬とする。

（指図権者）

第13条　本信託の指図権者は，以下のとおりとする。

　　　住所　東京都○○区×××○丁目○番○号

　　　氏名　Ｘ

（指図権の行使）

第14条　指図権者は，受託者に対し，信託財産目録記載1の株式の議決権の行
　　使について指図し，受託者は，指図権者の指図に従わなければならない。[2]

【受益者】

（受益者）

第15条　本信託の受益者は，Ａ（住所：東京都○○区×××○丁目○番○号，

2）受託者が行使する共益権には，議決権のほかに各種の少数株主権がある。しかし，本
　事例では，他の少数株主権の行使は想定し難いため，指図権者が指図する共益権は，議
　決権に限定している。

生年月日：昭和○年○月○日）である。

（受益権）

第16条　受益者は，受益権として以下の内容の権利を有する。

　　信託財産目録記載1の株式から生じる剰余金[3]その他株主としての経済的利益を受ける権利

（受益権の譲渡・質入れの禁止）

第17条　受益者は，受益権を譲渡または質入れすることはできない。

【信託の変更】

（信託の変更）

第18条　本信託において，委託者の書面による意思表示により，信託を変更することができる。

【信託期間，信託の終了】

（信託の終了事由）

第19条　本信託は，以下の事由によって終了する。

　(1)　委託者と受託者の合意[4]

　(2)　委託者の死亡

　(3)　委託者が成年後見開始，保佐開始または補助開始の審判を受けたこと

　(4)　株式会社Yの解散

（残余財産受益者）

第20条　受益者を本信託の残余財産受益者として指定する。

信託財産目録

　1　株式会社Yの株式

　　（省略）

3）残余財産の分配は除いている。残余財産の分配時は会社の清算の時であるが，会社を清算する場合には，本信託を終了させるのが望ましいとの考慮による（本信託契約19条4項）。

4）現経営者Xが，長男Aの経営者としての適格性を承認し，経営権を委譲しても良いと判断した場面を想定している。

274　第4章　信託契約書の作成事例

コ・ラ・ム

指図権者に関する問題点及び実務上の注意点

　【事例12】（事業承継―後継者の育成）の本文で述べたとおり，指図権者については，信託業法上の規定はあるが，信託法上の規定はない。信託業法は信託業に関する規制法であり，そもそも信託業法上の規定である指図権者の概念が，どこまで民事信託に妥当するかは，議論の余地があるところである。

　また，受託者が，指図権者の指図に従わなかったときは，受託者にそもそも責任が生じるか（受託者が，受益者の利益を考えて，指図に従わなかった場合など），また，責任が生じるとして，その責任はどのようなものかも問題となる。さらに，受託者は，委託者によって選任されるが，受託者に責任が生じるとした場合，受託者は，受益者に対して責任を負うのか，委託者に対して責任を負うのかについても検討を要する。

　一方，指図権者の固有の責任はどのようなものかも，一義的に明らかでない。

　そこで，信託の組成の際，信託行為において，指図権者の裁量権の範囲その他指図権者について必要な事項を，明確化しておくことが有用である。例えば，①受託者が，指図権者の行為について監視し，または，検討する義務を負うか，②受託者が指図に疑問を持つ状況に備えた手続，③指図権者の指図に従った場合の受託者の免責条項を置くか否か，④指図権者が就任するか否かの意思を明確にしない場合や指図権者が適切に指図を行わない場合に備えての手当（就任の意思表示の要否・方法，解任・指図権者の交替等），⑤指図権者の義務・義務違反の効果（利益相反的な行為に係る規律を含む。），⑥指図権者の任務終了事由・交替手続（例えば，長期間にわたる信託では，受益者に選解任権を与える等），⑦受託者が指図権者に対しどのような情報を提供すべきか，などを規定することが挙げられる（中

【事例12】 コラム 指図権者に関する問題点及び実務上の注意点 275

田直茂「指図者を利用した場合の受託者責任（上）（下）」金融法務事情1859号30頁，1860号40頁）。

【事例13】 事業承継―遺留分への配慮

1 事例

相談者X (68) はY株式会社 (以下「Y社」という。) の代表取締役社長である。現在，Y社の株式（発行済みの議決権ある株式は200株）はXが100パーセント保有している。相談者Xの推定相続人にはY社の専務取締役である長男A (40) と，Y社の経営等に関与していない長女B (38) がいる。

現在，Y社の業績は好調であり，相談者Xは，今後も当面の間，Y社の経営に関わっていくものの，将来的には長男AにY社の事業を引き継がせるつもりであり，現在，相談者Xが保有しているY社の株式については出来る限り長男Aに承継させたいと考えている。

なお，相談者Xの主な財産はY社の株式のみである。

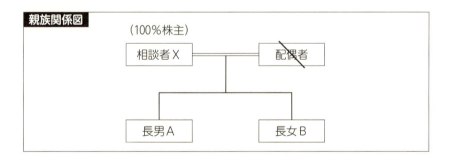

2 検討

(1) 世代交代に伴うY社の経営の安定確保

相談者Xは，Y社の経営を長男Aに引き継がせたいと考えているが，自分の死後，Y社の株式を長男Aに全部相続させると，長女Bの遺留分を侵害してしまう。

他方，長女Bの遺留分に配慮して，Y社の株式を長女Bにも相続させると，

今までY社の経営に関与していなかった長女BがY社の経営に口を出してくる可能性があり，Y社の経営が不安定になる懸念がある。

そこで，相談者Xとしては，Y社の経営権を長男Aに集中させつつ，長女Bの遺留分を侵害しないようにしたい。

(2) 信託制度の利用

このような相談者Xの希望を叶えるために信託の活用が考えられる。

相談者Xは，Y社の株式を信託会社Zに信託し，信託行為により，その株式の議決権行使に関する指図権を設定する。つまり，実質的に株式の議決権は指図権を有する者が行使し，株式の自益権は受益者が有することにする。

そして，相談者Xの存命中には，相談者Xは受益者となりつつ（自益信託），前述の指図権に基づき議決権を行使し，Y社の経営を行う。

相談者Xの死後には，議決権行使に関する指図権は，後継者である長男Aに与え，長男AにY社の会社の経営を行えるようにする。また，長男A及び長女Bに受益権を取得させるが，長女Bの受益権の取得割合は，長女Bの遺留分に配慮し，遺留分割合と同じ4分の1として，その余の受益権4分の3は全て長男Aに取得させる。

(3) 長女Bの遺留分について

平成19年3月9日に国税庁が公表した「種類株式の評価について（情報）」（資産評価企画官情報第1号）によれば，[1] 同族株主（原則的評価方式が適用される同族株主等をいう。）が無議決権株式を相続又は遺贈により取得した場合には，原則として，議決権の有無を考慮せずに評価するとされている。

本スキームにおける受益権は，株式のうち経済的な利益を受けることを内容とする権利であるが，前記のとおり，株式の価値は議決権の有無を考慮せずに評価されるとすると，長女Bの受益権もY社の株式の4分の1の価値を有していると評価されることになる。そのため，本スキームにおいて，長女Bに4分の1の割合の受益権を与えるだけであっても，長女Bの遺留分（4分の1）を直ちに侵害することにはならないと考えられる。

なお，相談者XがY社の株式以外にも財産を有していた場合には，長女B

---

1) http://www.nta.go.jp/shiraberu/zeiho-kaishaku/joho-zeikaishaku/hyoka/070309/01.htm

278　第4章　信託契約書の作成事例

には受益権を一切与えず，その他の財産を相続させることにより，長女Bの遺留分に配慮する方法を取ることも考えられる。

　本スキームは，長女Bの遺留分減殺請求を潜脱するための手段として用いるべきではなく，あくまでも，円滑な事業承継の一手段として利用すべきである。

(4)　課税関係

　上記の国税庁の見解によると，長男A及び長女Bが取得する受益権は，Y社の株式の価値と同等に評価されると考えられる。相談者Xが死亡した際，長男A及び長女Bには相続税を課税されることになる（相続税法9条の2第2項）。

3　基本的事項及びスキーム図

(1)　信託目的

　Y社の円滑な事業承継による企業価値の維持・向上を目的とする株式の管理

(2)　信託行為

　相談者Xと信託会社Zとの間の信託契約

(3)　信託財産

　Y社の株式

(4)　当事者等

　　ア　委託者　　　相談者X

　　イ　受託者　　　信託会社Z[2]

　　ウ　受益者　　　受益者　　　　　　相談者X（当初，自益信託）

　　　　　　　　　　第二次受益者　　　長男A（受益権の割合4分の3）

　　　　　　　　　　　　　　　　　　　長女B（受益権の割合4分の1）

　　エ　指図権者　　　　　　　　　　　相談者X

　　　　　　　　相談者Xの死後　　　長男A

2）受託者の選択は難しいところであるが，本スキームでは信託会社を受託者とした。長男Aを受託者とするスキームを組むことも考えられる。

(5) **信託期間**
　長男Aが死亡等によりY社経営ができなくなるまで。[3]

(6) **スキーム図**

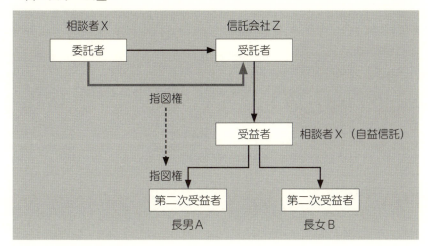

4　信託条項の検討

(1) **本事例のポイント**

　本事例では，相談者XをY社の議決権行使の指図権者とすることにより，相談者XにY社の経営権を与え，さらに，相談者Xの死後には，非後継者長女Bの遺留分に配慮しながら受益権を長男A及び長女Bに分割しつつ，後継者である長男Aを議決権行使の指図権者とすることにより，議決権の分散を防止し，後継者長男Aへの安定的な事業承継を図ることにしている。[4]

---

3) 長男Aの死後も信託を継続することは可能であるが，受益権が長男Aの子ども，長女Bの子どもに分散していくことになり，信託の終了時の処理が難しくなる。そこで，本スキームでは，長男AがY社を経営している間に，長女Bから受益権を買い取ることを想定し，基本的には，長男Aが死亡等によってY社の経営ができなくなるまでを信託期間とした。
4) 前述のとおり，無議決権株式は，原則として，議決権の有無を考慮せずにその価値を評価するとされていること，また，独立して取引の対象となる財産（権利）ではないことから，議決権行使の指図権には財産的価値はないと評価されると考えられる。

280　第4章　信託契約書の作成事例

(2)　信託目的

ア　信託目的の意義，信託法の規定及び検討事項については，【基本事例】（高齢者の財産保護）33頁を参照。

イ　条項例

（信託目的）

第1条　本信託の信託目的は，以下のとおりである。

　　委託者のＹ株式会社の株式を受託者が管理その他本信託目的の達成のために必要な行為をすることにより，

(1)　Ｙ株式会社の安定した経営を確保すること。

(2)　Ｙ株式会社の株式をＡに円滑に承継させること。

---

(3)　信託行為

信託行為の意義，信託法の規定及び検討事項については，【基本事例】（高齢者の財産保護）38頁を参照。

(4)　信託財産

ア　信託財産の意義，信託法の規定及び検討事項については，【基本事例】（高齢者の財産保護）39頁を参照。

イ　会社法の規定については，【事例12】（事業承継―後継者の育成）266頁を参照。

(5)　委託者

委託者の意義，信託法の規定及び検討事項については，【基本事例】（高齢者の財産保護）45頁を参照。

(6)　受託者

ア　受託者の意義，信託法の規定及び検討事項については，【基本事例】（高齢者の財産保護）50頁を参照。

イ　指図権の規定については，【事例12】（事業承継―後継者育成）268頁を参照。

ウ　本事例の検討

本事例では，受託者に信託会社を選択しているため，受託者には報酬を支払うことになる。

【事例13】　4　信託条項の検討　281

エ　条項例

> （信託報酬）
> 第12条　受託者の報酬は，月額○万円とする。

(7)　受益者

ア　受益者の意義，信託法の規定及び検討事項については，【基本事例】（高齢者の財産保護）65頁を参照。

また，後継ぎ遺贈型受益者連続信託の規定（信託法91条）については，【事例2】（後妻と実子との間の利益の調整―後継ぎ遺贈型の受益者連続信託の活用1）の115頁を参照。

イ　本事例の検討

（ア）相談者Xが死亡する前に，長男Aまたは長女Bが死亡した場合

相談者Xが死亡する前に長男Aが死亡した場合，本事例では長男Aの死亡が終了事由とされていることから信託は終了する。他方，相談者Xが死亡する前に長女Bが死亡した場合，委託者である相談者Xは信託法90条に基づき受益者を変更する権利を有することになるので，その時点における遺留分権者に配慮しつつ，新たな受益者を指定することが可能となる。

（委託者の死亡の時に受益権を取得する旨の定めのある信託等の特例）
信託法90条　次の各号に掲げる信託においては，当該各号の委託者は，受益者を変更する権利を有する。ただし，信託行為に別段の定めがあるときは，その定めるところによる。
一　委託者の死亡の時に受益者になるべき者として指定された者が受益権を取得する旨の定めのある信託
二　委託者の死亡の時以後に受益者が信託財産に係る給付を受ける旨の定めのある信託
2　前項第2号の受益者は，同号の委託者が死亡するまでは，受益者としての権利を有しない。ただし，信託行為に別段の定めがあるときは，その定めるところによる。

（イ）相談者Xの死亡後に長女Bが死亡した場合

仮に，長女Bが死亡した場合に長女Bの法定相続人が受益権を取得できないと定めた場合は長女Bの受益権の減価要因となり，結果として長女Bの遺留分を侵害するおそれがある。これを避けるため，信託期間中に長女Bが死亡した場合には長女Bの法定相続人に長女Bの受益権を取得させることにした。[5]

（ウ）受益権の譲渡・質入れの禁止

さらに，本事例では，長男AがY社を経営している間に，長女Bから受益権を買い取ることを想定しているため，原則として，受益権の譲渡・質入れを禁止しつつ，受益者間に限り譲渡できることとした。

エ　条項例

（受益者）

第15条　本信託の当初受益者は，委託者Xである。

2　当初受益者が死亡したときは，第二次受益者として以下の2名を指定し，Aは4分の3，Bは4分の1の割合による受益権を取得する。

(1)　氏名　　　　A

住所　　　　東京都○○区××○丁目○番○号

生年月日　　昭和○年○月○日

(2)　氏名　　　　B

住所　　　　東京都△△区××○丁目○番○号

生年月日　　昭和○年○月○日

3　前項によりBが受益権を取得した後，本信託の終了前に死亡したときは，Bの法定相続人がBの受益権を取得する。

（受益権の譲渡・質入れの禁止）

第17条　受益者は，受益権を譲渡又は質入れすることはできない。ただし，受益者間で受益権を譲渡する場合はこの限りではない。

5）信託の終了前に長女Bが死亡した場合における長女Bの受益権の承継は相続に委ね，長女Bの相続人が取得することを予定しても，本条項例と同じ結果となる。

（8） その他の検討が必要な条項─信託関係人

　　ア　信託監督人及び受益者代理人の意義，信託法の規定及び検討事項については【基本事例】（高齢者の財産保護）71頁を参照。

　　イ　本事例の検討

　本事例では，受託者に信託会社を選択しているため，信託監督人等の監督機関は設けなかった。

（9） その他の検討が必要な条項─信託の計算

　信託の計算の意義，信託法の規定及び検討事項については【基本事例】（高齢者の財産保護）77頁を参照。

（10） その他の検討が必要な条項─信託の変更

　　ア　信託の変更の意義，信託法の規定及び検討事項は，【基本事例】（高齢者の財産保護）80頁を参照。

　　イ　本事例の検討

　本事例では，Ｙ社の経営権を握っている指図権者に信託を変更する権限を与えることにした。

　　ウ　条項例

（信託の変更）

第18条　本信託において，指図権者の書面による意思表示により，信託を変更することができる。

（11） その他の検討が必要な条項─信託の終了

　　ア　信託の終了の意義，信託法の規定及び検討事項については【基本事例】（高齢者の財産保護）82頁を参照。

　　イ　本事例の検討

　信託を長期間存続させることにより，長男Ａや長女Ｂの子どもらに受益権が分散し，信託の終了時の処理が困難になることを慮り，本事例では，長男Ａの死亡等により終了することにした。

　また，長男Ａが長女Ｂから受益権を買い取ることを想定しているため，信託終了時の受益権割合が確定していないので，残余財産受益者の財産の取得割合に関する条項を設けた。

284　第4章　信託契約書の作成事例

　ウ　条項例

（信託の終了事由）
第19条　本信託は，以下の事由によって終了する。
　(1)　委託者と受託者の合意
　(2)　第二次受益者Aの死亡
　(3)　第二次受益者Aが成年後見開始，保佐開始または補助開始の審判
　　　を受けたこと。
　(4)　Y株式会社の解散
（残余財産受益者）
第20条　本信託の残余財産受益者には，本信託終了時の受益者を指定す
　　る。ただし，前条2号により信託が終了した場合，Aの受益権に関し
　　てはAの法定相続人を帰属権利者として指定する。
　2　残余財産受益者の財産の取得割合は，本信託終了時の受益者の受益
　　権の割合に従う。

5　信託契約書例

委託者Xと受託者Z信託株式会社は，以下のとおり，信託契約を締結した。

【信託目的】
（信託目的）
第1条　本信託の信託目的は，以下のとおりである。
　　委託者のY株式会社の株式を受託者が管理その他本信託目的の達成のため
　　に必要な行為をすることにより，
　(1)　Y株式会社の安定した経営を確保すること。
　(2)　Y株式会社の株式をAに円滑に承継させること。
【信託行為】
（信託契約）
第2条　委託者は，本契約の締結の日（以下「信託開始日」という。）に，前
　　項の目的に基づき，別紙信託財産目録記載の財産（以下「信託財産」とい

【事例13】　5　信託契約書例　　285

う。）を受託者に信託し，受託者はこれを引き受けた（以下本契約に基づく
信託を「本信託」という。）。

【信託財産】

（信託財産─株式）

第3条　委託者及び受託者は，本契約締結後直ちに，Y株式会社に対して，受
託者の氏名及び住所をY株式会社の株主名簿に記載するように請求する。[6]

2　受託者は，前項の記載の終了後直ちに，信託目録記載の株式につき，会社
法第154条の2の規定によるY株式会社に対する信託財産に属する旨の株主
名簿の記載の請求その他必要な手続を行う。

【委託者】

（委託者）

第4条　本信託の委託者は，X（住所：東京都〇〇区×××〇丁目〇番〇号，
生年月日：昭和〇年〇月〇日）である。

（委託者の地位の不承継）

第5条　委託者が死亡した場合，委託者の地位は相続人に承継されない。

【受託者】

（受託者）

第6条　本信託の受託者は，Z信託株式会社（本店：東京都〇〇区×××〇丁
目〇番〇号）とする。

（受託者の信託事務）

第7条　受託者は，以下の信託事務を行う。

　⑴　信託財産目録記載1の株式を管理すること。

　⑵　信託財産目録記載1の株式に係る剰余金を受領し，受益者に交付するこ
と。

　⑶　その他信託目的を達成するために必要な事務を行うこと。

（受託者の権限）

第8条　受託者は，信託財産目録1の株式を処分することができない。

（善管注意義務）

6）信託財産たる株式が譲渡制限株式（会社法2条17号）の場合，株式の譲渡に係る承認
手続（会社法第二編第二章第三節第二款）が必要となる。

286 第4章 信託契約書の作成事例

第9条 受託者は，信託財産の管理その他の信託事務について善良な管理者の
注意をもって処理しなければならない。

（信託費用の償還）

第10条 受託者は，信託財産から信託事務処理に係る費用の償還を受けること
ができる。

2 受託者は，受益者から信託事務処理に係る費用の償還または前払いを受け
ることができる。

（帳簿等の作成・報告・保存義務）

第11条 受託者は，信託事務に関する計算を明らかにするため，信託財産に属
する財産の状況を記録しなければならない。

2 受託者は，Y株式会社の事業年度の終了の日から4か月以内に，信託財産
に関する信託財産目録及び収支計算書を作成し，速やかに受益者に提出しな
ければならない。

3 受託者は，第1項に基づき作成した帳簿は作成の日から10年間，前項に基
づき受益者に提出した書類は信託の清算の結了の日までの間，保存しなけれ
ばならない。

（信託報酬）

第12条 受託者の報酬は，月額○万円とする。

（指図権者）

第13条 本信託の指図権者は委託者兼当初受益者Xとする。

2 Xが死亡した場合，第二次受益者Aを指図権者とする。

（指図権の行使）

第14条 指図権者は，受託者に対し，信託財産目録記載1の株式の議決権の行
使について指図をし，受託者は，指図権者の指図に従わなければならない。

【受益者】

（受益者）

第15条 本信託の当初受益者は，委託者Xである。

2 当初受益者が死亡したときは，第二次受益者として以下の2名を指定し，
Aは4分の3，Bは4分の1の割合による受益権を取得する。

(1) 氏名 A

住所 東京都○○区××○丁目○番○号

生年月日　昭和○年○月○日

　⑵　氏名　　　B

　　　住所　　　東京都△△区××○丁目○番○号

　　　生年月日　昭和○年○月○日

3　前項によりBが受益権を取得した後，本信託の終了前に死亡したときは，Bの法定相続人がBの受益権を取得する。

（受益権）

第16条　受益者は，受益権として以下の内容の権利を有する。

　　　信託財産目録記載1の株式から生じる剰余金その他株主として経済的利益を受ける権利

（受益権の譲渡・質入れの禁止）

第17条　受益者は，受益権を譲渡又は質入れすることはできない。ただし，受益者間で受益権を譲渡する場合はこの限りではない。

【信託の変更】

（信託の変更）

第18条　本信託において，指図権者の書面による意思表示により，信託を変更することができる。

【信託の終了】

（信託の終了事由）

第19条　本信託は，以下の事由によって終了する。

　⑴　委託者と受託者の合意

　⑵　第二次受益者Aの死亡

　⑶　第二次受益者Aが成年後見開始，保佐開始または補助開始の審判を受けたこと。

　⑷　Y株式会社が解散した場合

（残余財産受益者）

第20条　本信託の残余財産受益者には，本信託終了時の受益者を指定する。ただし，前条2号により信託が終了した場合，Aの受益権に関してはAの法定相続人を帰属権利者として指定する。

2　残余財産受益者の財産の取得割合は，本信託終了時の受益者の受益権の割合に従う。

288 第4章 信託契約書の作成事例

コラム

信託行為と遺留分

1 信託行為についても民法の遺留分の規定が適用されるか。

　民法1030条の「贈与」には，民法が贈与契約として規定するもの（民法549条以下）に限らず，広く全ての無償処分を意味し，「無償の信託の利益の供与」も含まれると解されている。[1] したがって，遺言により信託を設定する場合だけでなく，遺言代用信託等，契約により信託を設定する場合にも遺留分の規定が適用される。平成18年の改正信託法では後継ぎ遺贈型の受益者連続信託（信託法91条）が新たに認められることとなったが，その立法過程において，後継ぎ遺贈型の受益者連続信託によって遺留分制度を潜脱できないことが当然の前提とされていたのである。[2]

　なお，Ａが委託者兼当初受益者，Ａが死亡した場合にはＢを第二次受益者，Ｂが死亡した場合にはＣを第三次受益者とする後継ぎ遺贈型の受益者連続信託において，Ａの遺留分権者はＡが死亡した場合に遺留分減殺請求を行使する余地があるが，Ｂの遺留分権者はＢが死亡した場合であっても遺留分減殺請求権を行使する余地はない。なぜなら，この場合の第三次受益者Ｃは委託者Ａの信託行為によって受益権を取得するのであり，遺留分減殺請求の対象＝Ｂによる遺贈または贈与に準じた処分行為が存在しないからである。後継ぎ遺贈型の受益者連続信託と遺留分の関係については，以上の点につき誤解がないよう注意が必要である。

2 遺留分減殺請求の対象，相手方，遺留分の算定の基礎となる財産の価額

　信託行為について遺留分の規定が適用されるとして，①何を遺留分減殺請求の対象とすべきか，②誰に対し請求すべきか，そして③遺留分の算定の基礎となる財産をどのように把握すべきかについては，以下の説がある。

⑴　受益権説　①遺留分減殺請求権の対象は受益者に対する受益権の付与であり，遺留分減殺請求によっても信託行為の全部または一部の無効を主張できない。遺留分権者は受益権の一部移転を請求できるにとどまる。②減殺請求の意思表示は受益者に対し行う。③遺留分の算定の基礎となる財産は受益権であり，その評価額は民法1029条2項に基づき家庭裁判所が選任した鑑定人の評価に従ってこれを定めるべきである。[3]

⑵　信託財産説　①遺留分減殺請求権の対象は受託者に信託財産を移転する信託行為であり，遺留分減殺請求により信託行為の全部または一部の無効を主張できる。②減殺請求の意思表示は受託者に対し行う，③遺留分の算定の基礎となる財産は信託財産であり，当該信託財産の価格をそのまま算定の基礎とすれば足りる。

　両説の当否については現在様々な議論がなされており，また，両説の折衷的な見解（例えば，受託者及び受益者の双方を遺留分減殺請求の相手方とすることを認める見解）も示されているところであるが，この論点に関する判例は未だ存在しない。

　以上の議論状況を踏まえると，遺留分を侵害するような信託を設定した場合，信託行為の全部を無効とされるリスクも覚悟しなければならない。これを避けるためには，信託の設定にあたって，遺留分侵害が生じないよう十分に配慮すべきである。

3　遺留分減殺請求の順序

　民法1033条は，「贈与は，遺贈を減殺した後でなければ，減殺することができない」と定めている。本論点は，信託の設定は「遺贈」に準じて取り扱うのか，「贈与」に準じて取り扱うのかという問題である。遺言による信託は遺贈と同列に，信託契約は死因贈与が類推適用されると解されることから，遺言による信託と信託契約では遺留分減殺の順序は異なってくるものと解される。[4]

290   第4章　信託契約書の作成事例

1）中川善之助＝加藤永一編『新版注釈民法(28)相続(3)遺言・遺留分』463頁
（有斐閣，補訂版，2002）

2）寺本昌広『逐条解説 新しい信託法』259頁（商事法務，補訂版，2008）

3）具体的な評価方法については未だ確立されていないのが現状であるが，
NPO法人遺言・相続リーガルネットワーク編『実例にみる信託の法務・税務
と契約書式』143頁以下（日本加除出版，2011）においてこの点に言及して
いる。

4）新井誠編『新信託法の基礎と運用』187頁（日本評論社，2007）。

【事例14】 事業承継—自社株生前贈与の活用

1 事 例

相談者Ｘ（65）は株式会社Ｙを経営している。Ｙ社の株式は8割がＸの所有であり，残り2割を将来の後継者を予定している長男Ａ（35）が所有している。

Ｙ社は，長男Ａが発案した新規事業が上手くいき，今後業績がよくなっていく見込みであるが，相談者Ｘは΅将来自らに相続が生じた際のＹ社株式に対する相続税が心配なので，株価評価がまだ高くないうちにＡにＹ社株式を生前贈与することを考えている。

しかし一方で，長男Ａは会社経営者としてはまだまだ経験が浅く，相談者Ｘはまだ会社経営を退く意向はない。

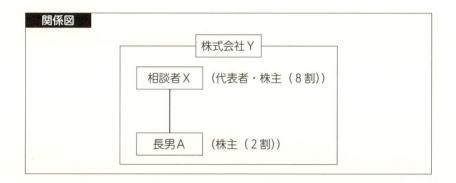

2 検 討

(1) 相続税対策としての生前贈与

本事例では，相続税対策上，相談者Ｘが有する株式会社Ｙの株式を長男Ａに生前贈与する必要が生じている。

贈与税は相続税より税負担が大きいと考えられているが，対象財産の評価・課税対象の遺産の総体の額その他の事情により，当該株式について将来

相続発生時に想定される相続税の負担より，生前贈与の方が税負担が軽くなることがある。

(2) 贈与後に相談者Xによる会社経営を継続するための信託

株式を単に長男Aに贈与するだけであると，会社の意思決定に相談者Xの意向は反映できなくなる。

そこで，相談者Xの有する株式会社Yの株式について，相談者Xへの信託を条件として長男Aに贈与し，その条件に従い長男Aが相談者Xに贈与された株式を信託する方法が考えられる。

この場合，信託された株式については，受託者である相談者Xが議決権を行使することになるので，相談者Xの考えで株式会社Yの経営を継続することができる。

(3) 課税関係

まず，株式の長男Aへの贈与の時点で長男Aに贈与税が課税される。

次に，長男Aから相談者Xに株式が信託されるが，長男Aを受益者とする自益信託であるから，贈与税などの課税はない。

信託の終了時も，委託者である長男Aに株式が復帰するだけであるので，相続や贈与があった扱いにはならず，相続税・贈与税は課税されない。

(4) 敢えて贈与税の課税とすることのメリット

贈与税は，相続税負担回避を防止する補完税として，相続税より高率の課税がされることとされているが，場合により相続税の方が税負担が重くなることもある。

相続税は，相続時点で遺産総体に課税されるので，その遺産総体の価額が高額である場合は，高率の税率が適用される。

これに対し，各暦年の贈与額を基準に課税される贈与税の場合は，贈与時期を分散することで，想定される相続税の課税より税負担を引き下げることが可能である。

また，新規事業展開などで成長が見込まれる企業の場合，その成長が客観的に株価に反映されることとなる以前の株価で株式を贈与した方が，将来成長の成果が反映された高額の株価で相続税を支払うより税負担上有利な場合があり得るのである。

⑸　信託制度の利用

　本スキームでは，株式会社Ｙの株式を長男Ａに贈与するが，信託を活用し，株式会社Ｙの株式の権利者を経営者としては未熟な長男Ａから経験豊富な相談者Ｘに転換することにより，株式会社Ｙの適切な運営を実現しようとするものである。

3 　基本的事項及びスキーム図

⑴　信託目的

　受益者のためにＹ社の適切な運営発展を実現するため信託株式に係る議決権を適切に行使すること，信託株式に係る経済的権利を受益者Ａに帰属させること。

⑵　信託行為

　長男Ａと相談者Ｘとの間の信託契約

⑶　信託財産

　相談者Ｘから長男Ａに贈与された株式会社Ｙの株式

⑷　当事者

　　ア　委託者　　長男Ａ

　　イ　受託者　　相談者Ｘ

　　ウ　受益者　　長男Ａ（自益信託）

⑸　信託期間

　相談者Ｘが死亡等により信託事務処理ができなくなるまで，または相談者Ｘと長男Ａの合意により信託を終了させるまで。

(6) スキーム図

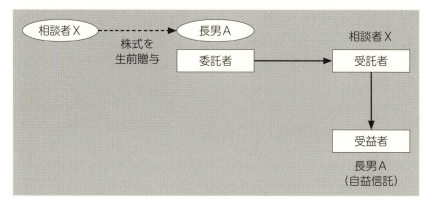

4 信託条項の検討

(1) 本事例のポイント

受託者である相談者Xの地位を安定させるため，受託者の解任，信託の変更及び信託の終了に関し，信託法にいう別段の規定を置き，長男Aだけの意思により，受託者の解任，信託の変更及び信託の終了ができないようにした。

(2) 信託目的

ア 信託目的の意義，信託法の規定及び検討事項については，【基本事例】（高齢者の財産保護）33頁を参照。

イ 本事例の検討

本事例の生前贈与を行う目的は，株式の移転に伴う税負担の軽減であるが，これ自体は信託財産である当該株式の管理または処分によって達成すべき信託目的（信託法2条1項）ではない。[1]

本事例における信託の目的は，信託契約により受益者を長男Aとして移転された株式について，適切な管理を行いその経済的権利を行使することと，受益者のために株式会社Yの適切な運営発展を実現するため，信託株式に係る議決権を適切に行使すること，ということになる。

---

1) 信託の目的は，専ら受託者の利益を図る目的であってはならない（信託法2条1項かっこ書き参照）。

【事例14】 4 信託条項の検討　295

　相談者X自身が株式会社Yの経営を継続したいという希望もあるが，相談者Xはあくまでも受託者として受益者である長男Aのため忠実に信託事務を処理しなくてはならない（信託法30条・忠実義務）から，相談者Xが自身の利益を目的として経営上の意思決定を行うことを信託の目的として掲げることはできない。相談者Xがその経験等を発揮して株式会社Yを運営することが，株式会社Yの利益となり，受益者である長男Aの利益に繋がるというだけであって，相談者Xが経営上の判断を継続して行えるようにすること自体は，受託者解任に関する規律や，信託自体の存続期間の定め，信託の終了事由の規定方法などにより実現を図ることとなる。

> **（忠実義務）**
> **信託法30条**　受託者は，受益者のため忠実に信託事務の処理その他の行為をしなければならない。

(3)　**信託行為**

　　ア　信託契約の意義，信託法の規定及び検討事項については，【基本事例】（高齢者の財産保護）38頁を参照。

　　イ　**本事例の検討**

　本事例において，信託契約は，相談者Xから長男Aへの株式の生前贈与契約とセットになるものであるが，この相談者Xに株式を信託することを条件とした株式生前贈与契約とは別個の契約となる。

(4)　**信託財産**

　　ア　信託財産の意義，信託法の規定及び検討事項については，【基本事例】（高齢者の財産保護）39頁を参照。

　　イ　**本事例の検討**

　相談者Xと長男Aの合意により，もともと長男Aが保有しいていた2割の持株も信託の対象にすることはできるが，そこまでしなくとも，相談者Xによる経営判断の継続は可能であり，長男Aにおいても，株主として会社運営の経験を積む方が望ましいと考える。

296　第4章　信託契約書の作成事例

(5)　**委託者**

　　ア　委託者の意義，信託法の規定及び検討事項については，【基本事
　　　例】（高齢者の財産保護）45頁を参照。

　　イ　**本事例の検討**

　本事例では，後述のとおり，受託者の解任，信託の変更及び信託の終了事
由において個別に対策を取ったため，委託者である長男Aが死亡した場合に
委託者の地位は相続により承継されないという旨の条項は設けなかった。

(6)　**受託者**

　　ア　受託者の意義，信託法の規定及び検討事項については，【基本事
　　　例】（高齢者の財産保護）50頁を参照。

　　イ　**本事例の検討**

　本信託においては，株式会社Yの経営者であるXの経験を今後も生かすこ
とを前提としているから，受託者がXであることが重要であり，その地位を
安定させる必要がある。

　そこで，受託者の解任についての別段の定め（信託法58条3項）を置くこ
ととした。信託法58条によると，委託者及び受益者は，いつでもその合意に
より受託者を解任できることとされている。これは，信託目的を定めて信託
財産を委託した委託者と，信託財産から利益を享受する受益者こそが信託に
利害関係を有する者であるから，受託者の意向にかかわらず解任することが
できるとされているのである。

　しかし，本件の信託においては，相談者Xが従前どおり経営判断を行うこ
とが長男Aの利益にもなることを前提としており，委託者＝受益者である長
男Aが，突如，受託者Xを解任することとなっては，この前提が崩れてしま
う。

　そこで，信託法58条3項の別段の定めを置き，委託者及び受益者の合意に
よる受託者の解任はできないこととした。

（受託者の解任）

信託法58条　委託者及び受益者は，いつでも，その合意により，受託者を解任
　することができる。

　　　　　　　　　　　　　　【事例14】　4　信託条項の検討　　297

> 2　省略
> 3　前2項の規定にかかわらず，信託行為に別段の定めがあるときは，その定めるところによる。
> 4〜8　省略

(7) **受益者**

　　ア　受益者の意義，信託法の規定及び検討事項については，【基本事例】（高齢者の財産保護）65頁を参照。

　　イ　**本事例の検討**

　本事例においては，生前贈与により株式を長男Aに移転し贈与税課税の対象として，将来の相続税の対象としないことが要請されているから，受益者は長男Aとしておくことが必須である。

(8) **その他の検討が必要な条項──信託関係人**

　　ア　信託監督人及び受益者代理人の意義，信託法の規定並びに検討事項については，【基本事例】（高齢者の財産保護）71頁を参照。

　　イ　**本事例の検討**

　本事例では，受託者を会社経営の経験が豊富な相談者Xとしていること，また，長男Aが受益者として監督することができるため，その相談者Xの信託事務に関し，敢えて，信託監督人又は受益者代理人などの監督機関を置く必要はないと考えられる。

(9) **その他の検討が必要な条項──信託の計算**

　信託の計算の意義，信託法の規定及び検討事項については，【基本事例】（高齢者の財産保護）77頁を参照。

(10) **その他の検討が必要な条項──信託の変更**

　　ア　信託の変更の意義，信託法の規定及び検討事項については，【基本事例】（高齢者の財産保護）80頁を参照。

　　イ　**本事例の検討**

　本事例においては，相談者Xが従前どおり経営判断を行うことを予定しており，委託者＝受益者である長男Aが信託を変更できるとした場合，この前提が崩れてしまう。

298　第4章　信託契約書の作成事例

そこで，信託法149条3項の「委託者及び受益者」または「受益者」による信託の変更に関し，同条4項による別段の定めを置いて，信託の変更には受託者の同意を必要とした。

（関係当事者の合意等）

信託法149条　信託の変更は，委託者，受託者及び受益者の合意によってすることができる。この場合においては，変更後の信託行為の内容を明らかにしてしなければならない。

2　省略

3　前2項の規定にかかわらず，信託の変更は，次の各号に掲げる場合には，当該各号に定める者による受託者に対する意思表示によってすることができる。この場合において，第2号に掲げるときは，受託者は，委託者に対し，遅滞なく，変更後の信託行為の内容を通知しなければならない。

一　受託者の利益を害しないことが明らかであるとき　委託者及び受益者

二　信託の目的に反しないこと及び受託者の利益を害しないことが明らかであるとき　受益者

4　前3項の規定にかかわらず，信託行為に別段の定めがあるときは，その定めるところによる。

5　省略

⑾　その他の検討が必要な条項─信託の終了

　　ア　信託の終了の意義，信託法の規定及び検討事項については，【基本事例】（高齢者の財産保護）82頁を参照。

　　イ　本事例の検討

信託期間は，相談者Xが死亡等により信託事務処理ができなくなるまで，[2]または相談者Xと長男Aの合意により信託を終了させるまでとした。

信託法164条1項によると，委託者及び受益者は，いつでもその合意により信託を終了することができるとされている。信託目的を定めて信託財産を委託した委託者と，信託財産から利益を享受する受益者こそが信託に利害関

2）委託者・受益者である長男Aが死亡することも考えられるが，この場合は，長男Aの受益権及び委託者の地位が長男Aの妻子等の相続人に相続され，その相続人らのために信託を継続することが望ましいことも十分あるので，終了事由とはしなかった。

係を有する者であるから，受託者の意向にかかわらず信託を終了させることができるとされているのである。

しかし，本件の信託においては，相談者Xが従前どおり経営判断を行うことが長男Aの利益にもなることを前提としており，委託者＝受益者である長男Aが信託を終了できることとなっては，この前提が崩れてしまう。

そこで，信託法164条3項による別段の定めを置いて，委託者及び受益者の合意による信託の終了はできないこととした。

（委託者及び受益者の合意等による信託の終了）
信託法164条　委託者及び受益者は，いつでも，その合意により，信託を終了することができる。
2　省略
3　前2項の規定にかかわらず，信託行為に別段の定めがあるときは，その定めるところによる。
4　省略

5　信託契約書例

委託者Aと受託者Xは，以下のとおり，信託契約を締結した。

【信託目的】

（信託目的）

第1条　本信託の目的は，以下のとおりである。

　　委託者から移転された株式会社Yの株式を受託者が管理し

　(1)　株式会社Yの適切な運営発展を実現するため，信託株式に係る議決権を適切に行使すること。

　(2)　信託株式に係る経済的利益を受益者Aに帰属させること。

【信託行為】

（信託契約）

第2条　委託者は，本契約の締結の日（以下「信託開始日」という。）に，前項の目的に基づき，別紙信託財産目録記載の財産（以下「信託財産」とい

300　第4章　信託契約書の作成事例

う。）を受託者に信託し，受託者はこれを引き受けた（以下本契約に基づく
信託を「本信託」という。）。

【信託財産】

（信託財産―株式）

第3条　委託者及び受託者は，本契約締結後直ちに，株式会社Yに対して，受
託者の氏名及び住所を株式会社Yの株主名簿に記載するように請求する。

2　受託者は，前項の記載の終了後直ちに，別紙信託目録記載の株式につき，
会社法第154条の2の規定による株式会社Yに対する信託財産に属する旨の
株主名簿の記載の請求その他必要な手続を行う。

【委託者】

（委託者）

第4条　本信託の委託者は，A（昭和○○年○月○日生，住所：東京都○○区
○○町△－△－△）である。

【受託者】

（受託者）

第5条　本信託の受託者は，次の者とする。

　　　受託者　　　氏名　　　　X
　　　　　　　　　住所　　　　○○○
　　　　　　　　　生年月日　　昭和○年○月○日

（受託者の解任）

第6条　信託法58条1項の規定にかかわらず，委託者及び受益者の合意により
受託者を解任することはできない。

（受託者の信託事務）

第7条　受託者は，以下の信託事務を行う。

　⑴　信託財産目録記載の株式を管理し，当該株式に係る議決権を行使するこ
と。

　⑵　信託財産目録記載の株式に係る剰余金を受領し，受益者に給付すること。

　⑶　その他信託目的を達成するために必要な事務を行うこと。

（受託者の権限）

第8条　受託者は，信託財産目録記載の株式を処分することができない。

（善管注意義務）

第9条　受託者は，信託財産の管理その他の信託事務について善良な管理者の注意をもって処理しなければならない。

（帳簿等の作成・報告・保存義務）

第10条　本信託の計算期間は，株式会社Yの事業年度と同一とする。ただし，第1期の計算期間は，信託開始日から同年度の株式会社Yの事業年度の終了の日までとする。

2　受託者は，信託事務に関する計算を明らかにするため，信託財産に属する財産及び信託財産責任負担債務の状況を記録しなければならない。

3　受託者は，信託財産に関し，第1項の信託期間に対応する信託財産目録及び収支計算書を株式会社Yの事業年度の終了の日から3か月以内に作成しなければならない。

4　受託者は，前項記載の信託財産目録及び収支計算書を，前項により定められた期間の末日までに，受益者に提出しなければならない。

5　受託者は，第2項に基づき作成した帳簿は作成の日から10年間，前項に基づき受益者に提出した書類は信託の清算の結了の日までの間，保存しなければならない。

（信託費用の償還）

第11条　受託者は，信託財産から信託事務処理に係る費用の償還を受けることができる。

2　受託者は，受益者から信託事務処理に係る費用の償還または前払いを受けることができる。

（信託報酬）

第12条　受託者は，無報酬とする。

【受益者】

（受益者）

第13条　本信託の受益者は次の者とする。

　　　　氏名　　　A

　　　　住所　　　○○○

　　　　生年月日　昭和○年○月○日

（受益権）

302　第4章　信託契約書の作成事例

第14条　受益者は，受益権として以下の内容の権利を有する。[3]

　　信託財産目録記載の株式から生じる剰余金その他株主としての経済的利益としての給付を受け取る権利

（受益権の譲渡・質入れの禁止）

第15条　受益者は，受益権を譲渡又は質入れすることはできない。

【信託の変更】

（信託の変更）

第16条　信託法149条3項の規定にかかわらず，本信託の変更については，受託者の同意がなければならない。

【信託の終了】

（信託の終了事由）

第17条　本信託は，次の事由により終了する。

　(1)　受託者Xの死亡

　(2)　Xが後見開始，保佐開始または補助開始の審判を受けたこと。

2　信託法164条1項の規定にかかわらず，委託者，受益者及び受託者の合意がなければ本信託は終了しない。

（残余財産受益者）

第18条　本信託終了時の受益者を，残余財産受益者として指定する。

信託財産目録

株式会社Y普通株式　　○○○株

3）信託継続中にAが死亡することも考えられるが，この場合はAの有した受益権がAの相続人に当然相続されることになる。

【事例15】撤回不能遺言と同じ効果を実現する信託

1 事 例

相談者Ｘ（83）には長男Ａ（55）及び次男Ｂ（49）がおり，長男Ａとその元配偶者Ｄとの子である孫Ｃ（13）がいる。相談者Ｘの配偶者は既に他界している。長男Ａとその元配偶者Ｄは既に離婚しており，孫Ｃと元配偶者Ｄが同居し，相談者Ｘと長男Ａが同居している。

長男Ａは大のギャンブル好きで浪費が激しく，いつも相談者Ｘに無心してばかりいるため，相談者Ｘや次男Ｂは，Ｘの判断能力が衰えた後，あるいはその死後に，相談者Ｘと同居する長男Ａが相談者Ｘの財産を散財・費消してしまうことを懸念している。また，相談者Ｘの死後は何とか孫Ｃにも相談者Ｘの財産を承継させられるようにしたいと考えている。

ただ，孫Ｃはまだ若いため，一度に多額の財産を取得させることは避けたいと思っている。

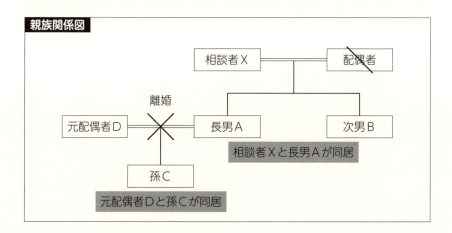

304　第4章　信託契約書の作成事例

2　検　討

⑴　相続と遺言

　ア　相談者Xが遺言等の対策をせずに死亡した場合，相談者Xの遺産について長男Aと次男Bが2分の1ずつ相続することになる。しかし，大のギャンブル好きで浪費が激しい長男Aが相談者XからXの財産の2分の1を相続してしまうと，長男Aが瞬く間にこれを費消してしまう懸念があり，その結果，孫Cには何らの財産も残らない可能性がある。

　また，相談者Xが自身の財産につき，次男Bに2分の1，長男A及び孫Cに各4分の1ずつ相続ないし遺贈する遺言を残し，長男A，次男B及び孫Cが財産を承継したとしても，長男Aが瞬く間にこれを費消してしまい生活に困窮する懸念があるうえ，成年に達したときの孫Cの財産管理能力にも心配が残る。

　イ　さらに，遺言後にこれと抵触する法律行為が行われたときは，遺言は撤回したものとみなされる（民法1023条2項）。そのため，仮に相談者Xが遺言をしたとしても，相談者Xの判断能力が衰えてきたときに長男Aや第三者に唆されて不必要な贈与や売買を行ってしまったような場合，遺言が撤回されたものとみなされ，相談者Xの財産が四散してしまう結果となり，長男A，次男B及び孫Cに財産を残せないということもあり得る。

⑵　信託制度の利用

　信託制度も遺言制度も財産承継の制度である点は共通するが，信託制度を利用する場合，遺言のように死亡時に全ての財産を承継させるのではなく，信託行為の定めに従って少しずつ財産を承継させることもできるし，信託行為の定めを工夫することより判断能力低下後に撤回することを防ぐこともできる。上記のように，相続人等に一度に財産を取得させることに懸念がある場合や，判断能力が衰えてしまった後の財産管理に懸念がある場合に信託を利用することが考えられる。

　本スキームでは，信託を活用し，正常な判断能力を有する段階における相談者Xの意思を凍結するとともに，受益者の利益享受を時間的に転換することにより，長男A，次男B及び孫Cの安定的な財産の承継を実現するもので

ある。

(3) 課税関係

本スキームでは，委託者の存命中は，委託者と受益者が同一人となっている自益信託を採用しているので，委託者が亡くなるまでは，受益者Xに贈与税等の課税はない。

委託者の死亡により，長男A，次男B及び孫Cが受益権を取得することになり，長男Aらには相続税が課税されることになる（相続税法9条の2第2項）。

3 基本的事項及びスキーム図

(1) 信託目的

委託者の財産が散逸しないように保護すること，A，B及びCに長期間にわたって財産を承継させることにより，A，B及びCの生活を安定させること。

(2) 信託行為

相談者Xと次男Bとの間の信託契約

(3) 信託財産

収益不動産，金銭

なお，相談者Xの死後，自宅は長男Aが単独利用することが想定されるので，自宅については信託の対象としないこととした。

(4) 当事者等

ア	委託者	相談者X	
イ	受託者	相談者Xの次男B	
ウ	受益者	受益者	相談者X（当初，自益信託）
		第二次受益者	長男A，次男B及び孫C
エ	信託監督人	弁護士	

(5) 信託期間

本信託の開始から20年間。

(6) スキーム図

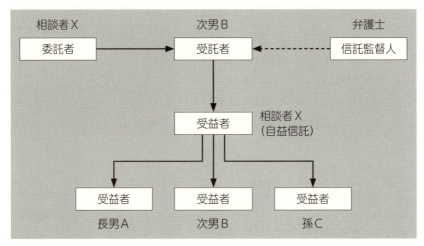

4 信託条項の検討

(1) 本事例のポイント

本件信託契約のポイントは、相談者Xが長男A、次男B及び孫Cに少しずつ資産を承継させること及び相談者Xの判断能力が衰えても資産の散逸を防ぐことである。

(2) 信託目的

ア 信託目的の意義、信託法の規定及び検討事項については、【基本事例】(高齢者の財産保護) 33頁を参照。

イ 条項例

> (信託目的)
> 第1条 本信託の信託目的は、以下のとおりである。
>   委託者の主な財産を受託者が管理または処分等することにより、
> (1) 委託者の財産が散逸しないように保護すること。
> (2) A、B及びCに長期間にわたって財産を承継させることにより、A、B及びCの生活を安定させること。

【事例15】　4　信託条項の検討　307

(3)　信託行為

信託行為の意義，信託法の規定及び検討事項については，【基本事例】（高齢者の財産保護）38頁を参照。

(4)　信託財産

信託財産の意義，信託法の規定及び検討事項については，【基本事例】（高齢者の財産保護）39頁を参照。

(5)　委託者

委託者の意義，信託法の規定及び検討事項については，【基本事例】（高齢者の財産保護）45頁を参照。

(6)　受託者

ア　受託者の意義，信託法の規定及び検討事項については，【基本事例】（高齢者の財産保護）50頁及び【事例１】（親亡き後の問題）97頁を参照。

イ　条項例

（受託者）

第9条　本信託の受託者は，以下のとおりである。

　　受託者　　　住所　　　　○○県○○市○○町△－△－△

　　　　　　　　氏名　　　　Ｂ（Ｘの次男）

　　　　　　　　生年月日　　昭和○○年○月○日

2　Ｂの受託者の任務が終了した場合，新たな受託者は以下のとおりとする。

　　新受託者　　住所　　　　○○県○○市○○町△－△－△

　　　　　　　　氏名　　　　Ｄ

　　　　　　　　生年月日　　昭和○○年○月○日

（受託者の信託事務）

第10条　受託者は，以下の信託事務を行う。

　　(1)～(7)　略

2　Ｘが死亡した場合，毎月，各受益者の受益権の割合に応じて，各受益者へ生活費，医療費及び介護費用等を給付する。

308　第4章　信託契約書の作成事例

(7)　受益者

ア　受益者の意義，信託法の規定及び検討事項については，【基本事例】（高齢者の財産保護）65頁及び【事例1】（親亡き後の問題）99頁を参照。

イ　条項例

（受益者）

第17条　本信託の受益者は，委託者Ｘである。

2　Ｘが死亡した場合，Ｘの受益権は消滅し，Ｘの長男Ａ（昭和○○年○月○日生，住所：東京都○○区○○町△－△－△）が4分の1，次男Ｂが2分の1，Ａの長男Ｃが4分の1の割合で受益権を取得する。

3　受益者Ａが死亡した場合，Ａの受益権は消滅し，Ｂ及びＣの受益権の割合を各2分の1ずつとする。Ｘが死亡する前にＡが死亡していた場合の受益権の割合も同様とする。[1]

4　受益者Ｂが死亡した場合，Ｂの受益権は消滅し，Ａ及びＣの受益権の割合を各2分の1ずつとする。Ｘが死亡する前にＢが死亡していた場合の受益権の割合も同様とする。

5　受益者Ｃが死亡した場合，Ｃの受益権は消滅し，Ａ及びＢの受益権の割合を各2分の1ずつとする。Ｘが死亡する前にＣが死亡していた場合の受益権の割合も同様とする。

（受益権）

第18条　受益者は，受益権の割合に従い，以下の内容の受益権を有する。

(1)～(3)　略

---

(8)　その他の検討が必要な条項─信託関係人

信託監督人及び受益者代理人の意義，信託法の規定及び検討事項については，【基本事例】（高齢者の財産保護）71頁を参照。

(9)　その他の検討が必要な条項─信託の計算

信託の計算の意義，信託法の規定及び検討事項については，【基本事例】

1）信託契約書例17条3項から5項は，信託が終了する前に，長男Ａ，次男Ｂ及び孫Ｃが死亡した場合の残された者の受益権の割合を規定したものである。

（高齢者の財産保護）77頁を参照。

⑽　その他の検討が必要な条項─信託の変更

　　ア　信託の変更の意義，信託法の規定及び検討事項については，【基本
　　　事例】（高齢者の財産保護）80頁を参照。

　　イ　委託者による受益者の変更及び信託の変更の制限

　本件のように，委託者の死亡のときに受益者となるべき者として指定され
た者が受益権を取得する旨の定めのある信託契約について，委託者は，信託
行為に別段の定めがある場合を除き，受益者を変更することができる（信託
法90条1項）。

　また，委託者と受益者は，信託行為に別段の定めがある場合を除き，受益
者の権利を害しないことが明らかなときは，受託者への意思表示により信託
を変更することができる（信託法149条3項・4項）。

　したがって，本件において，委託者Xは，一定の場合を除き受益者の変更
や信託の変更を行い得ることになるが，委託者Xの判断能力が衰えてきたと
きに，他の者から影響を受け，受益者の変更や信託の変更をさせられてしま
うと委託者Xの当初の目的を実現できない。

　それゆえ，本件においては，委託者Xが単独で受益者の変更や信託の変更
を行えないように，信託行為に別段の定めをおく必要がある。

　ただし，これらの条項は，委託者ないし受益者の権利を制限するものであ
り諸刃の剣であるため，このような条項を設ける際には十分に注意が必要で
ある。

（委託者の死亡の時に受益者を取得する旨の定めのある信託等の特例）
信託法90条　次の各号に掲げる信託においては，当該各号の委託者は，受益者
　を変更する権利を有する。ただし，信託行為に別段の定めがあるときは，そ
　の定めるところによる。
　一　委託者の死亡の時に受益者となるべき者として指定された者が受益権を
　　取得する旨の定めのある信託
　二　委託者の死亡の時以後に受益者が信託財産に係る給付を受ける旨の定め
　　のある信託
2　省略

310 　第 4 章　信託契約書の作成事例

（関係当事者の合意等）

信託法149条　信託の変更は，委託者，受託者及び受益者の合意によってすることができる。この場合においては，変更後の信託行為の内容を明らかにしてしなければならない。

2　省略

3　前 2 項の規定にかかわらず，信託の変更は，次の各号に掲げる場合には，当該各号に定める者による受託者に対する意思表示によってすることができる。この場合において，第 2 号に掲げるときは，受託者は，委託者に対し，遅滞なく，変更後の信託行為の内容を通知しなければならない。

一　受託者の利益を害しないことが明らかであるとき　委託者及び受益者

二　信託の目的に反しないこと及び受託者の利益を害しないことが明らかであるとき　受益者

4　前 3 項の規定にかかわらず，信託行為に別段の定めがあるときは，その定めるところによる。

5　省略

　ウ　条項例

（信託の変更等）

第23条　本信託においては，信託法90条 1 項の定めにかかわらず，委託者は信託監督人の同意がない限り受益者の変更をすることができない。

2　本信託においては，信託法149条 3 項の定めにかかわらず，委託者及び受益者は信託監督人の同意がない限り信託の変更をすることができない。

⑪　その他の検討が必要な条項─信託の終了

　ア　信託の終了の意義，信託法の規定及び検討事項については，【基本事例】（高齢者の財産保護）82頁を参照。

　イ　委託者による信託の終了の制限

　さらに，委託者と受益者は，信託行為に別段の定めがある場合を除き，その合意で信託を終了することができる（信託法164条 1 項，3 項）。

　したがって，委託者Ｘを当初受益者としている本件において，委託者Ｘの判断能力が衰えてきた場合に信託の終了をさせられてしまうと，信託終了時

の受益者を残余財産受益者としている本件では，委託者兼受益者であるＸが残余財産を取得することになり，委託者Ｘの当初の目的を実現できない。

それゆえ，本件においては，委託者Ｘが単独で信託の終了をすることができないように，信託行為に別段の定めをおく必要がある。

ただし，この条項も委託者ないし受益者の権利を制限するものであるため，この条項を設ける際には十分な注意が必要である。

（委託者及び受益者の合意等による信託の終了）

信託法164条　委託者及び受益者は，いつでも，その合意により，信託を終了することができる。

2　省略

3　前2項の規定にかかわらず，信託行為に別段の定めがあるときは，その定めるところによる。

4　省略

ウ　条項例

（信託の終了）

第24条　本信託においては，信託法164条1項の定めにかかわらず，委託者及び受益者は信託監督人の同意がない限り信託を終了させることができない。

（残余財産受益者）

第26条　信託終了時の受益者を残余財産受益者とし，残余財産受益者は，信託終了時の受益権の割合に従って残余財産の給付を受ける。

5 信託契約書例

委託者Xと受託者Bは，以下のとおり，信託契約を締結した。

【信託目的】

（信託目的）

第1条　本信託の信託目的は，以下のとおりである。

　　委託者の主な財産を受託者が管理または処分等することにより，

⑴　委託者の財産が散逸しないように保護すること。

⑵　A，B及びCに長期間にわたって財産を承継させることにより，A，B
　　及びCの生活を安定させること。

【信託行為】

（信託契約）

第2条　委託者は，本契約の締結の日（以下「信託開始日」という。）に，前
　　条の目的に基づき，別紙信託財産目録記載の財産（以下「信託財産」とい
　　う。）を受託者に信託し，受託者はこれを引き受けた（以下本契約に基づく
　　信託を「本信託」という。）。

【信託財産】

（信託財産―預金）

第3条　委託者は，信託契約締結後，遅滞なく，信託財産目録記載4の預金を
　　払い戻し，当該払戻金を受託者に引き渡す。

2　受託者は，前項の払戻金を第12条の区分に応じ分別管理する。

（信託財産―信託不動産）

第4条　信託財産目録記載1，2及び3の信託不動産の所有権は，本信託開始
　　日に，受託者に移転する。

2　委託者及び受託者は，本契約後直ちに，前項信託不動産について本信託を
　　原因とする所有権移転の登記申請を行う。

3　受託者は，前項の登記申請と同時に，信託の登記の申請を行う。

4　前2項の登記費用は，受託者が信託財産から支出する。

（信託不動産の瑕疵に係る責任）

第5条　受託者は，信託期間中及び信託終了後，信託不動産の瑕疵及び瑕疵に
　　より生じた損害について責任を負わない。

（信託の追加）

第6条　委託者は，受託者の同意を得て，金銭を本信託に追加することができる。

【委託者】

（委託者）

第7条　本信託の委託者は，X（昭和〇〇年〇月〇日生，住所：東京都〇〇区〇〇町△－△－△）である。

第8条　委託者が死亡した場合，委託者の地位は消滅し相続人に承継されない。

【受託者】

（受託者）

第9条　本信託の受託者は，以下のとおりである。

　　　受託者　　住所　　　〇〇県〇〇市〇〇町△－△－△

　　　　　　　　氏名　　　B

　　　　　　　　生年月日　昭和〇〇年〇月〇日

2　Bの受託者の任務が終了した場合，新たな受託者は以下のとおりとする。

　　　新受託者　住所　　　〇〇県〇〇市〇〇町△－△－△

　　　　　　　　氏名　　　D

　　　　　　　　生年月日　昭和〇〇年〇月〇日

（受託者の信託事務）

第10条　受託者は，以下の信託事務を行う。

(1)　信託財産目録記載1，2及び3の信託不動産を管理，処分すること。

(2)　信託財産目録記載2，3の信託不動産を第三者に賃貸し，第三者から賃料を受領すること。

(3)　前号によって受領した賃料を，上記1号の信託不動産を管理するために支出すること。

(4)　上記1号及び2号において受領した売却代金及び賃料を管理し，受益者の生活費，医療費及び介護費用等に充てるため支出すること。

(5)　信託財産に属する金銭及び預金を管理し，受益者の生活費，医療費及び介護費用等に充てるために支出すること。

(6)　信託財産目録記載3の信託不動産の売却代金を管理し，受益者の生活費，医療費及び介護費用等に充てるために支出すること。

(7)　その他信託目的を達成するために必要な事務を行うこと。

2　Xが死亡した場合，毎月，各受益者の受益権の割合に応じて，各受益者へ生活費，医療費及び介護費用等を給付する。

（信託事務処理の第三者への委託）

第11条　受託者は，信託財産目録記載1及び2の信託不動産の管理を第三者に委託することができる。

（善管注意義務）

第12条　受託者は，信託財産の管理，処分その他の信託事務について善良な管理者の注意をもって処理しなければならない。

（分別管理義務）

第13条　受託者は，信託財産に属する金銭及び預金と受託者の固有財産とを，以下の各号に定める方法により，分別して管理しなければならない。

　(1)　金銭　　信託財産に属する財産と受託者の固有財産とを外形上区別することができる状態で保管する方法

　(2)　預金　　信託財産に属する預金専用の口座を開設する方法

（帳簿等の作成・報告・保存義務）

第14条　本信託の計算期間は，毎年1月1日から6月30日まで及び7月1日から12月31日までとする。ただし，第1期の計算期間は，信託開始日から平成○○年12月31日までとする。

2　受託者は，信託事務に関する計算を明らかにするため，信託財産に属する財産及び信託財産責任負担債務の状況を記録しなければならない。

3　受託者は，信託財産に関し，第1項の信託期間に対応する信託財産目録及び収支計算書を当該計算期間が満了した月の翌月末日までに作成しなければならない。

4　受託者は，信託財産目録記載2の信託不動産を第三者に賃貸することに関し，賃借人の退去，新たな賃借人の入居及び賃料並びに管理費の変更など賃貸借契約の当事者及び内容等に変更があった場合には，その経過報告書を作成しなければならない。

5　受託者は，第3項記載の信託財産目録及び収支計算書を，第3項により決められた期日までに，受益者及び信託監督人に提出しなければならない。

6　受託者は，第4項記載の経過報告書を，その作成の都度，受益者及び信託監督人に提出しなければならない。

7　受託者は，第2項に基づき作成した帳簿は作成の日から10年間，第5項並

【事例15】　5　信託契約書例　　315

びに前項に基づき受益者及び信託監督人に提出した書類は信託の清算の結了の日までの間，保存しなければならない。

（信託費用の償還）

第15条　受託者は，信託事務処理に係る費用を，直接，信託財産から償還を受けることができる。

2　受託者は，受益者から信託事務処理に係る費用の償還または前払いを受けることができる。

（信託報酬）

第16条　受託者は月額○万円とする。

【受益者】

（受益者）

第17条　本信託の受益者は，委託者Xである。

2　Xが死亡した場合，Xの受益権は消滅し，Xの長男A（昭和○○年○月○日生，住所：東京都○○区○○町△－△－△）が4分の1，次男Bが2分の1，Aの長男Cが4分の1の割合で受益権を取得する。

3　受益者Aが死亡した場合，Aの受益権は消滅し，B及びCの受益権の割合を各2分の1ずつとする。Xが死亡する前にAが死亡していた場合の受益権の割合も同様とする。

4　受益者Bが死亡した場合，Bの受益権は消滅し，A及びCの受益権の割合を各2分の1ずつとする。Xが死亡する前にBが死亡していた場合のXが死亡した際の受益権の割合も同様とする。

5　受益者Cが死亡した場合，Cの受益権は消滅し，A及びBの受益権の割合を各2分の1ずつとする。Xが死亡する前にCが死亡していた場合の受益権の割合も同様とする。

（受益権）

第18条　受益者は，受益権の割合に従い，以下の内容の受益権を有する。

(1)　信託財産目録記載2，3の信託不動産を第三者に賃貸したことによる賃料から給付を受ける権利

(2)　信託目録記載1，2及び3の信託不動産が処分された場合には，その代価から給付を受ける権利

(3)　信託財産目録記載4の預金から給付を受ける権利

（受益権の譲渡・質入れの禁止）

第19条　受益者は，受益権を譲渡又は質入れすることはできない。

【信託関係人】

（信託監督人）

第20条　本信託の信託監督人として，以下の者を指定する。

　　　　住所　　　　東京都○○区○○△丁目△番△号　　○○○法律事務所

　　　　職業　　　　弁護士

　　　　氏名　　　　△△△△

（信託監督人の辞任）

第21条　信託監督人は，受益者及び受託者の同意を得て辞任することができる。

（信託監督人の報酬）

第22条　信託監督人の報酬は，以下のとおりとする。

　　　　（省略）

【信託の変更】

（信託の変更等）

第23条　本信託においては，信託法90条１項の定めにかかわらず，委託者は信託監督人の同意がない限り受益者の変更をすることができない。

２　本信託においては，信託法149条３項の定めにかかわらず，委託者及び受益者は信託監督人の同意がない限り信託の変更をすることができない。

【信託期間，信託の終了】

（信託の終了）

第24条　本信託においては，信託法164条１項の定めにかかわらず，委託者及び受益者は信託監督人の同意がない限り信託を終了させることができない。

（信託期間）

第25条　本信託の信託期間は20年とする。

（残余財産受益者）

第26条　信託終了時の受益者を残余財産受益者とし，残余財産受益者は，信託終了時の受益権の割合に従って残余財産の給付を受ける。

信託財産目録

　　（省略）

【事例16】遺言による信託

1 事 例

　相談者X（83）は，初期の認知症を発症した妻A（75）とX自身が所有する自宅で同居している。現在，妻Aの介護には相談者Xと近所に住む長女B（50）があたっている。Xの推定相続人には妻A，長女Bのほかに長男C（47），次女D（45）がいる。

　妻Aは住み慣れた自宅で過ごしたいとの希望が強く，施設入所に消極的である。相談者Xは妻Aの意向を尊重したいと考えており，自分が死んだ後は長女Bに妻Aの介護と自宅の管理，さらには認知症の悪化により妻Aの施設入所が避けられない場合の自宅の処分の要否まで委ねたいと考えている。一方，妻A亡き後に自宅等が残っている場合は，長女B，長男C及び次女Dの間で平等に分けて欲しいと考えている。

　相談者Xは，このような場合の手段として信託契約という手段があることを知人から教えてもらったものの，自分が生きている間に自宅の所有権を長女Bに移転することには心理的な抵抗がある。

親族関係図

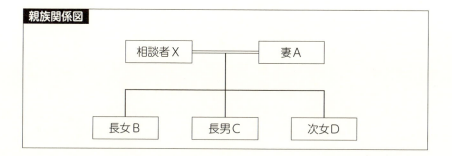

318　第4章　信託契約書の作成事例

2 検　討

(1) 遺言による信託[1]

　遺言による信託は，委託者が，受託者に対し財産の譲渡，担保権の設定その他の財産の処分をする旨並びに受託者が一定の目的（＝信託目的）に従い財産の管理または処分及びその他当該目的の達成のために必要な行為をすべき旨の遺言をする方法により設定する信託である（信託法2条2項2号，3条2号）。

　信託契約の場合，信託行為が委託者と受託者の契約によって行われることから，受託者が信託の内容を事前に承知したうえでその任務を引き受けることが前提となっている。これに対し，遺言による信託の場合，信託行為が委託者の遺言という単独行為によって行われるため，受託者が指定されていない場合や受託者が指定されているが信託の引受けの承諾をしていない場合であっても，遺言の効力の発生，すなわち委託者の死亡により効力が発生することとなる（信託法4条2項）。

(2) 遺言による信託を利用する場合に留意すべき点

ア　遺言の方式

　遺言による信託を利用する場合の遺言の方式については信託法上特に定めはなく，この点については民法の規定による。したがって，自筆証書遺言（民法968条）や秘密証書遺言（民法970条）によっても，遺言による信託の設定は可能である。

　しかしながら，遺言の効力発生後，直ちに，信託財産の管理が必要になるので，委託者の死亡後，迅速にしかも確実に信託設定の手続をする必要がある。また，自筆証書遺言や秘密証書遺言の場合は検認手続が必要になり，しばしば真正に作成されたかについて争いになることもあるので，公正証書遺言（民法969条）が信託にとっては適しているといえる。[2]

1）信託銀行は，兼営法1条1項4号に規定されている「財産に関する遺言の執行業務」を「遺言信託」と呼んでいる。ここでは，それと区別するため，信託法3条2号の信託を「遺言による信託」と表記する。

2）遠藤英嗣『新訂 新しい家族信託』73頁（日本加除出版，2016）

イ　遺言による信託の効力発生時期

　受託者が指定されていない場合や受託者が指定されているが信託の引受けの承諾をしていない場合であっても，委託者の死亡により遺言による信託の効力が発生するのは，前述したとおりである（信託法4条2項）。信託法は，このような事態に備えて一定の手当てを行っているが（信託法5条，6条），このような事態が現実となった場合，遺言による信託は，その効力発生の当初から実行することができなくなる。したがって，遺言による信託を円滑に実現するためには，受託者となるべき者に，事前に，遺言による信託の趣旨を十分に理解してもらい，遺言者が死亡した後，速やかに，受託者としての事務に着手してもらうべく了解を得ておくことが必要不可欠である。

ウ　遺言執行者

　遺言による信託は，遺言による相続財産の処分であるから，受託者への信託財産の引渡しには遺言執行者による遺言の執行を経る必要がある（民法1012条1項）。遺言による信託の遺言執行者が遺言で指定されていない場合であっても，信託の当事者は利害関係人として家庭裁判所に遺言執行者の選任を請求することができると解されるが（民法1010条），遺言による信託を円滑に実現するためには，遺言で予め遺言執行者を指定しておくべきことが望ましい。

エ　遺言による信託のメリット及びデメリット

（ア）メリット

　遺言による信託は，遺言の効力発生＝委託者の死亡により初めてその効力が生じるので，それまでの間，委託者は単独で遺言信託の修正・撤回が可能である。また，信託の設定を内容とする遺言を作成しても直ちに信託の設定に基づく所有権その他の財産権の移転を行わなくてもよく，事例の相談者Xのような信託契約の締結に基づく財産権の移転をためらう当事者にとっても利用しやすいといえる。端的に言えば，遺言による信託は，直ちに，信託契約と異なり契約による拘束力が生じないことから，委託者にとっては自由度が高い信託の設定方法といえる。

　また，遺言による信託は，遺言という単独行為によって信託の設定が行われることから，信託契約に比べ秘匿性を保持しやすい。そこで，委託者が自

320　第4章　信託契約書の作成事例

身の推定相続人のうち特定の者に対し信託の設定の事実を隠しておきたい場合には，遺言による信託の利用を検討する余地があるといえる。

（イ）デメリット

反面，遺言による信託は遺言の効力発生まで信託の効力が生じないことから，信託の設定を内容とする遺言を作成してから当該遺言の効力発生＝委託者の死亡までの事情変更による影響を受けることに留意しなければならない。例えば，委託者が信託の設定を内容とする遺言を作成した後に信託財産を第三者に処分した場合，当該遺言は無効と解さざるを得なくなる。また，委託者は，信託財産を処分しなくても，信託の設定を内容とする遺言を撤回すること自体が可能である。加えて，遺言は要式行為であり，遺言が有効となるための方式（要件）が民法で厳格に規定されており，この要件を具備しない遺言は無効となる。遺言による信託の場合も同様である。要するに，遺言による信託は，遺言作成後の事情変更や遺言の要式性の具備の有無によりその成否が左右されるため，契約による信託の設定に比べて確実性に欠ける点は否めない。

(3)　課税関係

相談者Xが死亡した際に，受益者となる妻Aには相続税を課税されることになる（相続税法9条の2第1項）。

3 基本的事項及びスキーム図

(1)　信託目的

妻Aの安定した生活の支援と福祉の確保

(2)　信託行為

相談者Xの遺言による信託

(3)　信託財産

自宅不動産，金銭

(4)　当事者等

　　ア　委託者　　　　相談者X（遺言者）

　　イ　受託者　　　　長女B

ウ　受益者　　　　妻A（他益信託）
　　エ　受益者代理人　長男C，次女D
　　オ　遺言執行者　　弁護士Y
(5)　信託期間
妻Aが死亡するまで。
(6)　スキーム図

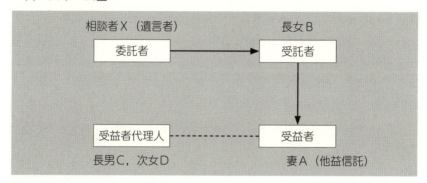

4　信託条項の検討

(1)　本事例のポイント

本事例では，相談者Xの死後，妻Aの生活を子供たち全員で支えることを意図し，長女Bを受託者，長男C及び次女Dを受益者代理人として関与させることとした。

(2)　信託目的

信託目的の意義，信託法の規定及び検討事項については，【基本事例】（高齢者の財産保護）33頁を参照。

(3)　信託行為

信託行為の意義，信託法の規定及び検討事項については，【基本事例】（高齢者の財産保護）38頁を参照。

(4)　信託財産

信託財産の意義，信託法の規定及び検討事項については，【基本事例】（高齢者の財産保護）39頁を参照。

322　第4章　信託契約書の作成事例

(5)　委託者

ア　意　義

委託者の意義については，【基本事例】（高齢者の財産保護）45頁を参照。

イ　信託法の規定

遺言による信託においては，信託財産を巡り，受益者と委託者の相続人との間で利害対立が生じることが想定されるところ，通常，遺言による信託の委託者＝遺言者は，その相続人に委託者の権利を与えることを望まないと考えられる。そこで，遺言による信託において，委託者の相続人は委託者の地位を相続により承継しないことが原則として定められている（信託法147条本文）。ただし，これは任意規定であり，信託行為に別段の定めがある場合は，その定めに従う（同条ただし書）。

その他の信託法の規定については，【基本事例】（高齢者の財産保護）45頁を参照。

> **（遺言信託における委託者の相続人）**
> **信託法147条**　第3条第2号に掲げる方法によって信託がされた場合には，委託者の相続人は，委託者の地位を相続により承継しない。ただし，信託行為に別段の定めがあるときは，その定めるところによる。

ウ　本事例の検討

本事例では，信託法147条本文の原則どおり委託者の地位を相続人に承継させないこととした。

また，遺言による信託では遺言者＝委託者であることは自明であり，特に公正証書遺言の場合，委託者を特定する事項（氏名，生年月日，住所等）は遺言書の本文に記載されていることが通常であるから，信託条項で重ねて委託者を特定する条項は置かないこととした。

(6)　受託者

ア　意　義

受託者の意義等については，【基本事例】（高齢者の財産保護）50頁を参照。

イ　信託法の規定

受託者の信託法の規定については，【基本事例】（高齢者の財産保護）50頁

【事例16】　4　信託条項の検討　　323

を参照するほか，以下の規定を確認する。

　遺言による信託は，委託者の死亡により効力が発生するが（信託法4条2項），信託行為が委託者の遺言という単独行為によって行われるため，①遺言で受託者が指定されていない，②受託者として指定された者が信託の引受けを拒否する，あるいは③受託者として指定された者が健康上の理由により信託の引受けができない，といった事態が生じることも想定される。このような場合，信託法は，利害関係人の申立てにより裁判所が受託者を選任できると定めている（信託法6条1項）。

> **（遺言信託における裁判所による受託者の選任）**
> **信託法6条**　第3条第2号に掲げる方法によって信託がされた場合において，当該遺言に受託者の指定に関する定めがないとき，又は受託者となるべき者として指定された者が信託の引受けをせず，若しくはこれをすることができないときは，裁判所は，利害関係人の申立てにより，受託者を選任することができる。
> **2～4**　省略

　また，遺言による信託においては，その信託が引き受けられるのか否か決定されないまま長期間経過することは，受益者や信託財産の利害関係人の地位を不安定にすることになる。そこで，このような状態を解消するため，信託法は，遺言による信託において，遺言に受託者となるべき者を指定する定めがあるときは，利害関係人は，受託者として指定された者に対し，相当の期間を定めて，その期間内に信託の引受けをするかどうかを確答すべき旨を催告することができることとした（信託法5条1項）。そして，受託者として指定された者が期間内に委託者の相続人に対し確答をしないときは，信託の引受けをしなかったものとみなすこととした（同条2項）。

　このように，遺言による信託において，遺言で受託者を指定した場合であっても，指定された者が信託を引き受ける意思があることを事前に確認しておかなければ，最悪の場合，受託者を選び直さなければならないという事態に陥りかねない。そこで，遺言による信託においても，受託者として指定された者に信託の引受けの意思があることを事前に確認しておくことが重要

324　第4章　信託契約書の作成事例

である。

（**遺言信託における信託の引受けの催告**）

信託法5条　第3条第2号に掲げる方法によって信託がされた場合において，当該遺言に受託者となるべき者を指定する定めがあるときは，利害関係人は，受託者となるべき者として指定された者に対し，相当の期間を定めて，その期間内に信託の引受けをするかどうかを確答すべき旨を催告することができる。ただし，当該定めに停止条件又は始期が付されているときは，当該停止条件が成就し，又は当該始期が到来した後に限る。

2　前項の規定による催告があった場合において，受託者となるべき者として指定された者は，同項の期間内に委託者の相続人に対し確答をしないときは，信託の引受けをしなかったものとみなす。

3　委託者の相続人が現に存しない場合における前項の規定の適用については，同項中「委託者の相続人」とあるのは，「受益者（2人以上の受益者が現に存する場合にあってはその1人，信託管理人が現に存する場合にあっては信託管理人）」とする。

---

(7)　**受益者**

受益者の意義，信託法の規定及び検討事項については，【基本事例】（高齢者の財産保護）65頁を参照。

(8)　**その他の検討が必要な条項―信託関係人**

　　ア　受益者代理人の意義等については【基本事例】（高齢者の財産保護）73頁を参照。

　　イ　**信託法の規定**

受益者代理人の信託法の規定については【基本事例】（高齢者の財産保護）73頁を参照するほか，以下の規定を確認する。

本事例のように1人の受益者に複数の受益者代理人があるときは，これらの者が共同してその権限に属する行為をしなければならない（信託法139条3項本文）。もっとも，権限の分掌等，信託行為でこれと異なる規定を定めることも可能である（同項ただし書）。

【事例16】 4 信託条項の検討 325

> （受益者代理人の権限等）
> 信託法139条　1～2　省略
> 3　1人の受益者につき2人以上の受益者代理人があるときは，これらの者が共同してその権限に属する行為をしなければならない。ただし，信託行為に別段の定めがあるときは，その定めるところによる。
> 4　省略

　ウ　本事例の検討

　本事例では，受益者である妻Aが認知症を発症しており，信託の効力発生後において妻A自身が受益権を適切に行使できないと考えられることから，受益者代理人を置くこととした。そして，長男C及び次女Dを受益者代理人とし，相談者X及び妻Aの子ら全員を設定する信託に関与させることとした。これは，子供たち全員で責任分担しながらX亡き後のAの生活を支える体制を構築することを狙ったものである。

　しかし，親族間の関係が良好でない場合に複数の親族を受託者や信託監督人，受益者代理人に選任すると，かえって信託実行の阻害要因にもなるので，このような手法が妥当するかどうか事案ごとに慎重に検討する必要がある。

　⑼　**その他の検討が必要な条項—信託の計算**

　信託の計算の意義，信託法の規定及び検討事項については【基本事例】（高齢者の財産保護）77頁を参照。

　⑽　**その他の検討が必要な条項—信託の変更**

　信託の変更の意義，信託法の規定及び検討事項は，【基本事例】（高齢者の財産保護）80頁を参照。

　⑾　**その他の検討が必要な条項—信託の終了**

　信託の終了の意義，信託法の規定及び検討事項については【基本事例】（高齢者の財産保護）82頁を参照。

326 第4章 信託契約書の作成事例

5 遺言信託文例

遺言公正証書

本公証人は，遺言者Xの嘱託により，証人○○○○及び証人○○○○の立会いをもって，次の遺言の趣旨の口授を筆記し，この証書を作成する。

遺言の本旨

第1条（遺言信託）

　　遺言者は，遺言者の所有する別紙信託財産目録記載の財産を，別紙「信託条項」記載のとおり信託する。

第2条（遺言執行者）

　　遺言者は，この遺言の遺言執行者として次の者を指定する。

　　　　住所　　　東京都○○区○○△丁目△番△号　○○○法律事務所

　　　　職業　　　弁護士

　　　　氏名　　　Y

　　　　生年月日　昭和○○年○月○日

2　遺言執行者は，信託財産目録記載の遺言者名義の不動産，預貯金の名義変更，解約及び払戻しの権限を有するものとする。

第3条（遺言執行者の報酬）

　　遺言執行者に対する報酬は金○○万円とする。

第4条（遺言公正証書正本の保管）

　　遺言者は，この遺言公正証書の正本を遺言執行者に保管させる。

　　（以下略）

信託条項

【信託目的】

（信託目的）

第1条　本信託の信託目的は，以下のとおりである。

　　委託者の死後，信託目録記載の財産を受託者が管理または処分することにより

（1）　Aの財産管理の負担を低減すること。

(2) Aが詐欺等の被害に遭うことを予防し，Aが安全かつ安心な生活を送れるようにすること。

(3) Aが，従前と変わらぬ生活を続けることにより，快適な生活を送れるようにすること。

【信託財産】

（信託財産—預金）

第2条　遺言執行者は，本信託の効力発生後，遅滞なく，信託財産目録記載3の預金を払い戻し，当該払戻金を受託者に引き渡す。

2　受託者は，前項の払戻金を第9条の区分に応じ分別管理する。

（信託財産—信託不動産）

第3条　遺言執行者及び受託者は，本信託の効力発生後直ちに，前項信託不動産について本信託を原因とする所有権移転の登記申請を行う。

2　受託者は，前項の登記申請と同時に，信託の登記の申請を行う。

3　前2項の登記費用は，受託者が信託財産から支出する。

（信託不動産の瑕疵に係る責任）

第4条　受託者は，信託期間中及び信託終了後，信託不動産の瑕疵及び瑕疵により生じた損害について責任を負わない。

【受託者】

（受託者）

第5条　本信託の受託者は，以下のとおりである。

受託者　住所　　　　○○県○○市○○町△－△－△

　　　　氏名　　　　B

　　　　生年月日　　昭和○○年○月○日

（受託者の信託事務）

第6条　受託者は，以下の信託事務を行う。

(1) 信託財産目録記載1及び2の信託不動産を管理，処分すること。

(2) 前号において受領した売却代金を管理し，受益者の生活費，医療費及び介護費用等に充てるため支出すること。

(3) 信託財産に属する金銭及び預金を管理し，受益者の生活費，医療費及び介護費用等に充てるために支出すること。

(4) その他信託目的を達成するために必要な事務を行うこと。

328　　第 4 章　信託契約書の作成事例

（信託事務処理の第三者への委託）

第 7 条　受託者は，信託財産目録記載 1 及び 2 の信託不動産の管理を第三者に委託することができる。

（善管注意義務）

第 8 条　受託者は，信託財産の管理，処分その他の信託事務について善良な管理者の注意をもって処理しなければならない。

（分別管理義務）

第 9 条　受託者は，信託財産に属する金銭及び預金と受託者の固有財産とを，以下の各号に定める方法により，分別して管理しなければならない。

　⑴　金銭　　信託財産に属する財産と受託者の固有財産とを外形上区別することができる状態で保管する方法

　⑵　預金　　信託財産に属する預金専用の口座を開設する方法

（帳簿等の作成・報告・保存義務）

第10条　本信託の計算期間は，毎年 1 月 1 日から 6 月30日まで及び 7 月 1 日から12月31日までとする。ただし，第 1 期の計算期間は，信託開始日から平成○○年12月31日までとする。

2 　受託者は，信託事務に関する計算を明らかにするため，信託財産に属する財産及び信託財産責任負担債務の状況を記録しなければならない。

3 　受託者は，信託財産に関し，第 1 項の信託期間に対応する信託財産目録及び収支計算書を当該計算期間が満了した月の翌月末日までに作成しなければならない。

4 　受託者は，前項記載の信託財産目録及び収支計算書を，前項により決められた期日までに，受益者代理人に提出しなければならない。

5 　受託者は，第 2 項に基づき作成した帳簿は作成の日から10年間，前項に基づき受益代理人に提出した書類は信託の清算の結了の日までの間，保存しなければならない。

（信託費用の償還）

第11条　受託者は，信託事務処理に係る費用を，直接，信託財産から償還を受けることができる。

2 　受託者は，受益者から信託事務処理に係る費用の償還または前払いを受けることができる。

（信託報酬）

第12条　受託者は無報酬とする。

【受益者】

（受益者）

第13条　本信託の受益者は，Aである。

（受益権）

第14条　受益者は，受益権として以下の内容の権利を有する。

　(1)　信託財産目録記載1及び2の信託不動産を生活の本拠として使用する権利

　(2)　前号の信託不動産が処分された場合には，その代価から給付を受ける権利

　(3)　信託財産目録記載3の預金から給付を受ける権利

（受益権の譲渡・質入れの禁止）

第15条　受益者は，受益権を譲渡又は質入れすることはできない。

【信託関係人】

（受益者代理人）

第16条　本信託の受益者代理人として，以下の者を指定する。

　(1)　氏名　　　　C

　　　　住所　　　　××県××市××△丁目△番△号

　　　　生年月日　昭和○○年○月○日

　(2)　氏名　　　　D

　　　　住所　　　　○○県○○市○○△丁目△番△号

　　　　生年月日　昭和○○年○月○日

（受益者代理人の報酬）

第17条　受益者代理人は無報酬とする。

【信託の変更】

（信託の変更）

第18条　受託者及び受益者代理人2名が協議し，三者の合意により，信託の変更をすることができる。

【信託期間，信託の終了】

（信託の終了事由）

330　　第4章　信託契約書の作成事例

第19条　本信託は，受益者の死亡により終了する。

（帰属権利者）

第20条　受益者の法定相続人を本信託の帰属権利者として指定する。

信託財産目録

（省略）

信 託 法 (抄)

〔平成18年12月15日法律第108号〕

最終改正　平成26年6月27日法律第91号

目 次

第1章　総則（第1条—第13条）

第2章　信託財産等（第14条—第25条）

第3章　受託者等

　第1節　受託者の権限（第26条—第28条）

　第2節　受託者の義務等（第29条—第39条）

　第3節　受託者の責任等（第40条—第47条）

　第4節　受託者の費用等及び信託報酬等（第48条—第55条）

　第5節　受託者の変更等

　　第1款　受託者の任務の終了（第56条—第58条）

　　第2款　前受託者の義務等（第59条—第61条）

　　第3款　新受託者の選任（第62条）

　　第4款　信託財産管理者等（第63条—第74条）

　　第5款　受託者の変更に伴う権利義務の承継等（第75条—第78条）

　第6節　受託者が2人以上ある信託の特例（第79条—第87条）

第4章　受益者等

　第1節　受益者の権利の取得及び行使（第88条—第92条）

　第2節　受益権等

　　第1款　受益権の譲渡等（第93条—第98条）

　　第2款　受益権の放棄（第99条）

　　第3款　受益債権（第100条—第102条）

　　第4款　受益権取得請求権（第103条・第104条）

　第3節　2人以上の受益者による意思決定の方法の特例

　　第1款　総則（第105条）

　　第2款　受益者集会（第106条—第122条）

　第4節　信託管理人等

　　第1款　信託管理人（第123条—第130条）

　　第2款　信託監督人（第131条—第137条）

　　第3款　受益者代理人（第138条—第144条）

第5章　委託者（第145条—第148条）

第6章　信託の変更，併合及び分割

　第1節　信託の変更（第149条・第150条）

　第2節　信託の併合（第151条—第154条）

　第3節　信託の分割

　　第1款　吸収信託分割（第155条—第158条）

　　第2款　新規信託分割（第159条—第162条）

第7章　信託の終了及び清算

　第1節　信託の終了（第163条—第174条）

　第2節　信託の清算（第175条—第184条）

第8章　受益証券発行信託の特例（第185条—第215条）

第9章　限定責任信託の特例（第216条—第247条）

第10章　受益証券発行限定責任信託の特例（第248条—第257条）

第11章　受益者の定めのない信託の特例（第258条—第261条）

第12章　雑則（第262条—第266条）

第13章　罰則（第267条—第271条）

附則

第1章　総則

（趣旨）

第1条　信託の要件，効力等については，他の法令に定めるもののほか，この法律の定めるところによる。

（定義）

第2条　この法律において「信託」とは，次条各号に掲げる方法のいずれかにより，特定の者が一定の目的（専らその者の利益を図る目的を除く。同条において同じ。）に従い財産の管理又は処分及びその他の当該目的の達成のために必要な行為をすべきものとすることをいう。

2　この法律において「信託行為」とは，次の各号に掲げる信託の区分に応じ，当該各号に定めるものをいう。

　一　次条第1号に掲げる方法による信託　同号の信託契約

　二　次条第2号に掲げる方法による信託　同号の遺言

　三　次条第3号に掲げる方法による信託　同号の書面又は電磁的記録（同号に規定する電磁的記録をいう。）によってする意思表示

3　この法律において「信託財産」とは，受託者に属する財産であって，信託により管理又は処分をすべき一切の財産をいう。

4　この法律において「委託者」とは，次条各号に掲げる方法により信託をする者をいう。

5　この法律において「受託者」とは，信託行為の定めに従い，信託財産に属する財産の管理又は処分及びその他の信託の目的の達成のために必要な行為をすべき義務を負う者をいう。

6　この法律において「受益者」とは，受益権を有する者をいう。

7　この法律において「受益権」とは，信託行為に基づいて受託者が受益者に対し負う債務であって信託財産に属する財産の引渡しその他の信託財産に係る給付をすべきものに係る債権（以下「受益債権」という。）及びこれを確保するためにこの法律の規定に基づいて受託者その他の者に対し一定の行為を求めることができる権利をいう。

8　この法律において「固有財産」とは，受託者に属する財産であって，信託財産に属する財産でない一切の財産をいう。

9　この法律において「信託財産責任負担債務」とは，受託者が信託財産に属する財産をもって履行する責任を負う債務をいう。

10　この法律において「信託の併合」とは，受託者を同一とする二以上の信託の信託財産の全部を一の新たな信託の信託財産とすることをいう。

11　この法律において「吸収信託分割」とは，ある信託の信託財産の一部を受託者を同一とする他の信託の信託財産として移転することをいい，「新規信託分割」とは，ある信託の信託財産の一部を受託者を同一とする新たな信託の信託財産として移転することをいい，「信託の分割」とは，吸収信託分割又は新規信託分割をいう。

12　この法律において「限定責任信託」とは，受託者が当該信託のすべての信託財産責任負担債務について信託財産に属する財産のみをもってその履行の責任を負う信託をいう。

（信託の方法）

第3条　信託は，次に掲げる方法のいずれかによってする。

　一　特定の者との間で，当該特定の者に対し財産の譲渡，担保権の設定その他の財産の処分をする旨並びに当該特定の者が一定の目的に従い財産の管理又は処分及びその他の当該目的の達成のために必要な行為をすべき旨の契約（以下「信託契約」という。）を締結する方法

二　特定の者に対し財産の譲渡，担保権の設定その他の財産の処分をする旨並びに当該特定の者が一定の目的に従い財産の管理又は処分及びその他の当該目的の達成のために必要な行為をすべき旨の遺言をする方法

三　特定の者が一定の目的に従い自己の有する一定の財産の管理又は処分及びその他の当該目的の達成のために必要な行為を自らすべき旨の意思表示を公正証書その他の書面又は電磁的記録（電子的方式，磁気的方式その他人の知覚によっては認識することができない方式で作られる記録であって，電子計算機による情報処理の用に供されるものとして法務省令で定めるものをいう。以下同じ。）で当該目的，当該財産の特定に必要な事項その他の法務省令で定める事項を記載し又は記録したものによってする方法

（信託の効力の発生）

第4条　前条第1号に掲げる方法によってされる信託は，委託者となるべき者と受託者となるべき者との間の信託契約の締結によってその効力を生ずる。

2　前条第2号に掲げる方法によってされる信託は，当該遺言の効力の発生によってその効力を生ずる。

3　前条第3号に掲げる方法によってされる信託は，次の各号に掲げる場合の区分に応じ，当該各号に定めるものによってその効力を生ずる。

一　公正証書又は公証人の認証を受けた書面若しくは電磁的記録（以下この号及び次号において「公正証書等」と総称する。）によってされる場合　当該公正証書等の作成

二　公正証書等以外の書面又は電磁的記録によってされる場合　受益者となるべき者として指定された第三者（当該第三者が2人以上ある場合にあっては，その1人）に対する確定日付のある証

書による当該信託がされた旨及びその内容の通知

4　前3項の規定にかかわらず，信託は，信託行為に停止条件又は始期が付されているときは，当該停止条件の成就又は当該始期の到来によってその効力を生ずる。

（遺言信託における信託の引受けの催告）

第5条　第3条第2号に掲げる方法によって信託がされた場合において，当該遺言に受託者となるべき者を指定する定めがあるときは，利害関係人は，受託者となるべき者として指定された者に対し，相当の期間を定めて，その期間内に信託の引受けをするかどうかを確答すべき旨を催告することができる。ただし，当該定めに停止条件又は始期が付されているときは，当該停止条件が成就し，又は当該始期が到来した後に限る。

2　前項の規定による催告があった場合において，受託者となるべき者として指定された者は，同項の期間内に委託者の相続人に対し確答をしないときは，信託の引受けをしなかったものとみなす。

3　委託者の相続人が現に存しない場合における前項の規定の適用については，同項中「委託者の相続人」とあるのは，「受益者（2人以上の受益者が現に存する場合にあってはその1人，信託管理人が現に存する場合にあっては信託管理人）」とする。

（遺言信託における裁判所による受託者の選任）

第6条　第3条第2号に掲げる方法によって信託がされた場合において，当該遺言に受託者の指定に関する定めがないとき，又は受託者となるべき者として指定された者が信託の引受けをせず，若しくはこれをすることができないときは，裁判所は，利害関係人の申立てにより，受託者を選任することができる。

2　前項の申立てについての裁判には，理

由を付さなければならない。

3 第1項の規定による受託者の選任の裁判に対しては，受益者又は既に存する受託者に限り，即時抗告をすることができる。

4 前項の即時抗告は，執行停止の効力を有する。

（受託者の資格）

第7条 信託は，未成年者又は成年被後見人若しくは被保佐人を受託者としてすることができない。

（受託者の利益享受の禁止）

第8条 受託者は，受益者として信託の利益を享受する場合を除き，何人の名義をもってするかを問わず，信託の利益を享受することができない。

（脱法信託の禁止）

第9条 法令によりある財産権を享有することができない者は，その権利を有するのと同一の利益を受益者として享受することができない。

（訴訟信託の禁止）

第10条 信託は，訴訟行為をさせることを主たる目的としてすることができない。

（詐害信託の取消し等）

第11条 委託者がその債権者を害することを知って信託をした場合には，受託者が債権者を害すべき事実を知っていたか否かにかかわらず，債権者は，受託者を被告として，民法（明治29年法律第89号）第424条第1項の規定による取消しを裁判所に請求することができる。ただし，受益者が現に存する場合において，その受益者の全部又は一部が，受益者としての指定（信託行為の定めにより又は第89条第1項に規定する受益者指定権等の行使により受益者又は変更後の受益者として指定されることをいう。以下同じ。）を受けたことを知った時又は受益権を譲り受けた時において債権者を害すべき事実を知らなかったときは，この限りでない。

2 前項の規定による請求を認容する判決が確定した場合において，信託財産責任負担債務に係る債権を有する債権者（委託者であるものを除く。）が当該債権を取得した時において債権者を害すべき事実を知らなかったときは，委託者は，当該債権を有する債権者に対し，当該信託財産責任負担債務について弁済の責任を負う。ただし，同項の規定による取消しにより受託者から委託者に移転する財産の価額を限度とする。

3 前項の規定の適用については，第49条第1項（第53条第2項及び第54条第4項において準用する場合を含む。）の規定により受託者が有する権利は，金銭債権とみなす。

4 委託者がその債権者を害することを知って信託をした場合において，受益者が受託者から信託財産に属する財産の給付を受けたときは，債権者は，受益者を被告として，民法第424条第1項の規定による取消しを裁判所に請求することができる。ただし，当該受益者が，受益者としての指定を受けたことを知った時又は受益権を譲り受けた時において債権者を害すべき事実を知らなかったときは，この限りでない。

5 委託者がその債権者を害することを知って信託をした場合には，債権者は，受益者を被告として，その受益権を委託者に譲り渡すことを訴えをもって請求することができる。この場合においては，前項ただし書の規定を準用する。

6 民法第426条の規定は，前項の規定による請求権について準用する。

7 受益者の指定又は受益権の譲渡に当たっては，第1項本文，第4項本文又は第5項前段の規定の適用を不当に免れる目的で，債権者を害すべき事実を知らない者（以下この項において「善意者」という。）を無償（無償と同視すべき有償を含む。以下この項において同じ。）で

受益者として指定し，又は善意者に対し無償で受益権を譲り渡してはならない。

8　前項の規定に違反する受益者の指定又は受益権の譲渡により受益者となった者については，第1項ただし書及び第4項ただし書（第5項後段において準用する場合を含む。）の規定は，適用しない。

（詐害信託の否認等）

第12条　破産者が委託者としてした信託における破産法（平成16年法律第75号）第160条第1項の規定の適用については，同項各号中「これによって利益を受けた者」とあるのは，「これによって利益を受けた受益者の全部又は一部」とする。

2　破産者が破産債権者を害することを知って委託者として信託をした場合には，破産管財人は，受益者を被告として，その受益権を破産財団に返還することを訴えをもって請求することができる。この場合においては，前条第4項ただし書の規定を準用する。

3　再生債務者が委託者としてした信託における民事再生法（平成11年法律第225号）第127条第1項の規定の適用については，同項各号中「これによって利益を受けた者」とあるのは，「これによって利益を受けた受益者の全部又は一部」とする。

4　再生債務者が再生債権者を害することを知って委託者として信託をした場合には，否認権限を有する監督委員又は管財人は，受益者を被告として，その受益権を再生債務者財産（民事再生法第12条第1項第1号に規定する再生債務者財産をいう。第25条第4項において同じ。）に返還することを訴えをもって請求することができる。この場合においては，前条第4項ただし書の規定を準用する。

5　前2項の規定は，更生会社（会社更生法（平成14年法律第154号）第2条第7項に規定する更生会社又は金融機関等の更生手続の特例等に関する法律（平成8

年法律第95号）第169条第7項に規定する更生会社をいう。）又は更生協同組織金融機関（同法第4条第7項に規定する更生協同組織金融機関をいう。）について準用する。この場合において，第3項中「民事再生法（平成11年法律第225号）第127条第1項」とあるのは「会社更生法（平成14年法律第154号）第86条第1項並びに金融機関等の更生手続の特例等に関する法律（平成8年法律第95号）第57条第1項及び第223条第1項」と，「同項各号」とあるのは「これらの規定」と，前項中「再生債権者」とあるのは「更生債権者又は更生担保権者」と，「否認権限を有する監督委員又は管財人」とあるのは「管財人」と，「再生債務者財産（民事再生法第12条第1項第1号に規定する再生債務者財産をいう。第25条第4項において同じ。）」とあるのは「更生会社財産（会社更生法第2条第14項に規定する更生会社財産又は金融機関等の更生手続の特例等に関する法律第169条第14項に規定する更生会社財産をいう。）又は更生協同組織金融機関財産（同法第4条第14項に規定する更生協同組織金融機関財産をいう。）」と読み替えるものとする。

（会計の原則）

第13条　信託の会計は，一般に公正妥当と認められる会計の慣行に従うものとする。

第2章　信託財産等

（信託財産に属する財産の対抗要件）

第14条　登記又は登録をしなければ権利の得喪及び変更を第三者に対抗することができない財産については，信託の登記又は登録をしなければ，当該財産が信託財産に属することを第三者に対抗することができない。

336 巻末資料

（信託財産に属する財産の占有の瑕疵の承継）

第15条　受託者は，信託財産に属する財産の占有について，委託者の占有の瑕疵を承継する。

（信託財産の範囲）

第16条　信託行為において信託財産に属すべきものと定められた財産のほか，次に掲げる財産は，信託財産に属する。

一　信託財産に属する財産の管理，処分，滅失，損傷その他の事由により受託者が得た財産

二　次条，第18条，第19条（第84条の規定により読み替えて適用する場合を含む。以下この号において同じ。），第226条第3項，第228条第3項及び第254条第2項の規定により信託財産に属することとなった財産（第18条第1項（同条第3項において準用する場合を含む。）の規定により信託財産に属するものとみなされた共有持分及び第19条の規定による分割によって信託財産に属することとされた財産を含む。）

（信託財産に属する財産の付合等）

第17条　信託財産に属する財産と固有財産若しくは他の信託の信託財産に属する財産との付合若しくは混和又はこれらの財産を材料とする加工があった場合には，各信託の信託財産及び固有財産に属する財産は別の所有者に属するものとみなして，民法第242条から第248条までの規定を適用する。

第18条　信託財産に属する財産と固有財産に属する財産とを識別することができなくなった場合（前条に規定する場合を除く。）には，各財産の共有持分が信託財産と固有財産とに属するものとみなす。この場合において，その共有持分の割合は，その識別することができなくなった当時における各財産の価格の割合に応ずる。

2　前項の共有持分は，相等しいものと推定する。

3　前2項の規定は，ある信託の受託者が他の信託の受託者を兼ねる場合において，各信託の信託財産に属する財産を識別することができなくなったとき（前条に規定する場合を除く。）について準用する。この場合において，第1項中「信託財産と固有財産と」とあるのは，「各信託の信託財産」と読み替えるものとする。

（信託財産と固有財産等とに属する共有物の分割）

第19条　受託者に属する特定の財産について，その共有持分が信託財産と固有財産とに属する場合には，次に掲げる方法により，当該財産の分割をすることができる。

一　信託行為において定めた方法

二　受託者と受益者（信託管理人が現に存する場合にあっては，信託管理人）との協議による方法

三　分割をすることが信託の目的の達成のために合理的に必要と認められる場合であって，受益者の利益を害しないことが明らかであるとき，又は当該分割の信託財産に与える影響，当該分割の目的及び態様，受託者の受益者との実質的な利害関係の状況その他の事情に照らして正当な理由があるときは，受託者が決する方法

2　前項に規定する場合において，同項第2号の協議が調わないときその他同項各号に掲げる方法による分割をすることができないときは，受託者又は受益者（信託管理人が現に存する場合にあっては，信託管理人）は，裁判所に対し，同項の共有物の分割を請求することができる。

3　受託者に属する特定の財産について，その共有持分が信託財産と他の信託の信託財産とに属する場合には，次に掲げる方法により，当該財産の分割をすることができる。

一　各信託の信託行為において定めた方

法

　二　各信託の受益者（信託管理人が現に
　　　存する場合にあっては，信託管理人）
　　　の協議による方法
　三　各信託について，分割をすることが
　　　信託の目的の達成のために合理的に必
　　　要と認められる場合であって，受益者
　　　の利益を害しないことが明らかである
　　　とき，又は当該分割の信託財産に与え
　　　る影響，当該分割の目的及び態様，受
　　　託者の受益者との実質的な利害関係の
　　　状況その他の事情に照らして正当な理
　　　由があるときは，各信託の受託者が決
　　　する方法
　4　前項に規定する場合において，同項第
　　2号の協議が調わないときその他同項各
　　号に掲げる方法による分割をすることが
　　できないときは，各信託の受益者（信託
　　管理人が現に存する場合にあっては，信
　　託管理人）は，裁判所に対し，同項の共
　　有物の分割を請求することができる。

（信託財産に属する財産についての混同
　の特例）
第20条　同一物について所有権及び他の物
　権が信託財産と固有財産又は他の信託の
　信託財産とにそれぞれ帰属した場合には，
　民法第179条第1項本文の規定にかかわ
　らず，当該他の物権は，消滅しない。
　2　所有権以外の物権及びこれを目的とす
　　る他の権利が信託財産と固有財産又は他
　　の信託の信託財産とにそれぞれ帰属した
　　場合には，民法第179条第2項前段の規
　　定にかかわらず，当該他の権利は，消滅
　　しない。
　3　次に掲げる場合には，民法第520条本
　　文の規定にかかわらず，当該債権は，消
　　滅しない。
　一　信託財産に属する債権に係る債務が
　　　受託者に帰属した場合（信託財産責任
　　　負担債務となった場合を除く。）
　二　信託財産責任負担債務に係る債権が
　　　受託者に帰属した場合（当該債権が信

　　　託財産に属することとなった場合を除
　　　く。）
　三　固有財産又は他の信託の信託財産に
　　　属する債権に係る債務が受託者に帰属
　　　した場合（信託財産責任負担債務と
　　　なった場合に限る。）
　四　受託者の債務（信託財産責任負担債
　　　務を除く。）に係る債権が受託者に帰
　　　属した場合（当該債権が信託財産に属
　　　することとなった場合に限る。）

（信託財産責任負担債務の範囲）
第21条　次に掲げる権利に係る債務は，信
　託財産責任負担債務となる。
　一　受益債権
　二　信託財産に属する財産について信託
　　　前の原因によって生じた権利
　三　信託前に生じた委託者に対する債権
　　　であって，当該債権に係る債務を信託
　　　財産責任負担債務とする旨の信託行為
　　　の定めがあるもの
　四　第103条第1項又は第2項の規定に
　　　よる受益権取得請求権
　五　信託財産のためにした行為であって
　　　受託者の権限に属するものによって生
　　　じた権利
　六　信託財産のためにした行為であって
　　　受託者の権限に属しないもののうち，
　　　次に掲げるものによって生じた権利
　　イ　第27条第1項又は第2項（これら
　　　の規定を第75条第4項において準用
　　　する場合を含む。ロにおいて同
　　　じ。）の規定により取り消すことが
　　　できない行為（当該行為の相手方が，
　　　当該行為の当時，当該行為が信託財
　　　産のためにされたものであることを
　　　知らなかったもの（信託財産に属す
　　　る財産について権利を設定し又は移
　　　転する行為を除く。）を除く。）
　　ロ　第27条第1項又は第2項の規定に
　　　より取り消すことができる行為で
　　　あって取り消されていないもの
　七　第31条第6項に規定する処分その他

の行為又は同条第7項に規定する行為のうち，これらの規定により取り消すことができない行為又はこれらの規定により取り消すことができる行為であって取り消されていないものによって生じた権利

八　受託者が信託事務を処理するについてした不法行為によって生じた権利

九　第5号から前号までに掲げるもののほか，信託事務の処理について生じた権利

2　信託財産責任負担債務のうち次に掲げる権利に係る債務について，受託者は，信託財産に属する財産のみをもってその履行の責任を負う。

一　受益債権

二　信託行為に第216条第1項の定めがあり，かつ，第232条の定めるところにより登記がされた場合における信託債権（信託財産責任負担債務に係る債権であって，受益債権でないものをいう。以下同じ。）

三　前2号に掲げる場合のほか，この法律の規定により信託財産に属する財産のみをもってその履行の責任を負うものとされる場合における信託債権

四　信託債権を有する者（以下「信託債権者」という。）との間で信託財産に属する財産のみをもってその履行の責任を負う旨の合意がある場合における信託債権

（信託財産に属する債権等についての相殺の制限）

第22条　受託者が固有財産又は他の信託の信託財産（第1号において「固有財産等」という。）に属する財産のみをもって履行する責任を負う債務（第1号及び第2号において「固有財産等責任負担債務」という。）に係る債権を有する者は，当該債権をもって信託財産に属する債権に係る債務と相殺をすることができない。ただし，次に掲げる場合は，この限りでない。

一　当該固有財産等責任負担債務に係る債権を有する者が，当該債権を取得した時又は当該信託財産に属する債権に係る債務を負担した時のいずれか遅い時において，当該信託財産に属する債権が固有財産等に属するものでないことを知らず，かつ，知らなかったことにつき過失がなかった場合

二　当該固有財産等責任負担債務に係る債権を有する者が，当該債権を取得した時又は当該信託財産に属する債権に係る債務を負担した時のいずれか遅い時において，当該固有財産等責任負担債務が信託財産責任負担債務でないことを知らず，かつ，知らなかったことにつき過失がなかった場合

2　前項本文の規定は，第31条第2項各号に掲げる場合において，受託者が前項の相殺を承認したときは，適用しない。

3　信託財産責任負担債務（信託財産に属する財産のみをもってその履行の責任を負うものに限る。）に係る債権を有する者は，当該債権をもって固有財産に属する債権に係る債務と相殺をすることができない。ただし，当該信託財産責任負担債務に係る債権を有する者が，当該債権を取得した時又は当該固有財産に属する債権に係る債務を負担した時のいずれか遅い時において，当該固有財産に属する債権が信託財産に属するものでないことを知らず，かつ，知らなかったことにつき過失がなかった場合は，この限りでない。

4　前項本文の規定は，受託者が同項の相殺を承認したときは，適用しない。

（信託財産に属する財産に対する強制執行等の制限等）

第23条　信託財産責任負担債務に係る債権（信託財産に属する財産について生じた権利を含む。次項において同じ。）に基づく場合を除き，信託財産に属する財産

に対しては，強制執行，仮差押え，仮処分若しくは担保権の実行若しくは競売（担保権の実行としてのものを除く。以下同じ。）又は国税滞納処分（その例による処分を含む。以下同じ。）をすることができない。

2 第3条第3号に掲げる方法によって信託がされた場合において，委託者がその債権者を害することを知って当該信託をしたときは，前項の規定にかかわらず，信託財産責任負担債務に係る債権を有する債権者のほか，当該委託者（受託者であるものに限る。）に対する債権で信託前に生じたものを有する者は，信託財産に属する財産に対し，強制執行，仮差押え，仮処分若しくは担保権の実行若しくは競売又は国税滞納処分をすることができる。ただし，受益者が現に存する場合において，その受益者の全部又は一部が，受益者としての指定を受けたことを知った時又は受益権を譲り受けた時において債権者を害すべき事実を知らなかったときは，この限りでない。

3 第11条第7項及び第8項の規定は，前項の規定の適用について準用する。

4 前2項の規定は，第2項の信託がされた時から2年間を経過したときは，適用しない。

5 第1項又は第2項の規定に違反してされた強制執行，仮差押え，仮処分又は担保権の実行若しくは競売に対しては，受託者又は受益者は，異議を主張することができる。この場合においては，民事執行法（昭和54年法律第4号）第38条及び民事保全法（平成元年法律第91号）第45条の規定を準用する。

6 第1項又は第2項の規定に違反してされた国税滞納処分に対しては，受託者又は受益者は，異議を主張することができる。この場合においては，当該異議の主張は，当該国税滞納処分について不服の申立てをする方法である。

（費用又は報酬の支弁等）

第24条 前条第5項又は第6項の規定による異議に係る訴えを提起した受益者が勝訴（一部勝訴を含む。）した場合において，当該訴えに係る訴訟に関し，必要な費用（訴訟費用を除く。）を支出したとき又は弁護士，弁護士法人，司法書士若しくは司法書士法人に報酬を支払うべきときは，その費用又は報酬は，その額の範囲内で相当と認められる額を限度として，信託財産から支弁する。

2 前項の訴えを提起した受益者が敗訴した場合であっても，悪意があったときを除き，当該受益者は，受託者に対し，これによって生じた損害を賠償する義務を負わない。

（信託財産と受託者の破産手続等との関係等）

第25条 受託者が破産手続開始の決定を受けた場合であっても，信託財産に属する財産は，破産財団に属しない。

2 前項の場合には，受益債権は，破産債権とならない。信託債権であって受託者が信託財産に属する財産のみをもってその履行の責任を負うものも，同様とする。

3 第1項の場合には，破産法第252条第1項の免責許可の決定による信託債権（前項に規定する信託債権を除く。）に係る債務の免責は，信託財産との関係においては，その効力を主張することができない。

4 受託者が再生手続開始の決定を受けた場合であっても，信託財産に属する財産は，再生債務者財産に属しない。

5 前項の場合には，受益債権は，再生債権とならない。信託債権であって受託者が信託財産に属する財産のみをもってその履行の責任を負うものも，同様とする。

6 第4項の場合には，再生計画，再生計画認可の決定又は民事再生法第235条第1項の免責の決定による信託債権（前項に規定する信託債権を除く。）に係る債

務の免責又は変更は，信託財産との関係
においては，その効力を主張することが
できない。

7　前3項の規定は，受託者が更生手続開
始の決定を受けた場合について準用する。
この場合において，第4項中「再生債務
者財産」とあるのは「更生会社財産（会
社更生法第2条第14項に規定する更生会
社財産又は金融機関等の更生手続の特例
等に関する法律第169条第14項に規定す
る更生会社財産をいう。）又は更生協同
組織金融機関財産（同法第4条第14項に
規定する更生協同組織金融機関財産をい
う。）」と，第5項中「再生債権」とある
のは「更生債権又は更生担保権」と，前
項中「再生計画，再生計画認可の決定又
は民事再生法第235条第1項の免責の決
定」とあるのは「更生計画又は更生計画
認可の決定」と読み替えるものとする。

第3章　受託者等

第1節　受託者の権限

（受託者の権限の範囲）

第26条　受託者は，信託財産に属する財産
の管理又は処分及びその他の信託の目的
の達成のために必要な行為をする権限を
有する。ただし，信託行為によりその権
限に制限を加えることを妨げない。

（受託者の権限違反行為の取消し）

第27条　受託者が信託財産のためにした行
為がその権限に属しない場合において，
次のいずれにも該当するときは，受益者
は，当該行為を取り消すことができる。
　一　当該行為の相手方が，当該行為の当
　　時，当該行為が信託財産のためにされ
　　たものであることを知っていたこと。
　二　当該行為の相手方が，当該行為の当
　　時，当該行為が受託者の権限に属しな
　　いことを知っていたこと又は知らな
　　かったことにつき重大な過失があった
　　こと。

2　前項の規定にかかわらず，受託者が信
託財産に属する財産（第14条の信託の登
記又は登録をすることができるものに限
る。）について権利を設定し又は移転し
た行為がその権限に属しない場合には，
次のいずれにも該当するときに限り，受
益者は，当該行為を取り消すことができ
る。
　一　当該行為の当時，当該信託財産に属
　　する財産について第14条の信託の登記
　　又は登録がされていたこと。
　二　当該行為の相手方が，当該行為の当
　　時，当該行為が受託者の権限に属しな
　　いことを知っていたこと又は知らな
　　かったことにつき重大な過失があった
　　こと。

3　2人以上の受益者のうちの1人が前2
項の規定による取消権を行使したときは，
その取消しは，他の受益者のためにも，
その効力を生ずる。

4　第1項又は第2項の規定による取消権
は，受益者（信託管理人が現に存する場
合にあっては，信託管理人）が取消しの
原因があることを知った時から3箇月間
行使しないときは，時効によって消滅す
る。行為の時から1年を経過したときも，
同様とする。

（信託事務の処理の第三者への委託）

第28条　受託者は，次に掲げる場合には，
信託事務の処理を第三者に委託すること
ができる。
　一　信託行為に信託事務の処理を第三者
　　に委託する旨又は委託することができ
　　る旨の定めがあるとき。
　二　信託行為に信託事務の処理の第三者
　　への委託に関する定めがない場合にお
　　いて，信託事務の処理を第三者に委託
　　することが信託の目的に照らして相当
　　であると認められるとき。
　三　信託行為に信託事務の処理を第三者
　　に委託してはならない旨の定めがある
　　場合において，信託事務の処理を第三

者に委託することにつき信託の目的に照らしてやむを得ない事由があると認められるとき。

第2節　受託者の義務等
（受託者の注意義務）

第29条　受託者は，信託の本旨に従い，信託事務を処理しなければならない。

2　受託者は，信託事務を処理するに当たっては，善良な管理者の注意をもって，これをしなければならない。ただし，信託行為に別段の定めがあるときは，その定めるところによる注意をもって，これをするものとする。

（忠実義務）

第30条　受託者は，受益者のため忠実に信託事務の処理その他の行為をしなければならない。

（利益相反行為の制限）

第31条　受託者は，次に掲げる行為をしてはならない。

一　信託財産に属する財産（当該財産に係る権利を含む。）を固有財産に帰属させ，又は固有財産に属する財産（当該財産に係る権利を含む。）を信託財産に帰属させること。

二　信託財産に属する財産（当該財産に係る権利を含む。）を他の信託の信託財産に帰属させること。

三　第三者との間において信託財産のためにする行為であって，自己が当該第三者の代理人となって行うもの

四　信託財産に属する財産につき固有財産に属する財産のみをもって履行する責任を負う債務に係る債権を被担保債権とする担保権を設定することその他第三者との間において信託財産のためにする行為であって受託者又はその利害関係人と受益者との利益が相反することとなるもの

2　前項の規定にかかわらず，次のいずれかに該当するときは，同項各号に掲げる行為をすることができる。ただし，第2号に掲げる事由にあっては，同号に該当する場合でも当該行為をすることができない旨の信託行為の定めがあるときは，この限りでない。

一　信託行為に当該行為をすることを許容する旨の定めがあるとき。

二　受託者が当該行為について重要な事実を開示して受益者の承認を得たとき。

三　相続その他の包括承継により信託財産に属する財産に係る権利が固有財産に帰属したとき。

四　受託者が当該行為をすることが信託の目的の達成のために合理的に必要と認められる場合であって，受益者の利益を害しないことが明らかであるとき，又は当該行為の信託財産に与える影響，当該行為の目的及び態様，受託者の受益者との実質的な利害関係の状況その他の事情に照らして正当な理由があるとき。

3　受託者は，第1項各号に掲げる行為をしたときは，受益者に対し，当該行為についての重要な事実を通知しなければならない。ただし，信託行為に別段の定めがあるときは，その定めるところによる。

4　第1項及び第2項の規定に違反して第1項第1号又は第2号に掲げる行為がされた場合には，これらの行為は，無効とする。

5　前項の行為は，受益者の追認により，当該行為の時にさかのぼってその効力を生ずる。

6　第4項に規定する場合において，受託者が第三者との間において第1項第1号又は第2号の財産について処分その他の行為をしたときは，当該第三者が同項及び第2項の規定に違反して第1項第1号又は第2号に掲げる行為がされたことを知っていたとき又は知らなかったことにつき重大な過失があったときに限り，受益者は，当該処分その他の行為を取り消

すことができる。この場合においては，第27条第3項及び第4項の規定を準用する。

7　第1項及び第2項の規定に違反して第1項第3号又は第4号に掲げる行為がされた場合には，当該第三者がこれを知っていたとき又は知らなかったことにつき重大な過失があったときに限り，受益者は，当該行為を取り消すことができる。この場合においては，第27条第3項及び第4項の規定を準用する。

第32条　受託者は，受託者として有する権限に基づいて信託事務の処理としてすることができる行為であってこれをしないことが受益者の利益に反するものについては，これを固有財産又は受託者の利害関係人の計算でしてはならない。

2　前項の規定にかかわらず，次のいずれかに該当するときは，同項に規定する行為を固有財産又は受託者の利害関係人の計算ですることができる。ただし，第2号に掲げる事由にあっては，同号に該当する場合でも当該行為を固有財産又は受託者の利害関係人の計算ですることができない旨の信託行為の定めがあるときは，この限りでない。

一　信託行為に当該行為を固有財産又は受託者の利害関係人の計算ですることを許容する旨の定めがあるとき。

二　受託者が当該行為を固有財産又は受託者の利害関係人の計算ですることについて重要な事実を開示して受益者の承認を得たとき。

3　受託者は，第1項に規定する行為を固有財産又は受託者の利害関係人の計算でした場合には，受益者に対し，当該行為についての重要な事実を通知しなければならない。ただし，信託行為に別段の定めがあるときは，その定めるところによる。

4　第1項及び第2項の規定に違反して受託者が第1項に規定する行為をした場合には，受益者は，当該行為は信託財産のためにされたものとみなすことができる。ただし，第三者の権利を害することはできない。

5　前項の規定による権利は，当該行為の時から1年を経過したときは，消滅する。

（公平義務）

第33条　受益者が2人以上ある信託においては，受託者は，受益者のために公平にその職務を行わなければならない。

（分別管理義務）

第34条　受託者は，信託財産に属する財産と固有財産及び他の信託の信託財産に属する財産とを，次の各号に掲げる財産の区分に応じ，当該各号に定める方法により，分別して管理しなければならない。ただし，分別して管理する方法について，信託行為に別段の定めがあるときは，その定めるところによる。

一　第14条の信託の登記又は登録をすることができる財産（第3号に掲げるものを除く。）　当該信託の登記又は登録

二　第14条の信託の登記又は登録をすることができない財産（次号に掲げるものを除く。）　次のイ又はロに掲げる財産の区分に応じ，当該イ又はロに定める方法

イ　動産（金銭を除く。）　信託財産に属する財産と固有財産及び他の信託の信託財産に属する財産とを外形上区別することができる状態で保管する方法

ロ　金銭その他のイに掲げる財産以外の財産　その計算を明らかにする方法

三　法務省令で定める財産　当該財産を適切に分別して管理する方法として法務省令で定めるもの

2　前項ただし書の規定にかかわらず，同項第1号に掲げる財産について第14条の信託の登記又は登録をする義務は，これを免除することができない。

信託法（抄）　343

（信託事務の処理の委託における第三者の選任及び監督に関する義務）

第35条　第28条の規定により信託事務の処理を第三者に委託するときは，受託者は，信託の目的に照らして適切な者に委託しなければならない。

2　第28条の規定により信託事務の処理を第三者に委託したときは，受託者は，当該第三者に対し，信託の目的の達成のために必要かつ適切な監督を行わなければならない。

3　受託者が信託事務の処理を次に掲げる第三者に委託したときは，前2項の規定は，適用しない。ただし，受託者は，当該第三者が不適任若しくは不誠実であること又は当該第三者による事務の処理が不適切であることを知ったときは，その旨の受益者に対する通知，当該第三者への委託の解除その他の必要な措置をとらなければならない。

一　信託行為において指名された第三者

二　信託行為において受託者が委託者又は受益者の指名に従い信託事務の処理を第三者に委託する旨の定めがある場合において，当該定めに従い指名された第三者

4　前項ただし書の規定にかかわらず，信託行為に別段の定めがあるときは，その定めるところによる。

（信託事務の処理の状況についての報告義務）

第36条　委託者又は受益者は，受託者に対し，信託事務の処理の状況並びに信託財産に属する財産及び信託財産責任負担債務の状況について報告を求めることができる。

（帳簿等の作成等，報告及び保存の義務）

第37条　受託者は，信託事務に関する計算並びに信託財産に属する財産及び信託財産責任負担債務の状況を明らかにするため，法務省令で定めるところにより，信託財産に係る帳簿その他の書類又は電磁的記録を作成しなければならない。

2　受託者は，毎年一回，一定の時期に，法務省令で定めるところにより，貸借対照表，損益計算書その他の法務省令で定める書類又は電磁的記録を作成しなければならない。

3　受託者は，前項の書類又は電磁的記録を作成したときは，その内容について受益者（信託管理人が現に存する場合にあっては，信託管理人）に報告しなければならない。ただし，信託行為に別段の定めがあるときは，その定めるところによる。

4　受託者は，第1項の書類又は電磁的記録を作成した場合には，その作成の日から10年間（当該期間内に信託の清算の結了があったときは，その日までの間。次項において同じ。），当該書類（当該書類に代えて電磁的記録を法務省令で定める方法により作成した場合にあっては，当該電磁的記録）又は電磁的記録（当該電磁的記録に代えて書面を作成した場合にあっては，当該書面）を保存しなければならない。ただし，受益者（2人以上の受益者が現に存する場合にあってはそのすべての受益者，信託管理人が現に存する場合にあっては信託管理人。第6項ただし書において同じ。）に対し，当該書類若しくはその写しを交付し，又は当該電磁的記録に記録された事項を法務省令で定める方法により提供したときは，この限りでない。

5　受託者は，信託財産に属する財産の処分に係る契約書その他の信託事務の処理に関する書類又は電磁的記録を作成し，又は取得した場合には，その作成又は取得の日から10年間，当該書類（当該書類に代えて電磁的記録を法務省令で定める方法により作成した場合にあっては，当該電磁的記録）又は電磁的記録（当該電磁的記録に代えて書面を作成した場合に

あっては，当該書面）を保存しなければ
ならない。この場合においては，前項た
だし書の規定を準用する。

6　受託者は，第2項の書類又は電磁的記
録を作成した場合には，信託の清算の結
了の日までの間，当該書類（当該書類に
代えて電磁的記録を法務省令で定める方
法により作成した場合にあっては，当該
電磁的記録）又は電磁的記録（当該電磁
的記録に代えて書面を作成した場合に
あっては，当該書面）を保存しなければ
ならない。ただし，その作成の日から10
年間を経過した後において，受益者に対
し，当該書類若しくはその写しを交付し，
又は当該電磁的記録に記録された事項を
法務省令で定める方法により提供したと
きは，この限りでない。

（帳簿等の閲覧等の請求）
第38条　受益者は，受託者に対し，次に掲
げる請求をすることができる。この場合
においては，当該請求の理由を明らかに
してしなければならない。
　一　前条第1項又は第5項の書類の閲覧
　　又は謄写の請求
　二　前条第1項又は第5項の電磁的記録
　　に記録された事項を法務省令で定める
　　方法により表示したものの閲覧又は謄
　　写の請求
2　前項の請求があったときは，受託者は，
次のいずれかに該当すると認められる場
合を除き，これを拒むことができない。
　一　当該請求を行う者（以下この項にお
　　いて「請求者」という。）がその権利
　　の確保又は行使に関する調査以外の目
　　的で請求を行ったとき。
　二　請求者が不適当な時に請求を行った
　　とき。
　三　請求者が信託事務の処理を妨げ，又
　　は受益者の共同の利益を害する目的で
　　請求を行ったとき。
　四　請求者が当該信託に係る業務と実質
　　的に競争関係にある事業を営み，又は

これに従事するものであるとき。
　五　請求者が前項の規定による閲覧又は
　　謄写によって知り得た事実を利益を得
　　て第三者に通報するため請求したとき。
　六　請求者が，過去2年以内において，
　　前項の規定による閲覧又は謄写によっ
　　て知り得た事実を利益を得て第三者に
　　通報したことがあるものであるとき。
3　前項（第1号及び第2号を除く。）の
規定は，受託者が2人以上ある信託のす
べての受益者から第1項の請求があった
とき，又は受益者が1人である信託の当
該受益者から同項の請求があったときは，
適用しない。
4　信託行為において，次に掲げる情報以
外の情報について，受益者が同意をした
ときは第1項の規定による閲覧又は謄写
の請求をすることができない旨の定めが
ある場合には，当該同意をした受益者
（その承継人を含む。以下この条におい
て同じ。）は，その同意を撤回すること
ができない。
　一　前条第2項の書類又は電磁的記録の
　　作成に欠くことのできない情報その他
　　の信託に関する重要な情報
　二　当該受益者以外の者の利益を害する
　　おそれのない情報
5　受託者は，前項の同意をした受益者か
ら第1項の規定による閲覧又は謄写の請
求があったときは，前項各号に掲げる情
報に該当する部分を除き，これを拒むこ
とができる。
6　利害関係人は，受託者に対し，次に掲
げる請求をすることができる。
　一　前条第2項の書類の閲覧又は謄写の
　　請求
　二　前条第2項の電磁的記録に記録され
　　た事項を法務省令で定める方法により
　　表示したものの閲覧又は謄写の請求
（他の受益者の氏名等の開示の請求）
第39条　受益者が2人以上ある信託におい
ては，受益者は，受託者に対し，次に掲

信託法（抄）　　345

げる事項を相当な方法により開示することを請求することができる。この場合においては，当該請求の理由を明らかにしてしなければならない。

一　他の受益者の氏名又は名称及び住所
二　他の受益者が有する受益権の内容

2　前項の請求があったときは，受託者は，次のいずれかに該当すると認められる場合を除き，これを拒むことができない。

一　当該請求を行う者（以下この項において「請求者」という。）がその権利の確保又は行使に関する調査以外の目的で請求を行ったとき。
二　請求者が不適当な時に請求を行ったとき。
三　請求者が信託事務の処理を妨げ，又は受益者の共同の利益を害する目的で請求を行ったとき。
四　請求者が前項の規定による開示によって知り得た事実を利益を得て第三者に通報するため請求を行ったとき。
五　請求者が，過去2年以内において，前項の規定による開示によって知り得た事実を利益を得て第三者に通報したことがあるものであるとき。

3　前2項の規定にかかわらず，信託行為に別段の定めがあるときは，その定めるところによる。

第3節　受託者の責任等
（受託者の損失てん補責任等）

第40条　受託者がその任務を怠ったことによって次の各号に掲げる場合に該当するに至ったときは，受益者は，当該受託者に対し，当該各号に定める措置を請求することができる。ただし，第2号に定める措置にあっては，原状の回復が著しく困難であるとき，原状の回復をするのに過分の費用を要するとき，その他受託者に原状の回復をさせることを不適当とする特別の事情があるときは，この限りでない。

一　信託財産に損失が生じた場合　当該損失のてん補
二　信託財産に変更が生じた場合　原状の回復

2　受託者が第28条の規定に違反して信託事務の処理を第三者に委託した場合において，信託財産に損失又は変更を生じたときは，受託者は，第三者に委託をしなかったとしても損失又は変更が生じたことを証明しなければ，前項の責任を免れることができない。

3　受託者が第30条，第31条第1項及び第2項又は第32条第1項及び第2項の規定に違反する行為をした場合には，受託者は，当該行為によって受託者又はその利害関係人が得た利益の額と同額の損失を信託財産に生じさせたものと推定する。

4　受託者が第34条の規定に違反して信託財産に属する財産を管理した場合において，信託財産に損失又は変更を生じたときは，受託者は，同条の規定に従い分別して管理をしたとしても損失又は変更が生じたことを証明しなければ，第1項の責任を免れることができない。

（法人である受託者の役員の連帯責任）

第41条　法人である受託者の理事，取締役若しくは執行役又はこれらに準ずる者は，当該法人が前条の規定による責任を負う場合において，当該法人が行った法令又は信託行為の定めに違反する行為につき悪意又は重大な過失があるときは，受益者に対し，当該法人と連帯して，損失のてん補又は原状の回復をする責任を負う。

（損失てん補責任等の免除）

第42条　受益者は，次に掲げる責任を免除することができる。

一　第40条の規定による責任
二　前条の規定による責任

（損失てん補責任等に係る債権の期間の制限）

第43条　第40条の規定による責任に係る債権の消滅時効は，債務の不履行によって

生じた責任に係る債権の消滅時効の例による。

2　第41条の規定による責任に係る債権は，10年間行使しないときは，時効によって消滅する。

3　第40条又は第41条の規定による責任に係る受益者の債権の消滅時効は，受益者が受益者としての指定を受けたことを知るに至るまでの間（受益者が現に存しない場合にあっては，信託管理人が選任されるまでの間）は，進行しない。

4　前項に規定する債権は，受託者がその任務を怠ったことによって信託財産に損失又は変更が生じた時から20年を経過したときは，消滅する。

（受益者による受託者の行為の差止め）

第44条　受託者が法令若しくは信託行為の定めに違反する行為をし，又はこれらの行為をするおそれがある場合において，当該行為によって信託財産に著しい損害が生ずるおそれがあるときは，受益者は，当該受託者に対し，当該行為をやめることを請求することができる。

2　受託者が第33条の規定に違反する行為をし，又はこれをするおそれがある場合において，当該行為によって一部の受益者に著しい損害が生ずるおそれがあるときは，当該受益者は，当該受託者に対し，当該行為をやめることを請求することができる。

（費用又は報酬の支弁等）

第45条　第40条，第41条又は前条の規定による請求に係る訴えを提起した受益者が勝訴（一部勝訴を含む。）した場合において，当該訴えに係る訴訟に関し，必要な費用（訴訟費用を除く。）を支出したとき又は弁護士，弁護士法人，司法書士若しくは司法書士法人に報酬を支払うべきときは，その費用又は報酬は，その額の範囲内で相当と認められる額を限度として，信託財産から支弁する。

2　前項の訴えを提起した受益者が敗訴し

た場合であっても，悪意があったときを除き，当該受益者は，受託者に対し，これによって生じた損害を賠償する義務を負わない。

（検査役の選任）

第46条　受託者の信託事務の処理に関し，不正の行為又は法令若しくは信託行為の定めに違反する重大な事実があることを疑うに足りる事由があるときは，受益者は，信託事務の処理の状況並びに信託財産に属する財産及び信託財産責任負担債務の状況を調査させるため，裁判所に対し，検査役の選任の申立てをすることができる。

2　前項の申立てがあった場合には，裁判所は，これを不適法として却下する場合を除き，検査役を選任しなければならない。

3　第1項の申立てを却下する裁判には，理由を付さなければならない。

4　第1項の規定による検査役の選任の裁判に対しては，不服を申し立てることができない。

5　第2項の検査役は，信託財産から裁判所が定める報酬を受けることができる。

6　前項の規定による検査役の報酬を定める裁判をする場合には，受託者及び第2項の検査役の陳述を聴かなければならない。

7　第5項の規定による検査役の報酬を定める裁判に対しては，受託者及び第2項の検査役に限り，即時抗告をすることができる。

第47条　前条第2項の検査役は，その職務を行うため必要があるときは，受託者に対し，信託事務の処理の状況並びに信託財産に属する財産及び信託財産責任負担債務の状況について報告を求め，又は当該信託に係る帳簿，書類その他の物件を調査することができる。

2　前条第2項の検査役は，必要な調査を行い，当該調査の結果を記載し，又は記

録した書面又は電磁的記録（法務省令で定めるものに限る。）を裁判所に提供して報告をしなければならない。

3　裁判所は，前項の報告について，その内容を明りよう瞭にし，又はその根拠を確認するため必要があると認めるときは，前条第2項の検査役に対し，更に前項の報告を求めることができる。

4　前条第2項の検査役は，第2項の報告をしたときは，受託者及び同条第1項の申立てをした受益者に対し，第2項の書面の写しを交付し，又は同項の電磁的記録に記録された事項を法務省令で定める方法により提供しなければならない。

5　受託者は，前項の規定による書面の写しの交付又は電磁的記録に記録された事項の法務省令で定める方法による提供があったときは，直ちに，その旨を受益者（前条第1項の申立てをしたものを除く。次項において同じ。）に通知しなければならない。ただし，信託行為に別段の定めがあるときは，その定めるところによる。

6　裁判所は，第2項の報告があった場合において，必要があると認めるときは，受託者に対し，同項の調査の結果を受益者に通知することその他の当該報告の内容を周知するための適切な措置をとるべきことを命じなければならない。

第4節　受託者の費用等及び信託報酬等
（信託財産からの費用等の償還等）

第48条　受託者は，信託事務を処理するのに必要と認められる費用を固有財産から支出した場合には，信託財産から当該費用及び支出の日以後におけるその利息（以下「費用等」という。）の償還を受けることができる。ただし，信託行為に別段の定めがあるときは，その定めるところによる。

2　受託者は，信託事務を処理するについて費用を要するときは，信託財産からその前払を受けることができる。ただし，信託行為に別段の定めがあるときは，その定めるところによる。

3　受託者は，前項本文の規定により信託財産から費用の前払を受けるには，受益者に対し，前払を受ける額及びその算定根拠を通知しなければならない。ただし，信託行為に別段の定めがあるときは，その定めるところによる。

4　第1項又は第2項の規定にかかわらず，費用等の償還又は費用の前払は，受託者が第40条の規定による責任を負う場合には，これを履行した後でなければ，受けることができない。ただし，信託行為に別段の定めがあるときは，その定めるところによる。

5　第1項又は第2項の場合には，受託者が受益者との間の合意に基づいて当該受益者から費用等の償還又は費用の前払を受けることを妨げない。

（費用等の償還等の方法）

第49条　受託者は，前条第1項又は第2項の規定により信託財産から費用等の償還又は費用の前払を受けることができる場合には，その額の限度で，信託財産に属する金銭を固有財産に帰属させることができる。

2　前項に規定する場合において，必要があるときは，受託者は，信託財産に属する財産（当該財産を処分することにより信託の目的を達成することができないこととなるものを除く。）を処分することができる。ただし，信託行為に別段の定めがあるときは，その定めるところによる。

3　第1項に規定する場合において，第31条第2項各号のいずれかに該当するときは，受託者は，第1項の規定により有する権利の行使に代えて，信託財産に属する財産で金銭以外のものを固有財産に帰属させることができる。ただし，信託行

為に別段の定めがあるときは，その定めるところによる。

4　第1項の規定により受託者が有する権利は，信託財産に属する財産に対し強制執行又は担保権の実行の手続が開始したときは，これらの手続との関係においては，金銭債権とみなす。

5　前項の場合には，同項に規定する権利の存在を証する文書により当該権利を有することを証明した受託者も，同項の強制執行又は担保権の実行の手続において，配当要求をすることができる。

6　各債権者（信託財産責任負担債務に係る債権を有する債権者に限る。以下この項及び次項において同じ。）の共同の利益のためにされた信託財産に属する財産の保存，清算又は配当に関する費用等について第1項の規定により受託者が有する権利は，第4項の強制執行又は担保権の実行の手続において，他の債権者（当該費用等がすべての債権者に有益でなかった場合にあっては，当該費用等によって利益を受けていないものを除く。）の権利に優先する。この場合においては，その順位は，民法第307条第1項に規定する先取特権と同順位とする。

7　次の各号に該当する費用等について第1項の規定により受託者が有する権利は，当該各号に掲げる区分に応じ，当該各号の財産に係る第4項の強制執行又は担保権の実行の手続において，当該各号に定める金額について，他の債権者の権利に優先する。

一　信託財産に属する財産の保存のために支出した金額その他の当該財産の価値の維持のために必要であると認められるもの　その金額

二　信託財産に属する財産の改良のために支出した金額その他の当該財産の価値の増加に有益であると認められるもの　その金額又は現に存する増価額のいずれか低い金額

（信託財産責任負担債務の弁済による受託者の代位）

第50条　受託者は，信託財産責任負担債務を固有財産をもって弁済した場合において，これにより前条第1項の規定による権利を有することとなったときは，当該信託財産責任負担債務に係る債権を有する債権者に代位する。この場合においては，同項の規定により受託者が有する権利は，その代位との関係においては，金銭債権とみなす。

2　前項の規定により受託者が同項の債権者に代位するときは，受託者は，遅滞なく，当該債権者の有する債権が信託財産責任負担債務に係る債権である旨及びこれを固有財産をもって弁済した旨を当該債権者に通知しなければならない。

（費用等の償還等と同時履行）

第51条　受託者は，第49条第1項の規定により受託者が有する権利が消滅するまでは，受益者又は第182条第1項第2号に規定する帰属権利者に対する信託財産に係る給付をすべき債務の履行を拒むことができる。ただし，信託行為に別段の定めがあるときは，その定めるところによる。

（信託財産が費用等の償還等に不足している場合の措置）

第52条　受託者は，第48条第1項又は第2項の規定により信託財産から費用等の償還又は費用の前払を受けるのに信託財産（第49条第2項の規定により処分することができないものを除く。第1号及び第4項において同じ。）が不足している場合において，委託者及び受益者に対し次に掲げる事項を通知し，第2号の相当の期間を経過しても委託者又は受益者から費用等の償還又は費用の前払を受けなかったときは，信託を終了させることができる。

一　信託財産が不足しているため費用等の償還又は費用の前払を受けることが

信託法（抄）　　349

できない旨
　二　受託者の定める相当の期間内に委託
　　者又は受益者から費用等の償還又は費
　　用の前払を受けないときは，信託を終
　　了させる旨
2　委託者が現に存しない場合における前
　項の規定の適用については，同項中「委
　託者及び受益者」とあり，及び「委託者
　又は受益者」とあるのは，「受益者」と
　する。
3　受益者が現に存しない場合における第
　1項の規定の適用については，同項中
　「委託者及び受益者」とあり，及び「委
　託者又は受益者」とあるのは，「委託
　者」とする。
4　第48条第1項又は第2項の規定により
　信託財産から費用等の償還又は費用の前
　払を受けるのに信託財産が不足している
　場合において，委託者及び受益者が現に
　存しないときは，受託者は，信託を終了
　させることができる。
　　（信託財産からの損害の賠償）
第53条　受託者は，次の各号に掲げる場合
　には，当該各号に定める損害の額につい
　て，信託財産からその賠償を受けること
　ができる。ただし，信託行為に別段の定
　めがあるときは，その定めるところによ
　る。
　一　受託者が信託事務を処理するため自
　　己に過失なく損害を受けた場合　当該
　　損害の額
　二　受託者が信託事務を処理するため第
　　三者の故意又は過失によって損害を受
　　けた場合（前号に掲げる場合を除
　　く。）　当該第三者に対し賠償を請求す
　　ることができる額
2　第48条第4項及び第5項，第49条（第
　6項及び第7項を除く。）並びに前2条
　の規定は，前項の規定による信託財産か
　らの損害の賠償について準用する。
　　（受託者の信託報酬）
第54条　受託者は，信託の引受けについて

商法（明治32年法律第48号）第512条の
規定の適用がある場合のほか，信託行為
に受託者が信託財産から信託報酬（信託
事務の処理の対価として受託者の受ける
財産上の利益をいう。以下同じ。）を受
ける旨の定めがある場合に限り，信託財
産から信託報酬を受けることができる。
2　前項の場合には，信託報酬の額は，信
　託行為に信託報酬の額又は算定方法に関
　する定めがあるときはその定めるところ
　により，その定めがないときは相当の額
　とする。
3　前項の定めがないときは，受託者は，
　信託財産から信託報酬を受けるには，受
　益者に対し，信託報酬の額及びその算定
　の根拠を通知しなければならない。
4　第48条第4項及び第5項，第49条（第
　6項及び第7項を除く。），第51条並びに
　第52条並びに民法第648条第2項及び第
　3項の規定は，受託者の信託報酬につい
　て準用する。
　　（受託者による担保権の実行）
第55条　担保権が信託財産である信託にお
　いて，信託行為において受益者が当該担
　保権によって担保される債権に係る債権
　者とされている場合には，担保権者であ
　る受託者は，信託事務として，当該担保
　権の実行の申立てをし，売却代金の配当
　又は弁済金の交付を受けることができる。

　　　第5節　受託者の変更等
　　　第1款　受託者の任務の終了
　　（受託者の任務の終了事由）
第56条　受託者の任務は，信託の清算が結
　了した場合のほか，次に掲げる事由に
　よって終了する。ただし，第3号に掲げ
　る事由による場合にあっては，信託行為
　に別段の定めがあるときは，その定める
　ところによる。
　一　受託者である個人の死亡
　二　受託者である個人が後見開始又は保
　　佐開始の審判を受けたこと。

三 受託者（破産手続開始の決定により
　解散するものを除く。）が破産手続開
　始の決定を受けたこと。
四 受託者である法人が合併以外の理由
　により解散したこと。
五 次条の規定による受託者の辞任
六 第58条の規定による受託者の解任
七 信託行為において定めた事由
2 受託者である法人が合併をした場合に
　おける合併後存続する法人又は合併によ
　り設立する法人は，受託者の任務を引き
　継ぐものとする。受託者である法人が分
　割をした場合における分割により受託者
　としての権利義務を承継する法人も，同
　様とする。
3 前項の規定にかかわらず，信託行為に
　別段の定めがあるときは，その定めると
　ころによる。
4 第1項第3号に掲げる事由が生じた場
　合において，同項ただし書の定めにより
　受託者の任務が終了しないときは，受託
　者の職務は，破産者が行う。
5 受託者の任務は，受託者が再生手続開
　始の決定を受けたことによっては，終了
　しない。ただし，信託行為に別段の定め
　があるときは，その定めるところによる。
6 前項本文に規定する場合において，管
　財人があるときは，受託者の職務の遂行
　並びに信託財産に属する財産の管理及び
　処分をする権利は，管財人に専属する。
　保全管理人があるときも，同様とする。
7 前2項の規定は，受託者が更生手続開
　始の決定を受けた場合について準用する。
　この場合において，前項中「管財人があ
　るとき」とあるのは，「管財人があると
　き（会社更生法第74条第2項（金融機関
　等の更生手続の特例等に関する法律第47
　条及び第213条において準用する場合を
　含む。）の期間を除く。）」と読み替える
　ものとする。
　（受託者の辞任）
第57条 受託者は，委託者及び受益者の同

意を得て，辞任することができる。ただ
し，信託行為に別段の定めがあるときは，
その定めるところによる。
2 受託者は，やむを得ない事由があると
　きは，裁判所の許可を得て，辞任するこ
　とができる。
3 受託者は，前項の許可の申立てをする
　場合には，その原因となる事実を疎明し
　なければならない。
4 第2項の許可の申立てを却下する裁判
　には，理由を付さなければならない。
5 第2項の規定による辞任の許可の裁判
　に対しては，不服を申し立てることがで
　きない。
6 委託者が現に存しない場合には，第1
　項本文の規定は，適用しない。
　（受託者の解任）
第58条 委託者及び受益者は，いつでも，
　その合意により，受託者を解任すること
　ができる。
2 委託者及び受益者が受託者に不利な時
　期に受託者を解任したときは，委託者及
　び受益者は，受託者の損害を賠償しなけ
　ればならない。ただし，やむを得ない事
　由があったときは，この限りでない。
3 前2項の規定にかかわらず，信託行為
　に別段の定めがあるときは，その定める
　ところによる。
4 受託者がその任務に違反して信託財産
　に著しい損害を与えたことその他重要な
　事由があるときは，裁判所は，委託者又
　は受益者の申立てにより，受託者を解任
　することができる。
5 裁判所は，前項の規定により受託者を
　解任する場合には，受託者の陳述を聴か
　なければならない。
6 第4項の申立てについての裁判には，
　理由を付さなければならない。
7 第4項の規定による解任の裁判に対し
　ては，委託者，受託者又は受益者に限り，
　即時抗告をすることができる。
8 委託者が現に存しない場合には，第1

項及び第2項の規定は，適用しない。

第2款　前受託者の義務等
（前受託者の通知及び保管の義務等）

第59条　第56条第1項第3号から第7号までに掲げる事由により受託者の任務が終了した場合には，受託者であった者（以下「前受託者」という。）は，受益者に対し，その旨を通知しなければならない。ただし，信託行為に別段の定めがあるときは，その定めるところによる。

2　第56条第1項第3号に掲げる事由により受託者の任務が終了した場合には，前受託者は，破産管財人に対し，信託財産に属する財産の内容及び所在，信託財産責任負担債務の内容その他の法務省令で定める事項を通知しなければならない。

3　第56条第1項第4号から第7号までに掲げる事由により受託者の任務が終了した場合には，前受託者は，新たな受託者（第64条第1項の規定により信託財産管理者が選任された場合にあっては，信託財産管理者。以下この節において「新受託者等」という。）が信託事務の処理をすることができるに至るまで，引き続き信託財産に属する財産の保管をし，かつ，信託事務の引継ぎに必要な行為をしなければならない。ただし，信託行為に別段の定めがあるときは，その義務を加重することができる。

4　前項の規定にかかわらず，第56条第1項第5号に掲げる事由（第57条第1項の規定によるものに限る。）により受託者の任務が終了した場合には，前受託者は，新受託者等が信託事務の処理をすることができるに至るまで，引き続き受託者としての権利義務を有する。ただし，信託行為に別段の定めがあるときは，この限りでない。

5　第3項の場合（前項本文に規定する場合を除く。）において，前受託者が信託財産に属する財産の処分をしようとするときは，受益者は，前受託者に対し，当該財産の処分をやめることを請求することができる。ただし，新受託者等が信託事務の処理をすることができるに至った後は，この限りでない。

（前受託者の相続人等の通知及び保管の義務等）

第60条　第56条第1項第1号又は第2号に掲げる事由により受託者の任務が終了した場合において，前受託者の相続人（法定代理人が現に存する場合にあっては，その法定代理人）又は成年後見人若しくは保佐人（以下この節において「前受託者の相続人等」と総称する。）がその事実を知っているときは，前受託者の相続人等は，知れている受益者に対し，これを通知しなければならない。ただし，信託行為に別段の定めがあるときは，その定めるところによる。

2　第56条第1項第1号又は第2号に掲げる事由により受託者の任務が終了した場合には，前受託者の相続人等は，新受託者等又は信託財産法人管理人が信託事務の処理をすることができるに至るまで，信託財産に属する財産の保管をし，かつ，信託事務の引継ぎに必要な行為をしなければならない。

3　前項の場合において，前受託者の相続人等が信託財産に属する財産の処分をしようとするときは，受益者は，これらの者に対し，当該財産の処分をやめることを請求することができる。ただし，新受託者等又は信託財産法人管理人が信託事務の処理をすることができるに至った後は，この限りでない。

4　第56条第1項第3号に掲げる事由により受託者の任務が終了した場合には，破産管財人は，新受託者等が信託事務を処理することができるに至るまで，信託財産に属する財産の保管をし，かつ，信託事務の引継ぎに必要な行為をしなければならない。

5　前項の場合において，破産管財人が信託財産に属する財産の処分をしようとするときは，受益者は，破産管財人に対し，当該財産の処分をやめることを請求することができる。ただし，新受託者等が信託事務の処理をすることができるに至った後は，この限りでない。

6　前受託者の相続人等又は破産管財人は，新受託者等又は信託財産法人管理人に対し，第1項，第2項又は第4項の規定による行為をするために支出した費用及び支出の日以後におけるその利息の償還を請求することができる。

7　第49条第6項及び第7項の規定は，前項の規定により前受託者の相続人等又は破産管財人が有する権利について準用する。

（費用又は報酬の支弁等）

第61条　第59条第5項又は前条第3項若しくは第5項の規定による請求に係る訴えを提起した受益者が勝訴（一部勝訴を含む。）した場合において，当該訴えに係る訴訟に関し，必要な費用（訴訟費用を除く。）を支出したとき又は弁護士，弁護士法人，司法書士若しくは司法書士法人に報酬を支払うべきときは，その費用又は報酬は，その額の範囲内で相当と認められる額を限度として，信託財産から支弁する。

2　前項の訴えを提起した受益者が敗訴した場合であっても，悪意があったときを除き，当該受益者は，受託者に対し，これによって生じた損害を賠償する義務を負わない。

第3款　新受託者の選任

第62条　第56条第1項各号に掲げる事由により受託者の任務が終了した場合において，信託行為に新たな受託者（以下「新受託者」という。）に関する定めがないとき，又は信託行為の定めにより新受託者となるべき者として指定された者が信託の引受けをせず，若しくはこれをすることができないときは，委託者及び受益者は，その合意により，新受託者を選任することができる。

2　第56条第1項各号に掲げる事由により受託者の任務が終了した場合において，信託行為に新受託者となるべき者を指定する定めがあるときは，利害関係人は，新受託者となるべき者として指定された者に対し，相当の期間を定めて，その期間内に就任の承諾をするかどうかを確答すべき旨を催告することができる。ただし，当該定めに停止条件又は始期が付されているときは，当該停止条件が成就し，又は当該始期が到来した後に限る。

3　前項の規定による催告があった場合において，新受託者となるべき者として指定された者は，同項の期間内に委託者及び受益者（2人以上の受益者が現に存する場合にあってはその1人，信託管理人が現に存する場合にあっては信託管理人）に対し確答をしないときは，就任の承諾をしなかったものとみなす。

4　第1項の場合において，同項の合意に係る協議の状況その他の事情に照らして必要があると認めるときは，裁判所は，利害関係人の申立てにより，新受託者を選任することができる。

5　前項の申立てについての裁判には，理由を付さなければならない。

6　第4項の規定による新受託者の選任の裁判に対しては，委託者若しくは受益者又は現に存する受託者に限り，即時抗告をすることができる。

7　前項の即時抗告は，執行停止の効力を有する。

8　委託者が現に存しない場合における前各項の規定の適用については，第1項中「委託者及び受益者は，その合意により」とあるのは「受益者は」と，第3項中「委託者及び受益者」とあるのは「受益者」と，第4項中「同項の合意に係る

信託法（抄）　353

協議の状況」とあるのは「受益者の状況」とする。

第4款　信託財産管理者等
（信託財産管理命令）

第63条　第56条第1項各号に掲げる事由により受託者の任務が終了した場合において，新受託者が選任されておらず，かつ，必要があると認めるときは，新受託者が選任されるまでの間，裁判所は，利害関係人の申立てにより，信託財産管理者による管理を命ずる処分（以下この款において「信託財産管理命令」という。）をすることができる。

2　前項の申立てを却下する裁判には，理由を付さなければならない。

3　裁判所は，信託財産管理命令を変更し，又は取り消すことができる。

4　信託財産管理命令及び前項の規定による決定に対しては，利害関係人に限り，即時抗告をすることができる。

（信託財産管理者の選任等）

第64条　裁判所は，信託財産管理命令をする場合には，当該信託財産管理命令において，信託財産管理者を選任しなければならない。

2　前項の規定による信託財産管理者の選任の裁判に対しては，不服を申し立てることができない。

3　裁判所は，第1項の規定による信託財産管理者の選任の裁判をしたときは，直ちに，次に掲げる事項を公告しなければならない。

一　信託財産管理者を選任した旨

二　信託財産管理者の氏名又は名称

4　前項第2号の規定は，同号に掲げる事項に変更を生じた場合について準用する。

5　信託財産管理命令があった場合において，信託財産に属する権利で登記又は登録がされたものがあることを知ったときは，裁判所書記官は，職権で，遅滞なく，信託財産管理命令の登記又は登録を嘱託

しなければならない。

6　信託財産管理命令を取り消す裁判があったとき，又は信託財産管理命令があった後に新受託者が選任された場合において当該新受託者が信託財産管理命令の登記若しくは登録の抹消の嘱託の申立てをしたときは，裁判所書記官は，職権で，遅滞なく，信託財産管理命令の登記又は登録の抹消を嘱託しなければならない。

（前受託者がした法律行為の効力）

第65条　前受託者が前条第1項の規定による信託財産管理者の選任の裁判があった後に信託財産に属する財産に関してした法律行為は，信託財産との関係においては，その効力を主張することができない。

2　前受託者が前条第1項の規定による信託財産管理者の選任の裁判があった日にした法律行為は，当該裁判があった後にしたものと推定する。

（信託財産管理者の権限）

第66条　第64条第1項の規定により信託財産管理者が選任された場合には，受託者の職務の遂行並びに信託財産に属する財産の管理及び処分をする権利は，信託財産管理者に専属する。

2　2人以上の信託財産管理者があるときは，これらの者が共同してその権限に属する行為をしなければならない。ただし，裁判所の許可を得て，それぞれ単独にその職務を行い，又は職務を分掌することができる。

3　2人以上の信託財産管理者があるときは，第三者の意思表示は，その1人に対してすれば足りる。

4　信託財産管理者が次に掲げる行為の範囲を超える行為をするには，裁判所の許可を得なければならない。

一　保存行為

二　信託財産に属する財産の性質を変えない範囲内において，その利用又は改良を目的とする行為

5　前項の規定に違反して行った信託財産
　管理者の行為は，無効とする。ただし，
　信託財産管理者は，これをもって善意の
　第三者に対抗することができない。
6　信託財産管理者は，第2項ただし書又
　は第4項の許可の申立てをする場合には，
　その原因となる事実を疎明しなければな
　らない。
7　第2項ただし書又は第4項の許可の申
　立てを却下する裁判には，理由を付さな
　ければならない。
8　第2項ただし書又は第4項の規定によ
　る許可の裁判に対しては，不服を申し立
　てることができない。
　　（信託財産に属する財産の管理）
第67条　信託財産管理者は，就職の後直ち
　に信託財産に属する財産の管理に着手し
　なければならない。
　　（当事者適格）
第68条　信託財産に関する訴えについては，
　信託財産管理者を原告又は被告とする。
　　（信託財産管理者の義務等）
第69条　信託財産管理者は，その職務を行
　うに当たっては，受託者と同一の義務及
　び責任を負う。
　　（信託財産管理者の辞任及び解任）
第70条　第57条第2項から第5項までの規
　定は信託財産管理者の辞任について，第
　58条第4項から第7項までの規定は信託財
　産管理者の解任について，それぞれ準
　用する。この場合において，第57条第2
　項中「やむを得ない事由」とあるのは，
　「正当な事由」と読み替えるものとする。
　　（信託財産管理者の報酬等）
第71条　信託財産管理者は，信託財産から
　裁判所が定める額の費用の前払及び報酬
　を受けることができる。
2　前項の規定による費用又は報酬の額を
　定める裁判をする場合には，信託財産管
　理者の陳述を聴かなければならない。
3　第1項の規定による費用又は報酬の額
　を定める裁判に対しては，信託財産管理

者に限り，即時抗告をすることができる。
　　（信託財産管理者による新受託者への信
　　託事務の引継ぎ等）
第72条　第77条の規定は，信託財産管理者
　の選任後に新受託者が就任した場合につ
　いて準用する。この場合において，同条
　第1項中「受益者（2人以上の受益者が
　現に存する場合にあってはそのすべての
　受益者，信託管理人が現に存する場合に
　あっては信託管理人）」とあり，同条第
　2項中「受益者（信託管理人が現に存す
　る場合にあっては，信託管理人。次項に
　おいて同じ。）」とあり，及び同条第3項
　中「受益者」とあるのは「新受託者」と，
　同条第2項中「当該受益者」とあるのは
　「当該新受託者」と読み替えるものとす
　る。
　　（受託者の職務を代行する者の権限）
第73条　第66条の規定は，受託者の職務を
　代行する者を選任する仮処分命令により
　選任された受託者の職務を代行する者に
　ついて準用する。
　　（受託者の死亡により任務が終了した場
　　合の信託財産の帰属等）
第74条　第56条第1項第1号に掲げる事由
　により受託者の任務が終了した場合には，
　信託財産は，法人とする。
2　前項に規定する場合において，必要が
　あると認めるときは，裁判所は，利害関
　係人の申立てにより，信託財産法人管理
　人による管理を命ずる処分（第6項にお
　いて「信託財産法人管理命令」とい
　う。）をすることができる。
3　第63条第2項から第4項までの規定は，
　前項の申立てに係る事件について準用す
　る。
4　新受託者が就任したときは，第1項の
　法人は，成立しなかったものとみなす。
　ただし，信託財産法人管理人がその権限
　内でした行為の効力を妨げない。
5　信託財産法人管理人の代理権は，新受
　託者が信託事務の処理をすることができ

信託法（抄）　355

るに至った時に消滅する。

6　第64条の規定は信託財産法人管理命令
をする場合について，第66条から第72条
までの規定は信託財産法人管理人につい
て，それぞれ準用する。

第5款　受託者の変更に伴う権利義務の承継等

（信託に関する権利義務の承継等）

第75条　第56条第1項各号に掲げる事由に
より受託者の任務が終了した場合におい
て，新受託者が就任したときは，新受託
者は，前受託者の任務が終了した時に，
その時に存する信託に関する権利義務を
前受託者から承継したものとみなす。

2　前項の規定にかかわらず，第56条第1
項第5号に掲げる事由（第57条第1項の
規定によるものに限る。）により受託者
の任務が終了した場合（第59条第4項た
だし書の場合を除く。）には，新受託者
は，新受託者等が就任した時に，その時
に存する信託に関する権利義務を前受託
者から承継したものとみなす。

3　前2項の規定は，新受託者が就任する
に至るまでの間に前受託者，信託財産管
理者又は信託財産法人管理人がその権限
内でした行為の効力を妨げない。

4　第27条の規定は，新受託者等が就任す
るに至るまでの間に前受託者がその権限
に属しない行為をした場合について準用
する。

5　前受託者（その相続人を含む。以下こ
の条において同じ。）が第40条の規定に
よる責任を負う場合又は法人である前受
託者の理事，取締役若しくは執行役若し
くはこれらに準ずる者（以下この項にお
いて「理事等」と総称する。）が第41条
の規定による責任を負う場合には，新受
託者等又は信託財産法人管理人は，前受
託者又は理事等に対し，第40条又は第41
条の規定による請求をすることができる。

6　前受託者が信託財産から費用等の償還
若しくは損害の賠償を受けることができ，
又は信託報酬を受けることができる場合
には，前受託者は，新受託者等又は信託
財産法人管理人に対し，費用等の償還若
しくは損害の賠償又は信託報酬の支払を
請求することができる。ただし，新受託
者等又は信託財産法人管理人は，信託財
産に属する財産のみをもってこれを履行
する責任を負う。

7　第48条第4項並びに第49条第6項及び
第7項の規定は，前項の規定により前受
託者が有する権利について準用する。

8　新受託者が就任するに至るまでの間に
信託財産に属する財産に対し既にされて
いる強制執行，仮差押え若しくは仮処分
の執行又は担保権の実行若しくは競売の
手続は，新受託者に対し続行することが
できる。

9　前受託者は，第6項の規定による請求
に係る債権の弁済を受けるまで，信託財
産に属する財産を留置することができる。

（承継された債務に関する前受託者及び新受託者の責任）

第76条　前条第1項又は第2項の規定によ
り信託債権に係る債務が新受託者に承継
された場合にも，前受託者は，自己の固
有財産をもって，その承継された債務を
履行する責任を負う。ただし，信託財産
に属する財産のみをもって当該債務を履
行する責任を負うときは，この限りでな
い。

2　新受託者は，前項本文に規定する債務
を承継した場合には，信託財産に属する
財産のみをもってこれを履行する責任を
負う。

（前受託者による新受託者等への信託事務の引継ぎ等）

第77条　新受託者等が就任した場合には，
前受託者は，遅滞なく，信託事務に関す
る計算を行い，受益者（2人以上の受益
者が現に存する場合にあってはそのすべ
ての受益者，信託管理人が現に存する場

合にあっては信託管理人）に対しその承認を求めるとともに，新受託者等が信託事務の処理を行うのに必要な信託事務の引継ぎをしなければならない。

2　受益者（信託管理人が現に存する場合にあっては，信託管理人。次項において同じ。）が前項の計算を承認した場合には，同項の規定による当該受益者に対する信託事務の引継ぎに関する責任は，免除されたものとみなす。ただし，前受託者の職務の執行に不正の行為があったときは，この限りでない。

3　受益者が前受託者から第1項の計算の承認を求められた時から1箇月以内に異議を述べなかった場合には，当該受益者は，同項の計算を承認したものとみなす。

（前受託者の相続人等又は破産管財人による新受託者等への信託事務の引継ぎ等）

第78条　前条の規定は，第56条第1項第1号又は第2号に掲げる事由により受託者の任務が終了した場合における前受託者の相続人等及び同項第3号に掲げる事由により受託者の任務が終了した場合における破産管財人について準用する。

第6節　受託者が2人以上ある信託の特例

（信託財産の合有）

第79条　受託者が2人以上ある信託においては，信託財産は，その合有とする。

（信託事務の処理の方法）

第80条　受託者が2人以上ある信託においては，信託事務の処理については，受託者の過半数をもって決する。

2　前項の規定にかかわらず，保存行為については，各受託者が単独で決することができる。

3　前2項の規定により信託事務の処理について決定がされた場合には，各受託者は，当該決定に基づいて信託事務を執行することができる。

4　前3項の規定にかかわらず，信託行為に受託者の職務の分掌に関する定めがある場合には，各受託者は，その定めに従い，信託事務の処理について決し，これを執行する。

5　前2項の規定による信託事務の処理についての決定に基づく信託財産のためにする行為については，各受託者は，他の受託者を代理する権限を有する。

6　前各項の規定にかかわらず，信託行為に別段の定めがあるときは，その定めるところによる。

7　受託者が2人以上ある信託においては，第三者の意思表示は，その1人に対してすれば足りる。ただし，受益者の意思表示については，信託行為に別段の定めがあるときは，その定めるところによる。

（職務分掌者の当事者適格）

第81条　前条第4項に規定する場合には，信託財産に関する訴えについて，各受託者は，自己の分掌する職務に関し，他の受託者のために原告又は被告となる。

（信託事務の処理についての決定の他の受託者への委託）

第82条　受託者が2人以上ある信託においては，各受託者は，信託行為に別段の定めがある場合又はやむを得ない事由がある場合を除き，他の受託者に対し，信託事務（常務に属するものを除く。）の処理についての決定を委託することができない。

（信託事務の処理に係る債務の負担関係）

第83条　受託者が2人以上ある信託において，信託事務を処理するに当たって各受託者が第三者に対し債務を負担した場合には，各受託者は，連帯債務者とする。

2　前項の規定にかかわらず，信託行為に受託者の職務の分掌に関する定めがある場合において，ある受託者がその定めに従い信託事務を処理するに当たって第三者に対し債務を負担したときは，他の受

信託法（抄）　357

託者は，信託財産に属する財産のみを
もってこれを履行する責任を負う。ただ
し，当該第三者が，その債務の負担の原
因である行為の当時，当該行為が信託事
務の処理としてされたこと及び受託者が
2人以上ある信託であることを知ってい
た場合であって，信託行為に受託者の職
務の分掌に関する定めがあることを知ら
ず，かつ，知らなかったことにつき過失
がなかったときは，当該他の受託者は，
これをもって当該第三者に対抗すること
ができない。

　（信託財産と固有財産等とに属する共有
　　物の分割の特例）
第84条　受託者が2人以上ある信託におけ
る第19条の規定の適用については，同条
第1項中「場合には」とあるのは「場合
において，当該信託財産に係る信託に受
託者が2人以上あるときは」と，同項第
2号中「受託者」とあるのは「固有財産
に共有持分が属する受託者」と，同項第
3号中「受託者の」とあるのは「固有財
産に共有持分が属する受託者の」と，同
条第2項中「受託者」とあるのは「固有
財産に共有持分が属する受託者」と，同
条第3項中「場合には」とあるのは「場
合において，当該信託財産に係る信託又
は他の信託財産に係る信託に受託者が2
人以上あるときは」と，同項第3号中
「受託者の」とあるのは「各信託財産の
共有持分が属する受託者の」と，「受託
者が決する」とあるのは「受託者の協議
による」と，同条第4項中「第2号」と
あるのは「第2号又は第3号」とする。

　（受託者の責任等の特例）
第85条　受託者が2人以上ある信託におい
て，2人以上の受託者がその任務に違反
する行為をしたことにより第40条の規定
による責任を負う場合には，当該行為を
した各受託者は，連帯債務者とする。

2　受託者が2人以上ある信託における第
40条第1項及び第41条の規定の適用につ

いては，これらの規定中「受益者」とあ
るのは，「受益者又は他の受託者」とす
る。

3　受託者が2人以上ある信託において第
42条の規定により第40条又は第41条の規
定による責任が免除されたときは，他の
受託者は，これらの規定によれば当該責
任を負うべき者に対し，当該責任の追及
に係る請求をすることができない。ただ
し，信託行為に別段の定めがあるときは，
その定めるところによる。

4　受託者が2人以上ある信託における第
44条の規定の適用については，同条第1
項中「受益者」とあるのは「受益者又は
他の受託者」と，同条第2項中「当該受
益者」とあるのは「当該受益者又は他の
受託者」とする。

　（受託者の変更等の特例）
第86条　受託者が2人以上ある信託におけ
る第59条の規定の適用については，同条
第1項中「受益者」とあるのは「受益者
及び他の受託者」と，同条第3項及び第
4項中「受託者の任務」とあるのは「す
べての受託者の任務」とする。

2　受託者が2人以上ある信託における第
60条の規定の適用については，同条第1
項中「受益者」とあるのは「受益者及び
他の受託者」と，同条第2項及び第4項
中「受託者の任務」とあるのは「すべて
の受託者の任務」とする。

3　受託者が2人以上ある信託における第
74条第1項の規定の適用については，同
項中「受託者の任務」とあるのは，「す
べての受託者の任務」とする。

4　受託者が2人以上ある信託においては，
第75条第1項及び第2項の規定にかかわ
らず，その1人の任務が第56条第1項各
号に掲げる事由により終了した場合には，
その任務が終了した時に存する信託に関
する権利義務は他の受託者が当然に承継
し，その任務は他の受託者が行う。ただ
し，信託行為に別段の定めがあるときは，

358　巻末資料

その定めるところによる。
　（信託の終了の特例）
第87条　受託者が2人以上ある信託におけ
　る第163条第3号の規定の適用について
　は，同号中「受託者が欠けた場合」とあ
　るのは，「すべての受託者が欠けた場
　合」とする。
2　受託者が2人以上ある信託においては，
　受託者の一部が欠けた場合であって，前
　条第4項ただし書の規定によりその任務
　が他の受託者によって行われず，かつ，
　新受託者が就任しない状態が1年間継続
　したときも，信託は，終了する。

　　第4章　受益者等

　　　第1節　受益者の権利の取得及び
　　　　　　行使
　（受益権の取得）
第88条　信託行為の定めにより受益者とな
　るべき者として指定された者（次条第1
　項に規定する受益者指定権等の行使によ
　り受益者又は変更後の受益者として指定
　された者を含む。）は，当然に受益権を
　取得する。ただし，信託行為に別段の定
　めがあるときは，その定めるところによ
　る。
2　受託者は，前項に規定する受益者とな
　るべき者として指定された者が同項の規
　定により受益権を取得したことを知らな
　いときは，その者に対し，遅滞なく，そ
　の旨を通知しなければならない。ただし，
　信託行為に別段の定めがあるときは，そ
　の定めるところによる。
　（受益者指定権等）
第89条　受益者を指定し，又はこれを変更
　する権利（以下この条において「受益者
　指定権等」という。）を有する者の定め
　のある信託においては，受益者指定権等
　は，受託者に対する意思表示によって行
　使する。
2　前項の規定にかかわらず，受益者指定

　権等は，遺言によって行使することがで
　きる。
3　前項の規定により遺言によって受益者
　指定権等が行使された場合において，受
　託者がこれを知らないときは，これによ
　り受益者となったことをもって当該受託
　者に対抗することができない。
4　受託者は，受益者を変更する権利が行
　使されたことにより受益者であった者が
　その受益権を失ったときは，その者に対
　し，遅滞なく，その旨を通知しなければ
　ならない。ただし，信託行為に別段の定
　めがあるときは，その定めるところによ
　る。
5　受益者指定権等は，相続によって承継
　されない。ただし，信託行為に別段の定
　めがあるときは，その定めるところによ
　る。
6　受益者指定権等を有する者が受託者で
　ある場合における第1項の規定の適用に
　ついては，同項中「受託者」とあるのは，
　「受益者となるべき者」とする。
　（委託者の死亡の時に受益権を取得する
　　旨の定めのある信託等の特例）
第90条　次の各号に掲げる信託においては，
　当該各号の委託者は，受益者を変更する
　権利を有する。ただし，信託行為に別段
　の定めがあるときは，その定めるところ
　による。
　一　委託者の死亡の時に受益者となるべ
　　き者として指定された者が受益権を取
　　得する旨の定めのある信託
　二　委託者の死亡の時以後に受益者が信
　　託財産に係る給付を受ける旨の定めの
　　ある信託
2　前項第2号の受益者は，同号の委託者
　が死亡するまでは，受益者としての権利
　を有しない。ただし，信託行為に別段の
　定めがあるときは，その定めるところに
　よる。

信託法（抄）　359

（受益者の死亡により他の者が新たに受
益権を取得する旨の定めのある信託の
特例）

第91条　受益者の死亡により，当該受益者
の有する受益権が消滅し，他の者が新た
な受益権を取得する旨の定め（受益者の
死亡により順次他の者が受益権を取得す
る旨の定めを含む。）のある信託は，当
該信託がされた時から30年を経過した時
以後に現に存する受益者が当該定めによ
り受益権を取得した場合であって当該受
益者が死亡するまで又は当該受益権が消
滅するまでの間，その効力を有する。

（信託行為の定めによる受益者の権利行
使の制限の禁止）

第92条　受益者による次に掲げる権利の行
使は，信託行為の定めにより制限するこ
とができない。

　一　この法律の規定による裁判所に対す
る申立権

　二　第5条第1項の規定による催告権

　三　第23条第5項又は第6項の規定によ
る異議を主張する権利

　四　第24条第1項の規定による支払の請
求権

　五　第27条第1項又は第2項（これらの
規定を第75条第4項において準用する
場合を含む。）の規定による取消権

　六　第31条第6項又は第7項の規定によ
る取消権

　七　第36条の規定による報告を求める権
利

　八　第38条第1項又は第6項の規定によ
る閲覧又は謄写の請求権

　九　第40条の規定による損失のてん補又
は原状の回復の請求権

　十　第41条の規定による損失のてん補又
は原状の回復の請求権

　十一　第44条の規定による差止めの請求
権

　十二　第45条第1項の規定による支払の
請求権

　十三　第59条第5項の規定による差止め
の請求権

　十四　第60条第3項又は第5項の規定に
よる差止めの請求権

　十五　第61条第1項の規定による支払の
請求権

　十六　第62条第2項の規定による催告権

　十七　第99条第1項の規定による受益権
を放棄する権利

　十八　第103条第1項又は第2項の規定
による受益権取得請求権

　十九　第131条第2項の規定による催告
権

　二十　第138条第2項の規定による催告
権

　二十一　第187条第1項の規定による交
付又は提供の請求権

　二十二　第190条第2項の規定による閲
覧又は謄写の請求権

　二十三　第198条第1項の規定による記
載又は記録の請求権

　二十四　第226条第1項の規定による金
銭のてん補又は支払の請求権

　二十五　第228条第1項の規定による金
銭のてん補又は支払の請求権

　二十六　第254条第1項の規定による損
失のてん補の請求権

　　　第2節　受益権等
　　　　第1款　受益権の譲渡等
（受益権の譲渡性）

第93条　受益者は，その有する受益権を譲
り渡すことができる。ただし，その性質
がこれを許さないときは，この限りでな
い。

2　前項の規定は，信託行為に別段の定め
があるときは，適用しない。ただし，そ
の定めは，善意の第三者に対抗すること
ができない。

（受益権の譲渡の対抗要件）

第94条　受益権の譲渡は，譲渡人が受託者
に通知をし，又は受託者が承諾をしなけ

れば，受託者その他の第三者に対抗することができない。

2　前項の通知及び承諾は，確定日付のある証書によってしなければ，受託者以外の第三者に対抗することができない。

（受益権の譲渡における受託者の抗弁）

第95条　受託者は，前条第1項の通知又は承諾がされるまでに譲渡人に対し生じた事由をもって譲受人に対抗することができる。

（受益権の質入れ）

第96条　受益者は，その有する受益権に質権を設定することができる。ただし，その性質がこれを許さないときは，この限りでない。

2　前項の規定は，信託行為に別段の定めがあるときは，適用しない。ただし，その定めは，善意の第三者に対抗することができない。

（受益権の質入れの効果）

第97条　受益権を目的とする質権は，次に掲げる金銭等（金銭その他の財産をいう。以下この条及び次条において同じ。）について存在する。

一　当該受益権を有する受益者が受託者から信託財産に係る給付として受けた金銭等

二　第103条第6項に規定する受益権取得請求によって当該受益権を有する受益者が受ける金銭等

三　信託の変更による受益権の併合又は分割によって当該受益権を有する受益者が受ける金銭等

四　信託の併合又は分割（信託の併合又は信託の分割をいう。以下同じ。）によって当該受益権を有する受益者が受ける金銭等

五　前各号に掲げるもののほか，当該受益権を有する受益者が当該受益権に代わるものとして受ける金銭等

第98条　受益権の質権者は，前条の金銭等

（金銭に限る。）を受領し，他の債権者に先立って自己の債権の弁済に充てることができる。

2　前項の債権の弁済期が到来していないときは，受益権に質権を設定した者は，受託者に同項に規定する金銭等に相当する金額を供託させることができる。この場合において，質権は，その供託金について存在する。

第2款　受益権の放棄

第99条　受益者は，受託者に対し，受益権を放棄する旨の意思表示をすることができる。ただし，受益者が信託行為の当事者である場合は，この限りでない。

2　受益者は，前項の規定による意思表示をしたときは，当初から受益権を有していなかったものとみなす。ただし，第三者の権利を害することはできない。

第3款　受益債権

（受益債権に係る受託者の責任）

第100条　受益債権に係る債務については，受託者は，信託財産に属する財産のみをもってこれを履行する責任を負う。

（受益債権と信託債権との関係）

第101条　受益債権は，信託債権に後れる。

（受益債権の期間の制限）

第102条　受益債権の消滅時効は，次項及び第3項に定める事項を除き，債権の消滅時効の例による。

2　受益債権の消滅時効は，受益者が受益者としての指定を受けたことを知るに至るまでの間（受益者が現に存しない場合にあっては，信託管理人が選任されるまでの間）は，進行しない。

3　受益債権の消滅時効は，次に掲げる場合に限り，援用することができる。

一　受託者が，消滅時効の期間の経過後，遅滞なく，受益者に対し受益債権の存在及びその内容を相当の期間を定めて通知し，かつ，受益者からその期間内

に履行の請求を受けなかったとき。
二　消滅時効の期間の経過時において受
　益者の所在が不明であるとき，その他
　信託行為の定め，受益者の状況，関係
　資料の滅失その他の事情に照らして，
　受益者に対し前号の規定による通知を
　しないことについて正当な理由がある
　とき。
4　受益債権は，これを行使することがで
　きる時から20年を経過したときは，消滅
　する。

第4款　受益権取得請求権
（受益権取得請求）
第103条　次に掲げる事項に係る信託の変
　更（第3項において「重要な信託の変
　更」という。）がされる場合には，これ
　により損害を受けるおそれのある受益者
　は，受託者に対し，自己の有する受益権
　を公正な価格で取得することを請求する
　ことができる。ただし，第1号又は第2
　号に掲げる事項に係る信託の変更がされ
　る場合にあっては，これにより損害を受
　けるおそれのあることを要しない。
一　信託の目的の変更
二　受益権の譲渡の制限
三　受託者の義務の全部又は一部の減免
　（当該減免について，その範囲及びそ
　の意思決定の方法につき信託行為に定
　めがある場合を除く。）
四　受益債権の内容の変更（当該内容の
　変更について，その範囲及びその意思
　決定の方法につき信託行為に定めがあ
　る場合を除く。）
五　信託行為において定めた事項
2　信託の併合又は分割がされる場合には，
　これらにより損害を受けるおそれのある
　受益者は，受託者に対し，自己の有する
　受益権を公正な価格で取得することを請
　求することができる。ただし，前項第1
　号又は第2号に掲げる事項に係る変更を
　伴う信託の併合又は分割がされる場合に

あっては，これらにより損害を受けるお
それのあることを要しない。
3　前2項の受益者が，重要な信託の変更
　又は信託の併合若しくは信託の分割（以
　下この章において「重要な信託の変更
　等」という。）の意思決定に関与し，そ
　の際に当該重要な信託の変更等に賛成す
　る旨の意思を表示したときは，前2項の
　規定は，当該受益者については，適用し
　ない。
4　受託者は，重要な信託の変更等の意思
　決定の日から20日以内に，受益者に対し，
　次に掲げる事項を通知しなければならな
　い。
一　重要な信託の変更等をする旨
二　重要な信託の変更等がその効力を生
　ずる日（次条第1項において「効力発
　生日」という。）
三　重要な信託の変更等の中止に関する
　条件を定めたときは，その条件
5　前項の規定による通知は，官報による
　公告をもって代えることができる。
6　第1項又は第2項の規定による請求
　（以下この款において「受益権取得請
　求」という。）は，第4項の規定による
　通知又は前項の規定による公告の日から
　20日以内に，その受益権取得請求に係る
　受益権の内容を明らかにしてしなければ
　ならない。
7　受益権取得請求をした受益者は，受託
　者の承諾を得た場合に限り，その受益権
　取得請求を撤回することができる。
8　重要な信託の変更等が中止されたとき
　は，受益権取得請求は，その効力を失う。
（受益権の価格の決定等）
第104条　受益権取得請求があった場合に
　おいて，受益権の価格の決定について，
　受託者と受益者との間に協議が調ったと
　きは，受託者は，受益権取得請求の日か
　ら60日を経過する日（その日までに効力
　発生日が到来していない場合にあっては，
　効力発生日）までにその支払をしなけれ

ばならない。

2 受益権の価格の決定について，受益権取得請求の日から30日以内に協議が調わないときは，受託者又は受益者は，その期間の満了の日後30日以内に，裁判所に対し，価格の決定の申立てをすることができる。

3 裁判所は，前項の規定により価格の決定をする場合には，同項の申立てをすることができる者の陳述を聴かなければならない。

4 第2項の申立てについての裁判には，理由を付さなければならない。

5 第2項の規定による価格の決定の裁判に対しては，申立人及び同項の申立てをすることができる者に限り，即時抗告をすることができる。

6 前項の即時抗告は，執行停止の効力を有する。

7 前条第7項の規定にかかわらず，第2項に規定する場合において，受益権取得請求の日から60日以内に同項の申立てがないときは，その期間の満了後は，受益者は，いつでも，受益権取得請求を撤回することができる。

8 第1項の受託者は，裁判所の決定した価格に対する同項の期間の満了の日後の利息をも支払わなければならない。

9 受託者は，受益権の価格の決定があるまでは，受益者に対し，当該受託者が公正な価格と認める額を支払うことができる。

10 受益権取得請求に係る受託者による受益権の取得は，当該受益権の価格に相当する金銭の支払の時に，その効力を生ずる。

11 受益証券（第185条第1項に規定する受益証券をいう。以下この章において同じ。）が発行されている受益権について受益権取得請求があったときは，当該受益証券と引換えに，その受益権取得請求に係る受益権の価格に相当する金銭を支

払わなければならない。

12 受益権取得請求に係る債務については，受託者は，信託財産に属する財産のみをもってこれを履行する責任を負う。ただし，信託行為又は当該重要な信託の変更等の意思決定において別段の定めがされたときは，その定めるところによる。

13 前条第1項又は第2項の規定により受託者が受益権を取得したときは，その受益権は，消滅する。ただし，信託行為又は当該重要な信託の変更等の意思決定において別段の定めがされたときは，その定めるところによる。

第3節 2人以上の受益者による意思決定の方法の特例
第1款 総則

第105条 受益者が2人以上ある信託における受益者の意思決定（第92条各号に掲げる権利の行使に係るものを除く。）は，すべての受益者の一致によってこれを決する。ただし，信託行為に別段の定めがあるときは，その定めるところによる。

2 前項ただし書の場合において，信託行為に受益者集会における多数決による旨の定めがあるときは，次款の定めるところによる。ただし，信託行為に別段の定めがあるときは，その定めるところによる。

3 第1項ただし書又は前項の規定にかかわらず，第42条の規定による責任の免除に係る意思決定の方法についての信託行為の定めは，次款の定めるところによる受益者集会における多数決による旨の定めに限り，その効力を有する。

4 第1項ただし書及び前2項の規定は，次に掲げる責任の免除については，適用しない。

一 第42条の規定による責任の全部の免除

二 第42条第1号の規定による責任（受託者がその任務を行うにつき悪意又は

重大な過失があった場合に生じたものに限る。）の一部の免除

三　第42条第2号の規定による責任の一部の免除

第2款　受益者集会
（受益者集会の招集）

第106条　受益者集会は，必要がある場合には，いつでも，招集することができる。

2　受益者集会は，受託者（信託監督人が現に存する場合にあっては，受託者又は信託監督人）が招集する。

（受益者による招集の請求）

第107条　受益者は，受託者（信託監督人が現に存する場合にあっては，受託者又は信託監督人）に対し，受益者集会の目的である事項及び招集の理由を示して，受益者集会の招集を請求することができる。

2　次に掲げる場合において，信託財産に著しい損害を生ずるおそれがあるときは，前項の規定による請求をした受益者は，受益者集会を招集することができる。

一　前項の規定による請求の後遅滞なく招集の手続が行われない場合

二　前項の規定による請求があった日から八週間以内の日を受益者集会の日とする受益者集会の招集の通知が発せられない場合

（受益者集会の招集の決定）

第108条　受益者集会を招集する者（以下この款において「招集者」という。）は，受益者集会を招集する場合には，次に掲げる事項を定めなければならない。

一　受益者集会の日時及び場所

二　受益者集会の目的である事項があるときは，当該事項

三　受益者集会に出席しない受益者が電磁的方法（電子情報処理組織を使用する方法その他の情報通信の技術を利用する方法であって法務省令で定めるものをいう。以下この款において同

じ。）によって議決権を行使することができることとするときは，その旨

四　前3号に掲げるもののほか，法務省令で定める事項

（受益者集会の招集の通知）

第109条　受益者集会を招集するには，招集者は，受益者集会の日の二週間前までに，知れている受益者及び受託者（信託監督人が現に存する場合にあっては，知れている受益者，受託者及び信託監督人）に対し，書面をもってその通知を発しなければならない。

2　招集者は，前項の書面による通知の発出に代えて，政令で定めるところにより，同項の通知を受けるべき者の承諾を得て，電磁的方法により通知を発することができる。この場合において，当該招集者は，同項の書面による通知を発したものとみなす。

3　前2項の通知には，前条各号に掲げる事項を記載し，又は記録しなければならない。

4　無記名式の受益証券が発行されている場合において，受益者集会を招集するには，招集者は，受益者集会の日の三週間前までに，受益者集会を招集する旨及び前条各号に掲げる事項を官報により公告しなければならない。

（受益者集会参考書類及び議決権行使書面の交付等）

第110条　招集者は，前条第1項の通知に際しては，法務省令で定めるところにより，知れている受益者に対し，議決権の行使について参考となるべき事項を記載した書類（以下この条において「受益者集会参考書類」という。）及び受益者が議決権を行使するための書面（以下この款において「議決権行使書面」という。）を交付しなければならない。

2　招集者は，前条第2項の承諾をした受益者に対し同項の電磁的方法による通知を発するときは，前項の規定による受益

者集会参考書類及び議決権行使書面の交付に代えて，これらの書類に記載すべき事項を電磁的方法により提供することができる。ただし，受益者の請求があったときは，これらの書類を当該受益者に交付しなければならない。

3 招集者は，前条第４項の規定による公告をした場合において，受益者集会の日の一週間前までに無記名受益権（無記名式の受益証券が発行されている受益権をいう。第８章において同じ。）の受益者の請求があったときは，直ちに，受益者集会参考書類及び議決権行使書面を当該受益者に交付しなければならない。

4 招集者は，前項の規定による受益者集会参考書類及び議決権行使書面の交付に代えて，政令で定めるところにより，受益者の承諾を得て，これらの書類に記載すべき事項を電磁的方法により提供することができる。この場合において，当該招集者は，同項の規定によるこれらの書類の交付をしたものとみなす。

第111条 招集者は，第108条第３号に掲げる事項を定めた場合には，第109条第２項の承諾をした受益者に対する電磁的方法による通知に際して，法務省令で定めるところにより，受益者に対し，議決権行使書面に記載すべき事項を当該電磁的方法により提供しなければならない。

2 招集者は，第108条第３号に掲げる事項を定めた場合において，第109条第２項の承諾をしていない受益者から受益者集会の日の一週間前までに議決権行使書面に記載すべき事項の電磁的方法による提供の請求があったときは，法務省令で定めるところにより，直ちに，当該受益者に対し，当該事項を電磁的方法により提供しなければならない。

（受益者の議決権）
第112条 受益者は，受益者集会において，次の各号に掲げる区分に従い，当該各号

に定めるものに応じて，議決権を有する。
一 各受益権の内容が均等である場合 受益権の個数
二 前号に掲げる場合以外の場合 受益者集会の招集の決定の時における受益権の価格

2 前項の規定にかかわらず，受益権が当該受益権に係る信託の信託財産に属するときは，受託者は，当該受益権については，議決権を有しない。

（受益者集会の決議）
第113条 受益者集会の決議は，議決権を行使することができる受益者の議決権の過半数を有する受益者が出席し，出席した当該受益者の議決権の過半数をもって行う。

2 前項の規定にかかわらず，次に掲げる事項に係る受益者集会の決議は，当該受益者集会において議決権を行使することができる受益者の議決権の過半数を有する受益者が出席し，出席した当該受益者の議決権の三分の二以上に当たる多数をもって行わなければならない。
一 第42条の規定による責任の免除（第105条第４項各号に掲げるものを除く。）
二 第136条第１項第１号に規定する合意
三 第143条第１項第１号に規定する合意
四 第149条第１項若しくは第２項第１号に規定する合意又は同条第３項に規定する意思表示
五 第151条第１項又は第２項第１号に規定する合意
六 第155条第１項又は第２項第１号に規定する合意
七 第159条第１項又は第２項第１号に規定する合意
八 第164条第１項に規定する合意

3 前２項の規定にかかわらず，第103条第１項第２号から第４号までに掲げる事

項（同号に掲げる事項にあっては，受益者間の権衡に変更を及ぼすものを除く。）に係る重要な信託の変更等に係る受益者集会の決議は，当該受益者集会において議決権を行使することができる受益者の半数以上であって，当該受益者の議決権の三分の二以上に当たる多数をもって行わなければならない。

4　前3項の規定にかかわらず，第103条第1項第1号又は第4号に掲げる事項（同号に掲げる事項にあっては，受益者間の権衡に変更を及ぼすものに限る。）に係る重要な信託の変更等に係る受益者集会の決議は，総受益者の半数以上であって，総受益者の議決権の四分の三以上に当たる多数をもって行わなければならない。

5　受益者集会は，第108条第2号に掲げる事項以外の事項については，決議をすることができない。

　（議決権の代理行使）

第114条　受益者は，代理人によってその議決権を行使することができる。この場合においては，当該受益者又は代理人は，代理権を証明する書面を招集者に提出しなければならない。

2　前項の代理権の授与は，受益者集会ごとにしなければならない。

3　第1項の受益者又は代理人は，代理権を証明する書面の提出に代えて，政令で定めるところにより，招集者の承諾を得て，当該書面に記載すべき事項を電磁的方法により提供することができる。この場合において，当該受益者又は代理人は，当該書面を提出したものとみなす。

4　受益者が第109条第2項の承諾をした者である場合には，招集者は，正当な理由がなければ，前項の承諾をすることを拒んではならない。

　（書面による議決権の行使）

第115条　受益者集会に出席しない受益者は，書面によって議決権を行使すること

ができる。

2　書面による議決権の行使は，議決権行使書面に必要な事項を記載し，法務省令で定める時までに当該記載をした議決権行使書面を招集者に提出して行う。

3　前項の規定により書面によって行使した議決権は，出席した議決権者の行使した議決権とみなす。

　（電磁的方法による議決権の行使）

第116条　電磁的方法による議決権の行使は，政令で定めるところにより，招集者の承諾を得て，法務省令で定める時までに議決権行使書面に記載すべき事項を，電磁的方法により当該招集者に提供して行う。

2　受益者が第109条第2項の承諾をした者である場合には，招集者は，正当な理由がなければ，前項の承諾をすることを拒んではならない。

3　第1項の規定により電磁的方法によって行使した議決権は，出席した議決権者の行使した議決権とみなす。

　（議決権の不統一行使）

第117条　受益者は，その有する議決権を統一しないで行使することができる。この場合においては，受益者集会の日の3日前までに，招集者に対しその旨及びその理由を通知しなければならない。

2　招集者は，前項の受益者が他人のために受益権を有する者でないときは，当該受益者が同項の規定によりその有する議決権を統一しないで行使することを拒むことができる。

　（受託者の出席等）

第118条　受託者（法人である受託者にあっては，その代表者又は代理人。次項において同じ。）は，受益者集会に出席し，又は書面により意見を述べることができる。

2　受益者集会又は招集者は，必要があると認めるときは，受託者に対し，その出席を求めることができる。この場合にお

いて，受益者集会にあっては，これをする旨の決議を経なければならない。

（延期又は続行の決議）

第119条　受益者集会においてその延期又は続行について決議があった場合には，第108条及び第109条の規定は，適用しない。

（議事録）

第120条　受益者集会の議事については，招集者は，法務省令で定めるところにより，議事録を作成しなければならない。

（受益者集会の決議の効力）

第121条　受益者集会の決議は，当該信託のすべての受益者に対してその効力を有する。

（受益者集会の費用の負担）

第122条　受益者集会に関する必要な費用を支出した者は，受託者に対し，その償還を請求することができる。

2　前項の規定による請求に係る債務については，受託者は，信託財産に属する財産のみをもってこれを履行する責任を負う。

第4節　信託管理人等
第1款　信託管理人

（信託管理人の選任）

第123条　信託行為においては，受益者が現に存しない場合に信託管理人となるべき者を指定する定めを設けることができる。

2　信託行為に信託管理人となるべき者を指定する定めがあるときは，利害関係人は，信託管理人となるべき者として指定された者に対し，相当の期間を定めて，その期間内に就任の承諾をするかどうかを確答すべき旨を催告することができる。ただし，当該定めに停止条件又は始期が付されているときは，当該停止条件が成就し，又は当該始期が到来した後に限る。

3　前項の規定による催告があった場合において，信託管理人となるべき者として

指定された者は，同項の期間内に委託者（委託者が現に存しない場合にあっては，受託者）に対し確答をしないときは，就任の承諾をしなかったものとみなす。

4　受益者が現に存しない場合において，信託行為に信託管理人に関する定めがないとき，又は信託行為の定めにより信託管理人となるべき者として指定された者が就任の承諾をせず，若しくはこれをすることができないときは，裁判所は，利害関係人の申立てにより，信託管理人を選任することができる。

5　前項の規定による信託管理人の選任の裁判があったときは，当該信託管理人について信託行為に第1項の定めが設けられたものとみなす。

6　第4項の申立てについての裁判には，理由を付さなければならない。

7　第4項の規定による信託管理人の選任の裁判に対しては，委託者若しくは受託者又は既に存する信託管理人に限り，即時抗告をすることができる。

8　前項の即時抗告は，執行停止の効力を有する。

（信託管理人の資格）

第124条　次に掲げる者は，信託管理人となることができない。

一　未成年者又は成年被後見人若しくは被保佐人

二　当該信託の受託者である者

（信託管理人の権限）

第125条　信託管理人は，受益者のために自己の名をもって受益者の権利に関する一切の裁判上又は裁判外の行為をする権限を有する。ただし，信託行為に別段の定めがあるときは，その定めるところによる。

2　2人以上の信託管理人があるときは，これらの者が共同してその権限に属する行為をしなければならない。ただし，信託行為に別段の定めがあるときは，その定めるところによる。

3 この法律の規定により受益者に対して
すべき通知は，信託管理人があるときは，
信託管理人に対してしなければならない。
　（信託管理人の義務）
第126条　信託管理人は，善良な管理者の
注意をもって，前条第1項の権限を行使
しなければならない。
2 信託管理人は，受益者のために，誠実
かつ公平に前条第1項の権限を行使しな
ければならない。
　（信託管理人の費用等及び報酬）
第127条　信託管理人は，その事務を処理
するのに必要と認められる費用及び支出
の日以後におけるその利息を受託者に請
求することができる。
2 信託管理人は，次の各号に掲げる場合
には，当該各号に定める損害の額につい
て，受託者にその賠償を請求することが
できる。
　一　信託管理人がその事務を処理するた
め自己に過失なく損害を受けた場合
当該損害の額
　二　信託管理人がその事務を処理するた
め第三者の故意又は過失によって損害
を受けた場合（前号に掲げる場合を除
く。）当該第三者に対し賠償を請求す
ることができる額
3 信託管理人は，商法第512条の規定の
適用がある場合のほか，信託行為に信託
管理人が報酬を受ける旨の定めがある場
合に限り，受託者に報酬を請求すること
ができる。
4 前3項の規定による請求に係る債務に
ついては，受託者は，信託財産に属する
財産のみをもってこれを履行する責任を
負う。
5 第3項の場合には，報酬の額は，信託
行為に報酬の額又は算定方法に関する定
めがあるときはその定めるところにより，
その定めがないときは相当の額とする。
6 裁判所は，第123条第4項の規定によ
り信託管理人を選任した場合には，信託

管理人の報酬を定めることができる。
7 前項の規定による信託管理人の報酬の
裁判があったときは，当該信託管理人に
ついて信託行為に第3項の定め及び第5
項の報酬の額に関する定めがあったもの
とみなす。
8 第6項の規定による信託管理人の報酬
の裁判をする場合には，受託者及び信託
管理人の陳述を聴かなければならない。
9 第6項の規定による信託管理人の報酬
の裁判に対しては，受託者及び信託管理
人に限り，即時抗告をすることができる。
　（信託管理人の任務の終了）
第128条　第56条の規定は，信託管理人の
任務の終了について準用する。この場合
において，同条第1項第5号中「次条」
とあるのは「第128条第2項において準
用する次条」と，同項第6号中「第58
条」とあるのは「第128条第2項におい
て準用する第58条」と読み替えるものと
する。
2 第57条の規定は信託管理人の辞任につ
いて，第58条の規定は信託管理人の解任
について，それぞれ準用する。
　（新信託管理人の選任等）
第129条　第62条の規定は，前条第1項に
おいて準用する第56条第1項各号の規定
により信託管理人の任務が終了した場合
における新たな信託管理人（次条におい
て「新信託管理人」という。）の選任に
ついて準用する。
2 新信託管理人が就任した場合には，信
託管理人であった者は，遅滞なく，新信
託管理人がその事務の処理を行うのに必
要な事務の引継ぎをしなければならない。
3 前項の信託管理人であった者は，受益
者が存するに至った後においてその受益
者となった者を知ったときは，遅滞なく，
当該受益者となった者に対しその事務の
経過及び結果を報告しなければならない。

（信託管理人による事務の処理の終了等）

第130条　信託管理人による事務の処理は，次に掲げる事由により終了する。ただし，第2号に掲げる事由による場合にあっては，信託行為に別段の定めがあるときは，その定めるところによる。

一　受益者が存するに至ったこと。

二　委託者が信託管理人に対し事務の処理を終了する旨の意思表示をしたこと。

三　信託行為において定めた事由

2　前項の規定により信託管理人による事務の処理が終了した場合には，信託管理人であった者は，遅滞なく，受益者に対しその事務の経過及び結果を報告しなければならない。ただし，受益者が存するに至った後においてその受益者となった者を知った場合に限る。

第2款　信託監督人

（信託監督人の選任）

第131条　信託行為においては，受益者が現に存する場合に信託監督人となるべき者を指定する定めを設けることができる。

2　信託行為に信託監督人となるべき者を指定する定めがあるときは，利害関係人は，信託監督人となるべき者として指定された者に対し，相当の期間を定めて，その期間内に就任の承諾をするかどうかを確答すべき旨を催告することができる。ただし，当該定めに停止条件又は始期が付されているときは，当該停止条件が成就し，又は当該始期が到来した後に限る。

3　前項の規定による催告があった場合において，信託監督人となるべき者として指定された者は，同項の期間内に委託者（委託者が現に存しない場合にあっては，受益者）に対し確答をしないときは，就任の承諾をしなかったものとみなす。

4　受益者が受託者の監督を適切に行うことができない特別の事情がある場合において，信託行為に信託監督人に関する定

めがないとき，又は信託行為の定めにより信託監督人となるべき者として指定された者が就任の承諾をせず，若しくはこれをすることができないときは，裁判所は，利害関係人の申立てにより，信託監督人を選任することができる。

5　前項の規定による信託監督人の選任の裁判があったときは，当該信託監督人について信託行為に第一項の定めが設けられたものとみなす。

6　第4項の申立てについての裁判には，理由を付さなければならない。

7　第4項の規定による信託監督人の選任の裁判に対しては，委託者，受託者若しくは受益者又は既に存する信託監督人に限り，即時抗告をすることができる。

8　前項の即時抗告は，執行停止の効力を有する。

（信託監督人の権限）

第132条　信託監督人は，受益者のために自己の名をもって第92条各号（第17号，第18号，第21号及び第23号を除く。）に掲げる権利に関する一切の裁判上又は裁判外の行為をする権限を有する。ただし，信託行為に別段の定めがあるときは，その定めるところによる。

2　2人以上の信託監督人があるときは，これらの者が共同してその権限に属する行為をしなければならない。ただし，信託行為に別段の定めがあるときは，その定めるところによる。

（信託監督人の義務）

第133条　信託監督人は，善良な管理者の注意をもって，前条第1項の権限を行使しなければならない。

2　信託監督人は，受益者のために，誠実かつ公平に前条第1項の権限を行使しなければならない。

（信託監督人の任務の終了）

第134条　第56条の規定は，信託監督人の任務の終了について準用する。この場合において，同条第1項第5号中「次条」

とあるのは「第134条第2項において準
用する次条」と、同項第6号中「第58
条」とあるのは「第134条第2項におい
て準用する第58条」と読み替えるものと
する。

2　第57条の規定は信託監督人の辞任につ
いて、第58条の規定は信託監督人の解任
について、それぞれ準用する。

（新信託監督人の選任等）

第135条　第62条の規定は、前条第1項に
おいて準用する第56条第1項各号の規定
により信託監督人の任務が終了した場合
における新たな信託監督人（次項におい
て「新信託監督人」という。）の選任に
ついて準用する。

2　新信託監督人が就任した場合には、信
託監督人であった者は、遅滞なく、受益
者に対しその事務の経過及び結果を報告
し、新信託監督人がその事務の処理を行
うのに必要な事務の引継ぎをしなければ
ならない。

（信託監督人による事務の処理の終了
等）

第136条　信託監督人による事務の処理は、
信託の清算の結了のほか、次に掲げる事
由により終了する。ただし、第1号に掲
げる事由による場合にあっては、信託行
為に別段の定めがあるときは、その定め
るところによる。

一　委託者及び受益者が信託監督人によ
る事務の処理を終了する旨の合意をし
たこと。

二　信託行為において定めた事由

2　前項の規定により信託監督人による事
務の処理が終了した場合には、信託監督
人であった者は、遅滞なく、受益者に対
しその事務の経過及び結果を報告しなけ
ればならない。

3　委託者が現に存しない場合には、第1
項第1号の規定は、適用しない。

（信託管理人に関する規定の準用）

第137条　第124条及び第127条の規定は、
信託監督人について準用する。この場合
において、同条第6項中「第123条第4
項」とあるのは、「第131条第4項」と読
み替えるものとする。

第3款　受益者代理人

（受益者代理人の選任）

第138条　信託行為においては、その代理
する受益者を定めて、受益者代理人とな
るべき者を指定する定めを設けることが
できる。

2　信託行為に受益者代理人となるべき者
を指定する定めがあるときは、利害関係
人は、受益者代理人となるべき者として
指定された者に対し、相当の期間を定め
て、その期間内に就任の承諾をするかど
うかを確答すべき旨を催告することがで
きる。ただし、当該定めに停止条件又は
始期が付されているときは、当該停止条
件が成就し、又は当該始期が到来した後
に限る。

3　前項の規定による催告があった場合に
おいて、受益者代理人となるべき者とし
て指定された者は、同項の期間内に委託
者（委託者が現に存しない場合にあって
は、受託者）に対し確答をしないときは、
就任の承諾をしなかったものとみなす。

（受益者代理人の権限等）

第139条　受益者代理人は、その代理する
受益者のために当該受益者の権利（第42
条の規定による責任の免除に係るものを
除く。）に関する一切の裁判上又は裁判
外の行為をする権限を有する。ただし、
信託行為に別段の定めがあるときは、そ
の定めるところによる。

2　受益者代理人がその代理する受益者の
ために裁判上又は裁判外の行為をすると
きは、その代理する受益者の範囲を示せ
ば足りる。

3　1人の受益者につき2人以上の受益者

代理人があるときは、これらの者が共同してその権限に属する行為をしなければならない。ただし、信託行為に別段の定めがあるときは、その定めるところによる。

4　受益者代理人があるときは、当該受益者代理人に代理される受益者は、第92条各号に掲げる権利及び信託行為において定めた権利を除き、その権利を行使することができない。

　　（受益者代理人の義務）

第140条　受益者代理人は、善良な管理者の注意をもって、前条第1項の権限を行使しなければならない。

2　受益者代理人は、その代理する受益者のために、誠実かつ公平に前条第1項の権限を行使しなければならない。

　　（受益者代理人の任務の終了）

第141条　第56条の規定は、受益者代理人の任務の終了について準用する。この場合において、同条第1項第5号中「次条」とあるのは「第141条第2項において準用する次条」と、同項第6号中「第58条」とあるのは「第141条第2項において準用する第58条」と読み替えるものとする。

2　第57条の規定は受益者代理人の辞任について、第58条の規定は受益者代理人の解任について、それぞれ準用する。

　　（新受益者代理人の選任等）

第142条　第62条の規定は、前条第1項において準用する第56条第1項各号の規定により受益者代理人の任務が終了した場合における新たな受益者代理人（次項において「新受益者代理人」という。）の選任について準用する。この場合において、第62条第2項及び第4項中「利害関係人」とあるのは、「委託者又は受益者代理人に代理される受益者」と読み替えるものとする。

2　新受益者代理人が就任した場合には、受益者代理人であった者は、遅滞なく、その代理する受益者に対しその事務の経過及び結果を報告し、新受益者代理人がその事務の処理を行うのに必要な事務の引継ぎをしなければならない。

　　（受益者代理人による事務の処理の終了等）

第143条　受益者代理人による事務の処理は、信託の清算の結了のほか、次に掲げる事由により終了する。ただし、第1号に掲げる事由による場合にあっては、信託行為に別段の定めがあるときは、その定めるところによる。

一　委託者及び受益者代理人に代理される受益者が受益者代理人による事務の処理を終了する旨の合意をしたこと。

二　信託行為において定めた事由

2　前項の規定により受益者代理人による事務の処理が終了した場合には、受益者代理人であった者は、遅滞なく、その代理した受益者に対しその事務の経過及び結果を報告しなければならない。

3　委託者が現に存しない場合には、第1項第1号の規定は、適用しない。

　　（信託管理人に関する規定の準用）

第144条　第124条及び第127条第1項から第5項までの規定は、受益者代理人について準用する。

　　　　　第5章　委託者

　　（委託者の権利等）

第145条　信託行為においては、委託者がこの法律の規定によるその権利の全部又は一部を有しない旨を定めることができる。

2　信託行為においては、委託者も次に掲げる権利の全部又は一部を有する旨を定めることができる。

一　第23条第5項又は第6項の規定による異議を主張する権利

二　第27条第1項又は第2項（これらの規定を第75条第4項において準用する

場合を含む。）の規定による取消権

三　第31条第6項又は第7項の規定による取消権

四　第32条第4項の規定による権利

五　第38条第1項の規定による閲覧又は謄写の請求権

六　第39条第1項の規定による開示の請求権

七　第40条の規定による損失のてん補又は原状の回復の請求権

八　第41条の規定による損失のてん補又は原状の回復の請求権

九　第44条の規定による差止めの請求権

十　第46条第1項の規定による検査役の選任の申立権

十一　第59条第5項の規定による差止めの請求権

十二　第60条第3項又は第5項の規定による差止めの請求権

十三　第226条第1項の規定による金銭のてん補又は支払の請求権

十四　第228条第1項の規定による金銭のてん補又は支払の請求権

十五　第254条第1項の規定による損失のてん補の請求権

3　前項第1号，第7号から第9号まで又は第11号から第15号までに掲げる権利について同項の信託行為の定めがされた場合における第24条，第45条（第226条第6項，第228条第6項及び第254条第3項において準用する場合を含む。）又は第61条の規定の適用については，これらの規定中「受益者」とあるのは，「委託者又は受益者」とする。

4　信託行為においては，受託者が次に掲げる義務を負う旨を定めることができる。

一　この法律の規定により受託者が受益者（信託管理人が現に存する場合にあっては，信託管理人。次号において同じ。）に対し通知すべき事項を委託者に対しても通知する義務

二　この法律の規定により受託者が受益者に対し報告すべき事項を委託者に対しても報告する義務

三　第77条第1項又は第184条第1項の規定により受託者がする計算の承認を委託者に対しても求める義務

5　委託者が2人以上ある信託における第1項，第2項及び前項の規定の適用については，これらの規定中「委託者」とあるのは，「委託者の全部又は一部」とする。

（委託者の地位の移転）

第146条　委託者の地位は，受託者及び受益者の同意を得て，又は信託行為において定めた方法に従い，第三者に移転することができる。

2　委託者が2人以上ある信託における前項の規定の適用については，同項中「受託者及び受益者」とあるのは，「他の委託者，受託者及び受益者」とする。

（遺言信託における委託者の相続人）

第147条　第3条第2号に掲げる方法によって信託がされた場合には，委託者の相続人は，委託者の地位を相続により承継しない。ただし，信託行為に別段の定めがあるときは，その定めるところによる。

（委託者の死亡の時に受益権を取得する旨の定めのある信託等の特例）

第148条　第90条第1項各号に掲げる信託において，その信託の受益者が現に存せず，又は同条第2項の規定により受益者としての権利を有しないときは，委託者が第145条第2項各号に掲げる権利を有し，受託者が同条第4項各号に掲げる義務を負う。ただし，信託行為に別段の定めがあるときは，その定めるところによる。

第6章 信託の変更，併合及び分割

第1節 信託の変更

（関係当事者の合意等）

第149条 信託の変更は，委託者，受託者及び受益者の合意によってすることができる。この場合においては，変更後の信託行為の内容を明らかにしてしなければならない。

2 前項の規定にかかわらず，信託の変更は，次の各号に掲げる場合には，当該各号に定めるものによりすることができる。この場合において，受託者は，第1号に掲げるときは委託者に対し，第2号に掲げるときは委託者及び受益者に対し，遅滞なく，変更後の信託行為の内容を通知しなければならない。

　一 信託の目的に反しないことが明らかであるとき　受託者及び受益者の合意

　二 信託の目的に反しないこと及び受益者の利益に適合することが明らかであるとき　受託者の書面又は電磁的記録によってする意思表示

3 前2項の規定にかかわらず，信託の変更は，次の各号に掲げる場合には，当該各号に定める者による受託者に対する意思表示によってすることができる。この場合において，第2号に掲げるときは，受託者は，委託者に対し，遅滞なく，変更後の信託行為の内容を通知しなければならない。

　一 受託者の利益を害しないことが明らかであるとき　委託者及び受益者

　二 信託の目的に反しないこと及び受託者の利益を害しないことが明らかであるとき　受益者

4 前3項の規定にかかわらず，信託行為に別段の定めがあるときは，その定めるところによる。

5 委託者が現に存しない場合においては，第1項及び第3項第1号の規定は適用せず，第2項中「第1号に掲げるときは委託者に対し，第2号に掲げるときは委託者及び受益者に対し」とあるのは，「第2号に掲げるときは，受益者に対し」とする。

（特別の事情による信託の変更を命ずる裁判）

第150条 信託行為の当時予見することのできなかった特別の事情により，信託事務の処理の方法に係る信託行為の定めが信託の目的及び信託財産の状況その他の事情に照らして受益者の利益に適合しなくなるに至ったときは，裁判所は，委託者，受託者又は受益者の申立てにより，信託の変更を命ずることができる。

2 前項の申立ては，当該申立てに係る変更後の信託行為の定めを明らかにしてしなければならない。

3 裁判所は，第1項の申立てについての裁判をする場合には，受託者の陳述を聴かなければならない。ただし，不適法又は理由がないことが明らかであるとして申立てを却下する裁判をするときは，この限りでない。

4 第1項の申立てについての裁判には，理由の要旨を付さなければならない。

5 第1項の申立てについての裁判に対しては，委託者，受託者又は受益者に限り，即時抗告をすることができる。

6 前項の即時抗告は，執行停止の効力を有する。

第2節 信託の併合

（関係当事者の合意等）

第151条 信託の併合は，従前の各信託の委託者，受託者及び受益者の合意によってすることができる。この場合においては，次に掲げる事項を明らかにしてしなければならない。

　一 信託の併合後の信託行為の内容

　二 信託行為において定める受益権の内容に変更があるときは，その内容及び変更の理由

信託法（抄）　373

三　信託の併合に際して受益者に対し金銭その他の財産を交付するときは，当該財産の内容及びその価額

四　信託の併合がその効力を生ずる日

五　その他法務省令で定める事項

2　前項の規定にかかわらず，信託の併合は，次の各号に掲げる場合には，当該各号に定めるものによってすることができる。この場合において，受託者は，第1号に掲げるときは委託者に対し，第2号に掲げるときは委託者及び受益者に対し，遅滞なく，同項各号に掲げる事項を通知しなければならない。

一　信託の目的に反しないことが明らかであるとき　受託者及び受益者の合意

二　信託の目的に反しないこと及び受益者の利益に適合することが明らかであるとき　受託者の書面又は電磁的記録によってする意思表示

3　前2項の規定にかかわらず，各信託行為に別段の定めがあるときは，その定めるところによる。

4　委託者が現に存しない場合においては，第1項の規定は適用せず，第2項中「第1号に掲げるときは委託者に対し，第2号に掲げるときは委託者及び受益者に対し」とあるのは，「第2号に掲げるときは，受益者に対し」とする。

（債権者の異議）

第152条　信託の併合をする場合には，従前の信託の信託財産責任負担債務に係る債権を有する債権者は，受託者に対し，信託の併合について異議を述べることができる。ただし，信託の併合をしても当該債権者を害するおそれのないことが明らかであるときは，この限りでない。

2　前項の規定により同項の債権者の全部又は一部が異議を述べることができる場合には，受託者は，次に掲げる事項を官報に公告し，かつ，同項の債権者で知れているものには，各別にこれを催告しなければならない。ただし，第2号の期間

は，1箇月を下ることができない。

一　信託の併合をする旨

二　前項の債権者が一定の期間内に異議を述べることができる旨

三　その他法務省令で定める事項

3　前項の規定にかかわらず，法人である受託者は，公告（次に掲げる方法によるものに限る。）をもって同項の規定による各別の催告に代えることができる。

一　時事に関する事項を掲載する日刊新聞紙に掲載する方法

二　電子公告（公告の方法のうち，電磁的方法（会社法（平成17年法律第86号）第2条第34号に規定する電磁的方法をいう。）により不特定多数の者が公告すべき内容である情報の提供を受けることができる状態に置く措置であって同号に規定するものをとる方法をいう。次節において同じ。）

4　第1項の債権者が第2項第2号の期間内に異議を述べなかったときは，当該債権者は，当該信託の併合について承認をしたものとみなす。

5　第1項の債権者が第2項第2号の期間内に異議を述べたときは，受託者は，当該債権者に対し，弁済し，若しくは相当の担保を提供し，又は当該債権者に弁済を受けさせることを目的として信託会社等（信託会社及び信託業務を営む金融機関（金融機関の信託業務の兼営等に関する法律（昭和18年法律第43号）第1条第1項の認可を受けた金融機関をいう。）をいう。次節において同じ。）に相当の財産を信託しなければならない。ただし，当該信託の併合をしても当該債権者を害するおそれがないときは，この限りでない。

（信託の併合後の信託の信託財産責任負担債務の範囲等）

第153条　信託の併合がされた場合において，従前の信託の信託財産責任負担債務であった債務は，信託の併合後の信託の

信託財産責任負担債務となる。

第154条 信託の併合がされた場合において，前条に規定する従前の信託の信託財産責任負担債務のうち信託財産限定責任負担債務（受託者が信託財産に属する財産のみをもって履行する責任を負う信託財産責任負担債務をいう。以下この章において同じ。）であるものは，信託の併合後の信託の信託財産限定責任負担債務となる。

第3節　信託の分割
第1款　吸収信託分割
（関係当事者の合意等）

第155条 吸収信託分割は，委託者，受託者及び受益者の合意によってすることができる。この場合においては，次に掲げる事項を明らかにしてしなければならない。

一　吸収信託分割後の信託行為の内容

二　信託行為において定める受益権の内容に変更があるときは，その内容及び変更の理由

三　吸収信託分割に際して受益者に対し金銭その他の財産を交付するときは，当該財産の内容及びその価額

四　吸収信託分割がその効力を生ずる日

五　移転する財産の内容

六　吸収信託分割によりその信託財産の一部を他の信託に移転する信託（以下この款において「分割信託」という。）の信託財産責任負担債務でなくなり，分割信託からその信託財産の一部の移転を受ける信託（以下「承継信託」という。）の信託財産責任負担債務となる債務があるときは，当該債務に係る事項

七　その他法務省令で定める事項

2　前項の規定にかかわらず，吸収信託分割は，次の各号に掲げる場合には，当該各号に定めるものによってすることができる。この場合において，受託者は，第

1号に掲げるときは委託者に対し，第2号に掲げるときは委託者及び受益者に対し，遅滞なく，同項各号に掲げる事項を通知しなければならない。

一　信託の目的に反しないことが明らかであるとき　受託者及び受益者の合意

二　信託の目的に反しないこと及び受益者の利益に適合することが明らかであるとき　受託者の書面又は電磁的記録によってする意思表示

3　前2項の規定にかかわらず，各信託行為に別段の定めがあるときは，その定めるところによる。

4　委託者が現に存しない場合においては，第1項の規定は適用せず，第2項中「第1号に掲げるときは委託者に対し，第2号に掲げるときは委託者及び受益者に対し」とあるのは，「第2号に掲げるときは，受益者に対し」とする。

（債権者の異議）

第156条 吸収信託分割をする場合には，分割信託又は承継信託の信託財産責任負担債務に係る債権を有する債権者は，受託者に対し，吸収信託分割について異議を述べることができる。ただし，吸収信託分割をしても当該債権者を害するおそれのないことが明らかであるときは，この限りでない。

2　前項の規定により同項の債権者の全部又は一部が異議を述べることができる場合には，受託者は，次に掲げる事項を官報に公告し，かつ，同項の債権者で知れているものには，各別にこれを催告しなければならない。ただし，第2号の期間は，1箇月を下ることができない。

一　吸収信託分割をする旨

二　前項の債権者が一定の期間内に異議を述べることができる旨

三　その他法務省令で定める事項

3　前項の規定にかかわらず，法人である受託者は，公告（次に掲げる方法によるものに限る。）をもって同項の規定によ

る各別の催告に代えることができる。

一　時事に関する事項を掲載する日刊新聞紙に掲載する方法

二　電子公告

4　第1項の債権者が第2項第2号の期間内に異議を述べなかったときは，当該債権者は，当該吸収信託分割について承認をしたものとみなす。

5　第1項の債権者が第2項第2号の期間内に異議を述べたときは，受託者は，当該債権者に対し，弁済し，若しくは相当の担保を提供し，又は当該債権者に弁済を受けさせることを目的として信託会社等に相当の財産を信託しなければならない。ただし，当該吸収信託分割をしても当該債権者を害するおそれがないときは，この限りでない。

（吸収信託分割後の分割信託及び承継信託の信託財産責任負担債務の範囲等）

第157条　吸収信託分割がされた場合において，第155条第1項第6号の債務は，吸収信託分割後の分割信託の信託財産責任負担債務でなくなり，吸収信託分割後の承継信託の信託財産責任負担債務となる。この場合において，分割信託の信託財産限定責任負担債務であった債務は，承継信託の信託財産限定責任負担債務となる。

第158条　第156条第1項の規定により異議を述べることができる債権者（同条第2項の規定により各別の催告をしなければならないものに限る。）は，同条第2項の催告を受けなかった場合には，吸収信託分割前から有する次の各号に掲げる債権に基づき，受託者に対し，当該各号に定める財産をもって当該債権に係る債務を履行することを請求することもできる。ただし，第1号に定める財産に対しては吸収信託分割がその効力を生ずる日における承継信託の移転を受ける財産の価額を，第2号に定める財産に対しては当該日における分割信託の信託財産の価額を

限度とする。

一　分割信託の信託財産責任負担債務に係る債権（第155条第1項第6号の債務に係る債権を除く。）　吸収信託分割後の承継信託の信託財産に属する財産

二　承継信託の信託財産責任負担債務に係る債権（第155条第1項第6号の債務に係る債権に限る。）　吸収信託分割後の分割信託の信託財産に属する財産

第2款　新規信託分割

（関係当事者の合意等）

第159条　新規信託分割は，委託者，受託者及び受益者の合意によってすることができる。この場合においては，次に掲げる事項を明らかにしてしなければならない。

一　新規信託分割後の信託行為の内容

二　信託行為において定める受益権の内容に変更があるときは，その内容及び変更の理由

三　新規信託分割に際して受益者に対し金銭その他の財産を交付するときは，当該財産の内容及びその価額

四　新規信託分割がその効力を生ずる日

五　移転する財産の内容

六　新規信託分割により従前の信託の信託財産責任負担債務でなくなり，新たな信託の信託財産責任負担債務となる債務があるときは，当該債務に係る事項

七　その他法務省令で定める事項

2　前項の規定にかかわらず，新規信託分割は，次の各号に掲げる場合には，当該各号に定めるものによってすることができる。この場合において，受託者は，第1号に掲げるときは委託者に対し，第2号に掲げるときは委託者及び受益者に対し，遅滞なく，同項各号に掲げる事項を通知しなければならない。

一　信託の目的に反しないことが明らかであるとき　受託者及び受益者の合意

二　信託の目的に反しないこと及び受益
　者の利益に適合することが明らかであ
　るとき　受託者の書面又は電磁的記録
　によってする意思表示
3　前2項の規定にかかわらず，各信託行
　為に別段の定めがあるときは，その定め
　るところによる。
4　委託者が現に存しない場合においては，
　第1項の規定は適用せず，第2項中「第
　1号に掲げるときは委託者に対し，第2
　号に掲げるときは委託者及び受益者に対
　し」とあるのは，「第2号に掲げるとき
　は，受益者に対し」とする。
　　（債権者の異議）
第160条　新規信託分割をする場合には，
　従前の信託の信託財産責任負担債務に係
　る債権を有する債権者は，受託者に対し，
　新規信託分割について異議を述べること
　ができる。ただし，新規信託分割をして
　も当該債権者を害するおそれのないこと
　が明らかであるときは，この限りでない。
2　前項の規定により同項の債権者の全部
　又は一部が異議を述べることができる場
　合には，受託者は，次に掲げる事項を官
　報に公告し，かつ，同項の債権者で知れ
　ているものには，各別に催告しなければ
　ならない。ただし，第2号の期間は，1
　箇月を下ることができない。
　一　新規信託分割をする旨
　二　前項の債権者が一定の期間内に異議
　　を述べることができる旨
　三　その他法務省令で定める事項
3　前項の規定にかかわらず，法人である
　受託者は，公告（次に掲げる方法による
　ものに限る。）をもって同項の規定によ
　る各別の催告に代えることができる。
　一　時事に関する事項を掲載する日刊新
　　聞紙に掲載する方法
　二　電子公告
4　第1項の債権者が第2項第2号の期間
　内に異議を述べなかったときは，当該債
　権者は，当該新規信託分割について承認

をしたものとみなす。
5　第1項の債権者が第2項第2号の期間
　内に異議を述べたときは，受託者は，当
　該債権者に対し，弁済し，若しくは相当
　の担保を提供し，又は当該債権者に弁済
　を受けさせることを目的として信託会社
　等に相当の財産を信託しなければならな
　い。ただし，当該新規信託分割をしても
　当該債権者を害するおそれがないときは，
　この限りでない。
　　（新規信託分割後の従前の信託及び新た
　　な信託の信託財産責任負担債務の範囲
　　等）
第161条　新規信託分割がされた場合にお
　いて，第159条第1項第6号の債務は，
　新規信託分割後の従前の信託の信託財産
　責任負担債務でなくなり，新規信託分割
　後の新たな信託の信託財産責任負担債務
　となる。この場合において，従前の信託
　の信託財産限定責任負担債務であった債
　務は，新たな信託の信託財産限定責任負
　担債務となる。
第162条　第160条第1項の規定により異議
　を述べることができる債権者（同条第2
　項の規定により各別の催告をしなければ
　ならないものに限る。）は，同条第2項
　の催告を受けなかった場合には，新規信
　託分割前から有する次の各号に掲げる債
　権に基づき，受託者に対し，当該各号に
　定める財産をもって当該債権に係る債務
　を履行することを請求することもできる。
　ただし，第1号に定める財産に対しては
　新規信託分割がその効力を生ずる日にお
　ける新たな信託の信託財産の価額を，第
　2号に定める財産に対しては当該日にお
　ける従前の信託の信託財産の価額を限度
　とする。
　一　従前の信託の信託財産責任負担債務
　　に係る債権（第159条第1項第6号の
　　債務に係る債権を除く。）　新規信託分
　　割後の新たな信託の信託財産に属する
　　財産

二　新たな信託の信託財産責任負担債務に係る債権となった債権（第159条第1項第6号の債務に係る債権に限る。）　新規信託分割後の従前の信託の信託財産に属する財産

第7章　信託の終了及び清算

第1節　信託の終了

（信託の終了事由）

第163条　信託は，次条の規定によるほか，次に掲げる場合に終了する。

一　信託の目的を達成したとき，又は信託の目的を達成することができなくなったとき。

二　受託者が受益権の全部を固有財産で有する状態が1年間継続したとき。

三　受託者が欠けた場合であって，新受託者が就任しない状態が1年間継続したとき。

四　受託者が第52条（第53条第2項及び第54条第4項において準用する場合を含む。）の規定により信託を終了させたとき。

五　信託の併合がされたとき。

六　第165条又は第166条の規定により信託の終了を命ずる裁判があったとき。

七　信託財産についての破産手続開始の決定があったとき。

八　委託者が破産手続開始の決定，再生手続開始の決定又は更生手続開始の決定を受けた場合において，破産法第53条第1項，民事再生法第49条第1項又は会社更生法第61条第1項（金融機関等の更生手続の特例等に関する法律第41条第1項及び第206条第1項において準用する場合を含む。）の規定による信託契約の解除がされたとき。

九　信託行為において定めた事由が生じたとき。

（委託者及び受益者の合意等による信託の終了）

第164条　委託者及び受益者は，いつでも，その合意により，信託を終了することができる。

2　委託者及び受益者が受託者に不利な時期に信託を終了したときは，委託者及び受益者は，受託者の損害を賠償しなければならない。ただし，やむを得ない事由があったときは，この限りでない。

3　前2項の規定にかかわらず，信託行為に別段の定めがあるときは，その定めるところによる。

4　委託者が現に存しない場合には，第1項及び第2項の規定は，適用しない。

（特別の事情による信託の終了を命ずる裁判）

第165条　信託行為の当時予見することのできなかった特別の事情により，信託を終了することが信託の目的及び信託財産の状況その他の事情に照らして受益者の利益に適合するに至ったことが明らかであるときは，裁判所は，委託者，受託者又は受益者の申立てにより，信託の終了を命ずることができる。

2　裁判所は，前項の申立てについての裁判をする場合には，受託者の陳述を聴かなければならない。ただし，不適法又は理由がないことが明らかであるとして申立てを却下する裁判をするときは，この限りでない。

3　第1項の申立てについての裁判には，理由を付さなければならない。

4　第1項の申立てについての裁判に対しては，委託者，受託者又は受益者に限り，即時抗告をすることができる。

5　前項の即時抗告は，執行停止の効力を有する。

（公益の確保のための信託の終了を命ずる裁判）

第166条　裁判所は，次に掲げる場合において，公益を確保するため信託の存立を

許すことができないと認めるときは，法務大臣又は委託者，受益者，信託債権者その他の利害関係人の申立てにより，信託の終了を命ずることができる。

一　不法な目的に基づいて信託がされたとき。

二　受託者が，法令若しくは信託行為で定めるその権限を逸脱し若しくは濫用する行為又は刑罰法令に触れる行為をした場合において，法務大臣から書面による警告を受けたにもかかわらず，なお継続的に又は反覆して当該行為をしたとき。

2　裁判所は，前項の申立てについての裁判をする場合には，受託者の陳述を聴かなければならない。ただし，不適法又は理由がないことが明らかであるとして申立てを却下する裁判をするときは，この限りでない。

3　第1項の申立てについての裁判には，理由を付さなければならない。

4　第1項の申立てについての裁判に対しては，同項の申立てをした者又は委託者，受託者若しくは受益者に限り，即時抗告をすることができる。

5　前項の即時抗告は，執行停止の効力を有する。

6　委託者，受益者，信託債権者その他の利害関係人が第1項の申立てをしたときは，裁判所は，受託者の申立てにより，同項の申立てをした者に対し，相当の担保を立てるべきことを命ずることができる。

7　受託者は，前項の規定による申立てをするには，第1項の申立てが悪意によるものであることを疎明しなければならない。

8　民事訴訟法（平成8年法律第109号）第75条第5項及び第7項並びに第76条から第80条までの規定は，第6項の規定により第1項の申立てについて立てるべき担保について準用する。

（官庁等の法務大臣に対する通知義務）

第167条　裁判所その他の官庁，検察官又は吏員は，その職務上前条第1項の申立て又は同項第2号の警告をすべき事由があることを知ったときは，法務大臣にその旨を通知しなければならない。

（法務大臣の関与）

第168条　裁判所は，第166条第1項の申立てについての裁判をする場合には，法務大臣に対し，意見を求めなければならない。

2　法務大臣は，裁判所が前項の申立てに係る事件について審問をするときは，当該審問に立ち会うことができる。

3　裁判所は，法務大臣に対し，第1項の申立てに係る事件が係属したこと及び前項の審問の期日を通知しなければならない。

4　第1項の申立てを却下する裁判に対しては，第166条第4項に規定する者のほか，法務大臣も，即時抗告をすることができる。

（信託財産に関する保全処分）

第169条　裁判所は，第166条第1項の申立てがあった場合には，法務大臣若しくは委託者，受益者，信託債権者その他の利害関係人の申立てにより又は職権で，同項の申立てにつき決定があるまでの間，信託財産に関し，管理人による管理を命ずる処分（次条において「管理命令」という。）その他の必要な保全処分を命ずることができる。

2　裁判所は，前項の規定による保全処分を変更し，又は取り消すことができる。

3　第一項の規定による保全処分及び前項の規定による決定に対しては，利害関係人に限り，即時抗告をすることができる。

第170条　裁判所は，管理命令をする場合には，当該管理命令において，管理人を選任しなければならない。

2　前項の管理人は，裁判所が監督する。

3　裁判所は，第1項の管理人に対し，信

託財産に属する財産及び信託財産責任負担債務の状況の報告をし，かつ，その管理の計算をすることを命ずることができる。

4　第64条から第72条までの規定は，第1項の管理人について準用する。この場合において，第65条中「前受託者」とあるのは，「受託者」と読み替えるものとする。

5　信託財産に属する権利で登記又は登録がされたものに関し前条第1項の規定による保全処分（管理命令を除く。）があったときは，裁判所書記官は，職権で，遅滞なく，当該保全処分の登記又は登録を嘱託しなければならない。

6　前項の規定は，同項に規定する保全処分の変更若しくは取消しがあった場合又は当該保全処分が効力を失った場合について準用する。

（保全処分に関する費用の負担）

第171条　裁判所が第169条第1項の規定による保全処分をした場合には，非訟事件の手続の費用は，受託者の負担とする。当該保全処分について必要な費用も，同様とする。

2　前項の保全処分又は第169条第1項の申立てを却下する裁判に対して即時抗告があった場合において，抗告裁判所が当該即時抗告を理由があると認めて原裁判を取り消したときは，その抗告審における手続に要する裁判費用及び抗告人が負担した前審における手続に要する裁判費用は，受託者の負担とする。

（保全処分に関する資料の閲覧等）

第172条　利害関係人は，裁判所書記官に対し，第170条第3項の報告又は計算に関する資料の閲覧を請求することができる。

2　利害関係人は，裁判所書記官に対し，前項の資料の謄写又はその正本，謄本若しくは抄本の交付を請求することができる。

3　前項の規定は，第1項の資料のうち録音テープ又はビデオテープ（これらに準ずる方法により一定の事項を記録した物を含む。）に関しては，適用しない。この場合において，これらの物について利害関係人の請求があるときは，裁判所書記官は，その複製を許さなければならない。

4　法務大臣は，裁判所書記官に対し，第1項の資料の閲覧を請求することができる。

5　民事訴訟法第91条第5項の規定は，第1項の資料について準用する。

（新受託者の選任）

第173条　裁判所は，第166条第1項の規定により信託の終了を命じた場合には，法務大臣若しくは委託者，受益者，信託債権者その他の利害関係人の申立てにより又は職権で，当該信託の清算のために新受託者を選任しなければならない。

2　前項の規定による新受託者の選任の裁判に対しては，不服を申し立てることができない。

3　第1項の規定により新受託者が選任されたときは，前受託者の任務は，終了する。

4　第1項の新受託者は，信託財産から裁判所が定める額の費用の前払及び報酬を受けることができる。

5　前項の規定による費用又は報酬の額を定める裁判をする場合には，第1項の新受託者の陳述を聴かなければならない。

6　第4項の規定による費用又は報酬の額を定める裁判に対しては，第1項の新受託者に限り，即時抗告をすることができる。

（終了した信託に係る吸収信託分割の制限）

第174条　信託が終了した場合には，当該信託を承継信託とする吸収信託分割は，することができない。

第2節　信託の清算
（清算の開始原因）

第175条　信託は，当該信託が終了した場合（第163条第5号に掲げる事由によって終了した場合及び信託財産についての破産手続開始の決定により終了した場合であって当該破産手続が終了していない場合を除く。）には，この節の定めるところにより，清算をしなければならない。

（信託の存続の擬制）

第176条　信託は，当該信託が終了した場合においても，清算が結了するまではなお存続するものとみなす。

（清算受託者の職務）

第177条　信託が終了した時以後の受託者（以下「清算受託者」という。）は，次に掲げる職務を行う。

一　現務の結了

二　信託財産に属する債権の取立て及び信託債権に係る債務の弁済

三　受益債権（残余財産の給付を内容とするものを除く。）に係る債務の弁済

四　残余財産の給付

（清算受託者の権限等）

第178条　清算受託者は，信託の清算のために必要な一切の行為をする権限を有する。ただし，信託行為に別段の定めがあるときは，その定めるところによる。

2　清算受託者は，次に掲げる場合には，信託財産に属する財産を競売に付することができる。

一　受益者又は第182条第1項第2号に規定する帰属権利者（以下この条において「受益者等」と総称する。）が信託財産に属する財産を受領することを拒み，又はこれを受領することができない場合において，相当の期間を定めてその受領の催告をしたとき。

二　受益者等の所在が不明である場合

3　前項第1号の規定により信託財産に属する財産を競売に付したときは，遅滞なく，受益者等に対しその旨の通知を発し

なければならない。

4　損傷その他の事由による価格の低落のおそれがある物は，第2項第1号の催告をしないで競売に付することができる。

（清算中の信託財産についての破産手続の開始）

第179条　清算中の信託において，信託財産に属する財産がその債務を完済するのに足りないことが明らかになったときは，清算受託者は，直ちに信託財産についての破産手続開始の申立てをしなければならない。

2　信託財産についての破産手続開始の決定がされた場合において，清算受託者が既に信託財産責任負担債務に係る債権を有する債権者に支払ったものがあるときは，破産管財人は，これを取り戻すことができる。

（条件付債権等に係る債務の弁済）

第180条　清算受託者は，条件付債権，存続期間が不確定な債権その他その額が不確定な債権に係る債務を弁済することができる。この場合においては，これらの債権を評価させるため，裁判所に対し，鑑定人の選任の申立てをしなければならない。

2　前項の場合には，清算受託者は，同項の鑑定人の評価に従い同項の債権に係る債務を弁済しなければならない。

3　第1項の鑑定人の選任の手続に関する費用は，清算受託者の負担とする。当該鑑定人による鑑定のための呼出し及び質問に関する費用についても，同様とする。

4　第1項の申立てを却下する裁判には，理由を付さなければならない。

5　第1項の規定による鑑定人の選任の裁判に対しては，不服を申し立てることができない。

6　前各項の規定は，清算受託者，受益者，信託債権者及び第182条第1項第2号に規定する帰属権利者の間に別段の合意がある場合には，適用しない。

（債務の弁済前における残余財産の給付の制限）

第181条　清算受託者は，第177条第2号及び第3号の債務を弁済した後でなければ，信託財産に属する財産を次条第2項に規定する残余財産受益者等に給付することができない。ただし，当該債務についてその弁済をするために必要と認められる財産を留保した場合は，この限りでない。

（残余財産の帰属）

第182条　残余財産は，次に掲げる者に帰属する。

　一　信託行為において残余財産の給付を内容とする受益債権に係る受益者（次項において「残余財産受益者」という。）となるべき者として指定された者

　二　信託行為において残余財産の帰属すべき者（以下この節において「帰属権利者」という。）となるべき者として指定された者

2　信託行為に残余財産受益者若しくは帰属権利者（以下この項において「残余財産受益者等」と総称する。）の指定に関する定めがない場合又は信託行為の定めにより残余財産受益者等として指定を受けた者のすべてがその権利を放棄した場合には，信託行為に委託者又はその相続人その他の一般承継人を帰属権利者として指定する旨の定めがあったものとみなす。

3　前2項の規定により残余財産の帰属が定まらないときは，残余財産は，清算受託者に帰属する。

（帰属権利者）

第183条　信託行為の定めにより帰属権利者となるべき者として指定された者は，当然に残余財産の給付をすべき債務に係る債権を取得する。ただし，信託行為に別段の定めがあるときは，その定めるところによる。

2　第88条第2項の規定は，前項に規定する帰属権利者となるべき者として指定された者について準用する。

3　信託行為の定めにより帰属権利者となった者は，受託者に対し，その権利を放棄する旨の意思表示をすることができる。ただし，信託行為の定めにより帰属権利者となった者が信託行為の当事者である場合は，この限りでない。

4　前項本文に規定する帰属権利者となった者は，同項の規定による意思表示をしたときは，当初から帰属権利者としての権利を取得していなかったものとみなす。ただし，第三者の権利を害することはできない。

5　第100条及び第102条の規定は，帰属権利者が有する債権で残余財産の給付をすべき債務に係るものについて準用する。

6　帰属権利者は，信託の清算中は，受益者とみなす。

（清算受託者の職務の終了等）

第184条　清算受託者は，その職務を終了したときは，遅滞なく，信託事務に関する最終の計算を行い，信託が終了した時における受益者（信託管理人が現に存する場合にあっては，信託管理人）及び帰属権利者（以下この条において「受益者等」と総称する。）のすべてに対し，その承認を求めなければならない。

2　受益者等が前項の計算を承認した場合には，当該受益者等に対する清算受託者の責任は，免除されたものとみなす。ただし，清算受託者の職務の執行に不正の行為があったときは，この限りでない。

3　受益者等が清算受託者から第1項の計算の承認を求められた時から1箇月以内に異議を述べなかった場合には，当該受益者等は，同項の計算を承認したものとみなす。

第185条〜第271条　（省略）

382　巻末資料

附則

（施行期日）

1　この法律は，公布の日から起算して1年6月を超えない範囲内において政令で定める日から施行する。

　　　　編注　施行日＝平成19年9月30日

（自己信託に関する経過措置）

2　第3条第3号の規定は，この法律の施行の日から起算して1年を経過する日までの間は，適用しない。

（受益者の定めのない信託に関する経過措置）

3　受益者の定めのない信託（学術，技芸，慈善，祭し祀，宗教その他公益を目的とするものを除く。）は，別に法律で定める日までの間，当該信託に関する信託事務を適正に処理するに足りる財産的基礎及び人的構成を有する者として政令で定める法人以外の者を受託者としてすることができない。

4　前項の別に法律で定める日については，受益者の定めのない信託のうち学術，技芸，慈善，祭祀，宗教その他公益を目的とする信託に係る見直しの状況その他の事情を踏まえて検討するものとし，その結果に基づいて定めるものとする。

附則（平成26年6月27日法律第91号）（抄）

　この法律は，会社法の一部を改正する法律の施行の日から施行する。（以下略）

　　　　編注　施行日＝平成27年5月1日

編著者・執筆者一覧

● **編著者**

伊庭　潔（いば　きよし）　　　　下北沢法律事務所（東京弁護士会）

● **執筆者**（50音順）

伊東　大祐（いとう　だいすけ）　村上総合法律事務所（東京弁護士会）

岩田　賢（いわた　けん）　　　　岩田賢法律事務所（東京弁護士会）

佐藤　正章（さとう　まさあき）　芝綜合法律事務所（東京弁護士会）

清水　晃（しみず　あきら）　　　ネクセル総合法律事務所（東京弁護士会）

野俣　智裕（のまた　ともひろ）　AIN法律事務所（東京弁護士会）

廣瀬健一郎（ひろせ　けんいちろう）　センチュリー法律事務所（東京弁護士会）

山口　正徳（やまぐち　まさのり）　弁護士法人岡田綜合法律事務所
　　　　　　　　　　　　　　　　（東京弁護士会）

（※所属事務所・弁護士会は2020年1月現在）

ひまわり信託研究会とは

　民事信託・個人信託・福祉信託・家族信託の活用を目指す中堅・若手の弁護士グループ。

　日本弁護士連合会第18回業務改革シンポジウム第6分科会における「高齢社会における民事信託の積極的活用～弁護士業務と民事信託の可能性～」のスタッフを中心に結集。

　メンバーは各種研究会等に所属。信託に関する実務のほか執筆も行う。

ホームページ：http://trust-lawyers.com/

信託法からみた
民事信託の実務と信託契約書例

2017年3月23日　初版発行
2022年9月30日　初版第8刷発行

編著者　伊　庭　　　潔

発行者　和　田　　　裕

発行所　日本加除出版株式会社
本　　社　〒171-8516
　　　　　東京都豊島区南長崎3丁目16番6号

組版　㈱粂川印刷　印刷　㈱精興社　製本　藤田製本㈱

定価はカバー等に表示してあります。
落丁本・乱丁本は当社にてお取替えいたします。
お問合せの他、ご意見・感想等がございましたら、下記まで
お知らせください。

〒171-8516
東京都豊島区南長崎3丁目16番6号
日本加除出版株式会社　営業企画課
電話　03-3953-5642
FAX　03-3953-2061
e-mail　toiawase@kajo.co.jp
URL　www.kajo.co.jp

© Kiyoshi Iba 2017
Printed in Japan
ISBN978-4-8178-4382-1

JCOPY 〈出版者著作権管理機構　委託出版物〉
　本書を無断で複写複製（電子化を含む）することは，著作権法上の例外を除
き，禁じられています。複写される場合は，そのつど事前に出版者著作権管理
機構（JCOPY）の許諾を得てください。
　また本書を代行業者等の第三者に依頼してスキャンやデジタル化することは，
たとえ個人や家庭内での利用であっても一切認められておりません。

〈JCOPY〉 ＨＰ：https://www.jcopy.or.jp，e-mail：info@jcopy.or.jp
電話：03-5244-5088，FAX：03-5244-5089